現代経営戦略の軌跡
―グローバル化の進展と戦略的対応―

高橋宏幸・加治敏雄・丹沢安治 編著

中央大学経済研究所
研究叢書 67

中央大学出版部

は し が き

ポーター（Porter, M.E.）を嚆矢として一気に花開いた戦略論は，ポジショニング・スクールの代表者であるポーターの理論をめぐってさまざまな論争を惹き起こすと同時に新たな理論を生み出すことになった。特に，経営資源にもとづく企業観（RBV）の提唱者であるプラハラッド（Prahalad, C.K.），ハメル（Hamel, G.）やバーニー（Barney, J.B.）等による新たな理論の提唱は単なるポーター批判にとどまるものではなく，それを補完し，戦略研究を新たな次元に高める役割を果たしたと言ってよい。

学術的な戦略研究が始まってさほど時間の経っていない状況のなかで，新たな戦略論が次から次と生み出されていったのである。ようやく，戦略論の新しい理論展開はここのところ少なくなり，一巡した感さえする。それに代え，戦略理論を現実の経営に結びつけ，具体的な問題解明，政策提言に関心が向けられつつある。当初は，戦略論の原理的，方法論的な研究から始まっていたのが，株式会社形態の大企業，企業単体からグループ全体の戦略への展開をみせ，問題分野も多岐にわたり，拡散傾向を示すに至っている。そうしたなかで，実にさまざまな戦略書が世に氾濫することとなり，何にでも戦略という用語を冠すれば売れるという風潮が出てきてしまっている。これは混乱を生むことはあっても，学問の進歩につながるものではない。拡散した戦略論の議論をこのあたりで収束させ，本質的な問題に沈潜し，省察することが必要だと考えている。

われわれが中央大学経済研究所の研究プロジェクトとして「現代戦略問題研究会」を立ち上げたのは，ポーターの理論が日本でも注目されるようになってきたころである。この研究プロジェクトを林昇一名誉教授と私で立ち上げた当時，研究プロジェクト・メンバーとして現役であった教員の多くが定年を迎え，研究会構成メンバーも大きく変わってきた。特に，林教授とともに発足人

であった高橋も定年まで残すところあとわずかとなり，この研究プロジェクトの今後を検討した結果，2016年3月末日をもってこの研究プロジェクトを終了することにした。この間，林教授，それと私と加治教授が研究プロジェクトの幹事を交替で勤めながら，研究プロジェクトの成果として2冊の中央大学経済研究所研究叢書を刊行することができた。それが，研究叢書37の『現代経営戦略の潮流と課題』と研究叢書53の『現代経営戦略の展開』である。今回，この研究プロジェクトを終了するにあたって刊行される3冊目の研究叢書が，『現代経営戦略の軌跡』である。

さて本書のタイトルにあるように，本書に収録された戦略研究は，グローバル化の急速な展開のうちに発展・拡散した戦略研究を象徴しており，われわれの研究の軌跡となっているということを意味している。したがって，現在の戦略研究を鳥瞰した範囲を包摂するものではなく，われわれプロジェクト・メンバーという極めて限られた範囲でのものでしかない。またこれまで刊行した2冊の叢書では，収録された論文をその内容からいくつかのグループに分類し第1部，第2部と分類，収録してきたが，今回は主題『現代戦略の軌跡』のもとに「グローバル化の進展と戦略的対応」という副題を付して一括して収録することとした。

まず戦略研究の原点に立ち返って考えたいという趣旨でまとめられたのが高橋宏幸「戦略的コンツェルンの構築と統一的指揮——グループ経営力のダイナミズムの源泉——」である。

ドイツのコンツェルンは，戦前戦後一貫して純粋持株会社が禁止されることなく発展を遂げてきたこと，そしてドイツ株式法の1965年の大改正による世界で最初のコンツェルン法の法制化など，日本にとって示唆に富むところ大である。純粋持株会社による日本のグループ経営でさえ，ドイツのコンツェルンに比してグループ戦略という点で立ち遅れが目立つ。そこで，コンツェルンにとって本質的な「統一的指揮」にまでさかのぼり，それと支配・従属関係との関連，コンツェルンの種類との関連について言及している。

次に原正則「グローバル経済におけるグループ経営の現況とその課題——経

営戦略および企業統制にかかわる日米比較からの分析──」は，親会社と子会社からなるグループ経営における企業行動を日米比較の観点から展開したものである。本稿では，わが国の法的ルールの変更における構造上の問題として，企業集団における親会社の子会社管理の法的不備や規制緩和を意図した法改正とわが国企業の不十分な対応をめぐって議論が進められている。

佐久間賢「新しいグローバル人材の基本的要件──「π型人材」モデルに関する研究──」は，グローバル化の進展に伴い日本企業変革が求められている今日，新しいグローバル人材の育成が必要であるという観点から，その基本的要件について論究している。氏は先行研究にもとづいて，①グローバル職場に共通するリーダー行動として，リーダーとメンバー間の交換関係（LMX），②新グローバル人材の要件として，LMXを実行する「π型人材」モデルの提示，③実証研究として，日本企業とグローバル企業のLMXに関する調査の実施を通じてグローバル人材の基本的要件が論究されている。

国松麻季，加藤真「日本における外国人労働者政策の検討課題と考察──「高度人材」の実像と活躍に向けて──」も，前章と同様，グローバル人材や高度外国人材である「高度人材」の研究である。本稿では，高い技術やスキルを有する外国人の日本国内での活用に向けた取り組みにおいて，高度人材活用の実態が高度人材の政策的定義やそれからイメージされる人材像とかけ離れていることに関心を向け，高度人材の活用の在り方についての提言を，韓国，シンガポールのケースと突き合わせながら行っている。特に，加藤真氏と共同で，国松氏は造詣の深い分野である経済連携協定・自由貿易協定，二国間協定に関連づけて考察をし，執筆をしている。

西藤輝「日本企業の経営に考察されるグローバル・チャレンジ──「グローバリゼーション」「共生」「存続」に焦点を当てて──」は，グローバリゼーション化の進展のもとでの企業経営を，「共生」と「競争」という視点から考察したものである。グローバル化のなかで大企業化した企業の行動は米国型の株主重視に向かってきている。しかし，企業経営はCredo=Creed（信条）社会的使命，理念の実践にあり，その意味で株主利益ばかりでなく顧客，従業員サプ

ライヤー，そして社会等のステークホルダーのためでなければならない。日本の企業は「先義後利」「共生」を企業の使命，経営理念としてきたし，今なおそうしたグローバル企業としてキヤノンがあげられており，グローバル化時代の企業の在り方を示唆している。

さらにグローバル化の時代にあって，企業内作業のグローバル化への対応という視点から，中国に進出した日本企業の言語使用を取り上げたのが，申淑子「中国進出日本企業における言語使用現状についての分析」である。社内に日本語を母国語としない外国籍の社員が増えることで異文化コミュニケーション問題が浮上し，特に「使用言語と経営効率の関係」が注目されることでさまざまな研究がなされてきたが，筆者はこれらの研究が「場」を限定せずに言語使用の問題を分析していることに限界を指摘し，中国に進出している日本企業における言語使用という場を設定し，アンケート調査を実施し，研究をまとめている。

同じくグローバル化時代における中小企業受注戦略を取り扱ったのが，丹沢安治「グローバル化時代の日本の中小製造業者における受注戦略」である。本論文は，近年発展のめざましい新興国からのグローバル調達を進めている日本の大手製造業者の動きとこれへの日本の中小製造業者の対応を明らかにすべく，インタビュー調査，アンケート調査を重ね，グローバル化時代の中小製造業者」の対応策を導き出している。

同じく新興国における日本法人を取り上げたのが，浅田孝幸「アセアンにおける日本企業の事業戦略とマネジメントコントロールの課題について──ベトナム現地日本法人の事例を基礎にした考察──」である。本研究は，アセアンにおける事例を分析し，グローバルな事業ネットワーク化とそこでの新しい事業モデルからマネジメントコントロールの新たな課題の意義を検討するもので，特にクラスターとしてのアセアンでの産業集積の現代的意義に着目した研究となっている。

こうしたグローバル化社会と密接な関係を持つのが，リスク社会である。後藤茂之「リスク社会とリスクリテラシーの強化──自然災害リスクを題材にし

た検討——」では，実にさまざまなリスクの発生により，リスク社会が常に変化してきているという見方に立ち，このリスク社会への適切な対処とリスクリテラシーとの関係について，先の東日本大震災とタイのチャオプラヤ川氾濫による大規模な洪水被害という 2 つの自然災害を事例研究として提言を導き出している。

　他方，グローバル化という社会的変化をマクロ的な制度変化とすればそのなかでのコミュニティにおいて慣習化した暗黙のルールというミクロ的な制度がある。露木恵美子「コミュニティにおける慣習的社会制度の成立と変容に関する考察——駿河湾桜えび漁における資源管理型漁業としてのプール制の事例——」は，このマクロ的な変化を前提としながら，変えられないミクロ的な制度が，変えられないことによって内実が変化していく関係を，資源管理型漁業である駿河湾の桜えび漁の事例を取り上げて分析をしている。

　またグローバル化による環境変化，特にダイナミックな環境変化への対応能力であるダイナミック・ケイパビリティ論（DC）による新しい戦略論のフレームワークを食品流通企業の事例にあてはめて考察したのが，北島啓嗣「新しい食品流通企業の組織能力」である。食品流通では製造業と異なり感知力・活用力が決定的な競争優位につながることを地方食品流通企業の事例から明らかにし，抽象的なダイナミック・ケイパビリティ論を具体的かつ精緻に示すことを本論文の課題としている。

　これまでの「モノの消費量，消費高」という同質的欲求が高く，経済的要因が重視された消費者市場から，「消費文化」という質的面を重視する消費社会への転換が進んでいる。そこでは，マーケティングに消費者の意見を企業の意思決定に取り入れる仕組みの構築が求められてきているという観点から，菅原昭義，井原久光「顧客との協働によるパートナーシップ・マーケティング——クラブ・ツーリズムの事例研究——」をまとめている。本稿では，従来型のマス・マーケティングからワン・トゥ・ワン・マーケティングへの変遷，そこでは顧客は「協働；パートナーズ」として，企業との長期的関係を築き上げることが求められている。

vi　はしがき

　最後に，閑林亨平は，「エアバスと EU エアラインの環境経営——地球温暖化防止策と CSR——」を取り扱ったものである。特に新型航空機開発での環境政策と省エネで先行したボーイング B787 に大幅な立ち遅れとなったエアバス A350 焦点を置いて，この問題を展開している。

　以上，13 本の論文が収録されており，そのうちの大半がグローバル化と関連していたことは，グローバル経済をはじめとして社会がこの影響を受けていることを示唆するもので，戦略論がグローバル化段階にあることをあらためて感じさせるものである。

　なお，今回は本研究会のメンバー以外に，国松麻季氏の同僚である加藤真氏が第 4 章の共同研究者として執筆者に名を連ねている。

　こうした例外的な取り扱いを含めて，浅田統一郎中央大学経済研究所長から格別のご配慮を賜ったことについて，あらためてお礼申し上げたい。

　最後に，本書の刊行にあたって，多大なご支援をいただいた中央大学経済研究所ならびに中央大学出版部の関係各位に感謝の意をあらわしたい。

　平成 28 年 6 月 15 日

編集者　高　橋　宏　幸

加　治　敏　雄

丹　沢　安　治

目　次

はしがき　i

第1章　戦略的コンツェルンの構築と統一的指揮
　　　　——グループ経営力のダイナミズムの源泉——……高 橋 宏 幸…　1

は じ め に……………………………………………………………………　1

1. コンツェルンの種類とコンツェルン形成の要件……………………………　2

2. 「統一的指揮」と支配・従属関係……………………………………………　7

3. 「統一的指揮」とコンツェルンの種類………………………………………　16

4. コンツェルン再構築と統一的指揮…………………………………………　22

お わ り に……………………………………………………………………　26

第2章　グローバル経済におけるグループ経営の現況とその課題
　　　　——経営戦略および企業統制にかかわる日米比較からの分析——
　　　　……………………………………………………………原　　正　則…　31

は じ め に……………………………………………………………………　31

1. 企業戦略としてのグループ経営の現状分析………………………………　32

2. 経営戦略の視点からみた日本企業のグループ経営の位置づけ…………　37

3. 日本におけるグループ経営定着の背景とその課題………………………　42

お わ り に……………………………………………………………………　52

第3章　新しいグローバル人材の基本的要件
　　　　——「π型人材」モデルに関する研究——……………佐 久 間 賢…　59

は じ め に……………………………………………………………………　59

1. 先行研究：LMX とは
　　→グローバル職場に共通する新しいリーダー行動……………………　60

viii 目　次

2.「π型人材」の内容‥‥‥‥‥‥‥‥‥‥‥‥‥‥‥‥‥‥‥‥‥‥‥　64

3. 実 態 調 査‥‥‥‥‥‥‥‥‥‥‥‥‥‥‥‥‥‥‥‥‥‥‥‥‥‥‥　68

4. 調査結果と考察‥‥‥‥‥‥‥‥‥‥‥‥‥‥‥‥‥‥‥‥‥‥‥‥‥　71

お わ り に‥‥‥‥‥‥‥‥‥‥‥‥‥‥‥‥‥‥‥‥‥‥‥‥‥‥‥‥‥　75

第4章　日本における外国人労働者政策の検討課題と考察
　　　　──「高度人材」の実像と活躍に向けて──

‥‥‥‥‥‥‥‥‥‥‥‥‥‥‥‥‥‥国 松 麻 季・加 藤　　真‥　81

は じ め に‥‥‥‥‥‥‥‥‥‥‥‥‥‥‥‥‥‥‥‥‥‥‥‥‥‥‥‥‥　81

1. 活発化する高度人材に関する議論と本稿の目的・射程‥‥‥‥‥‥‥　81

2. 高度人材活用の実態と政策：日本・韓国・シンガポール‥‥‥‥‥‥　83

3. 高度人材活用に関わる二国間・複数国間の制度・政策‥‥‥‥‥‥‥　96

4. 日本における政策展開の課題‥‥‥‥‥‥‥‥‥‥‥‥‥‥‥‥‥‥　104

お わ り に‥‥‥‥‥‥‥‥‥‥‥‥‥‥‥‥‥‥‥‥‥‥‥‥‥‥‥‥　105

第5章　日本企業の経営に考察されるグローバル・チャレンジ
　　　　──「グローバリゼーション」「共生」「存続」に焦点を当てて──

‥‥‥‥‥‥‥‥‥‥‥‥‥‥‥‥‥‥‥‥‥‥西 藤　　輝‥ 109

は じ め に‥‥‥‥‥‥‥‥‥‥‥‥‥‥‥‥‥‥‥‥‥‥‥‥‥‥‥‥　109

1. グローバリゼーション‥‥‥‥‥‥‥‥‥‥‥‥‥‥‥‥‥‥‥‥‥　109

2. 日本企業の経営に考察される「共生」，共同体‥‥‥‥‥‥‥‥‥‥　118

3.「存続」"Survival"‥‥‥‥‥‥‥‥‥‥‥‥‥‥‥‥‥‥‥‥‥‥‥　122

お わ り に‥‥‥‥‥‥‥‥‥‥‥‥‥‥‥‥‥‥‥‥‥‥‥‥‥‥‥‥　126

第6章　中国進出日本企業における言語使用現状についての分析
　　　　　………………………………………………申　　淑　子… 129

　は じ め に……………………………………………………………… 129

　1. 日本の企業と企業内公用語…………………………………………… 131

　2. 言語使用現状についてのアンケート調査………………………… 134

　3. 考　　　察……………………………………………………………… 137

　お わ り に……………………………………………………………… 140

第7章　グローバル化時代の日本の中小製造業者における受注戦略
　　　　　………………………………………………丹　沢　安　治… 143

　は じ め に……………………………………………………………… 143

　1. 先 行 文 献…………………………………………………………… 145

　2. 分析：環境変化に対する大手・中小製造業者の対応と7つの命題…… 154

　3. 検　　　討……………………………………………………………… 161

　お わ り に……………………………………………………………… 163

第8章　アセアンにおける日本企業の事業戦略とマネジメント
　　　　コントロールの課題について
　　　　──ベトナム現地日本法人の事例を基礎にした考察──
　　　　　………………………………………………浅　田　孝　幸… 167

　は じ め に……………………………………………………………… 167

　1. 問題提起と先行研究からの考察…………………………………… 168

　2. ファイナンス論の組織革新へのインパクト……………………… 170

　3. 空間経営学の生成とそのインパクト……………………………… 171

　4. クラスターとしてのアセアンでの産業集積の意義……………… 173

　5. クラスター経済圏と事業本部制について………………………… 180

　お わ り に……………………………………………………………… 181

第9章　リスク社会とリスクリテラシーの強化

　　　　——自然災害リスクを題材にした検討——………後 藤 茂 之…183

はじめに……………………………………………………………… 183

1. リスクへのアプローチ法…………………………………………… 184

2. 自然災害リスクの事例検討………………………………………… 190

3. 事例検討をふまえたリスク管理向上の視点……………………… 208

4. リスクリテラシー強化の視点……………………………………… 215

おわりに……………………………………………………………… 224

第10章　コミュニティにおける慣習的社会制度の成立と変容
　　　　　に関する考察

　　　　——駿河湾桜えび漁における資源管理型漁業としての

　　　　プール制の事例——……………………………露 木 恵美子…227

はじめに……………………………………………………………… 227

1. コミュニティ・社会制度・文化に関する理論…………………… 228

2. 事例研究：駿河湾の桜えび漁におけるプール制………………… 231

3. プール制の変容とその解釈………………………………………… 262

おわりに……………………………………………………………… 276

第11章　新しい食品流通企業の組織能力………………北 島 啓 嗣…281

はじめに……………………………………………………………… 281

1. 食品流通の特殊性と感知力・活用力……………………………… 285

2. 従来の食品流通の担い手と組織能力……………………………… 286

3. 事例研究：新しい担い手…………………………………………… 289

4. 感知力：何を感知したのか………………………………………… 291

5. 活用力：いかにそれを活用したのか……………………………… 294

6. 業態ドミナント・ロジックからの解放：再構築力……………… 296

おわりに……………………………………………………………… 297

第12章　顧客との協働によるパートナーシップ・マーケティング
　　　　──クラブ・ツーリズムの事例研究──

　　　　……………………………………菅原昭義・井原久光… 299

　は じ め に………………………………………………………………… 299

　1. 顧客としての消費者の変容……………………………………………… 301

　2. ワン・トゥ・ワン・マーケティング…………………………………… 305

　3. パートナーとしての顧客関係の構築…………………………………… 312

　4. クラブ・ツーリズムの事例研究………………………………………… 314

　お わ り に………………………………………………………………… 327

第13章　エアバスと EU エアラインの環境経営
　　　　──地球温暖化防止対策と CSR──………………閑林亨平… 331

　は じ め に………………………………………………………………… 331

　1. 環境経営の論点…………………………………………………………… 332

　2. EU の環境政策への取り組み…………………………………………… 332

　3. EC 航空産業と環境政策………………………………………………… 333

　4. 航空機産業の特徴と環境規制…………………………………………… 335

　5. エアバスの環境経営……………………………………………………… 336

　6. EU エアラインの環境経営……………………………………………… 338

　お わ り に………………………………………………………………… 341

第 1 章

戦略的コンツェルンの構築と統一的指揮
──グループ経営力のダイナミズムの源泉──

高 橋 宏 幸

は じ め に

　戦後日本のグループ経営は，GHQ による純粋持株会社の禁止によって財閥が解体され，その後にこれまでの名称だけが冠せられた財閥系企業集団が戦後復興経済のなか大きな役割を果たしてきた。この財閥系企業集団はかつてのような一つの戦略単位としてではなく，親睦的な色彩をもつグループとして存在してきた。戦後 50 年を経た 1997 年に，純粋持株会社の解禁がなされたものの，かつての財閥の復活が引き続きできないように解禁の範囲が限定された部分的解禁にとどまった。また，この部分的解禁のもとで導入された純粋持株会社が想定されたほど進まなかった。しかも，持株会社の導入を行った企業グループが必ずしも戦略的にグループ経営を実施できなかった。こうした事実が何に起因しているのかという問題意識からドイツのコンツェルンを引き合いに出して，グループ戦略に必要な要因を検討することにする。

　なお，戦前のわが国の財閥は，ここでいうドイツのコンツェルンに近いものであったが，戦後の財閥系企業集団はそうではない。ただ，1997 年の純粋持株会社の解禁はコンツェルンとかなり近似した構造と内容を持ち得る可能性を持っている。少なくとも，ドイツは第二次大戦前から中断することなく戦後一貫して純粋持株会社制度を継続してきている。この間，1931 年の商法の一部

2

改正，1937年の株式法における企業結合規定そして1965年の株式法の大改正を経て，企業結合の規制の中心問題としてコンツェルン規制が，世界で初めて体系的に規定されコンツェルン法として今日に至っている[1]。わが国はもちろんのこと，アメリカでもこのような企業結合に関する体系的規整はない。これに対して，ドイツでは経営実践さらにはコンツェルン事件にかかわる判例研究はもちろんのこと法学，経営学等での理論的コンツェルン研究は[2]，コンツェルン経営を洗練化し，戦略性を高めるように条件を整備してきた。ここでは，特にコンツェルン規整をめぐる法的・経営学的問題として「統一的指揮」を取り上げることにする。

　コンツェルンにとっては極めて重要な概念である「統一的指揮」は必ずしも明確なものにはなっていない。キー・コンセプトと言ってもよいこの統一的指揮がどのように理解されているかを確認し，これまで中心的になされてきた法学的考察に加えて経営学的視点からこれを再考察することで，その真に意味するところを明らかにし新たなコンツェルン構築への足掛かりを探り出すことが本論文の課題である。

1. コンツェルンの種類とコンツェルン形成の要件

　本論の中心をなす企業結合関係にあるコンツェルンでの支配と服従については，かのマックス・ウエーバー（Max Weber）による定義までさかのぼることができる。そこでは，「支配」について「特定の（またはすべての）命令に対して，挙示しうる一群のひとびとのもとで，服従を見出しうるチャンス」[3]とし，「服従」を「服従者が，命令の内容を，……命令の価値または非価値についての自己の見解を顧慮することなく，自己の格率としたがごとくに，彼の行

---

1) 前田（1967），1663ページ，河本（1978），259ページ以降参照。
2) 経営経済学の分野では，代表的なものとして，Manuel René Theisen（2000），Manuel R.Theisen（Hrsg.）（1998），Rolf Bühner（1992），Max Ringlstetter（1993），Michael Holtmann（1989）などがある。
3) ウェーバー（1960），3ページ。

為が経過すること」[4] だと述べていた。命令の中身はここでは問題とされず，もっぱら支配が正当であるか否かが，命令に服従するかどうかの鍵になっている。この支配の正当性が得られた正統的支配には合法的支配，カリスマ的支配そして伝統的支配の3つがあるが，ここではそのうち最初の合法的支配，すなわち「制定された諸秩序の合法性と，これらの秩序によって支配の行使の任務を与えられた者の命令権の合法性に対する，信仰にもとづいたもの」[4] が対象となる。なお，命令としての法秩序（服務規則）が「妥当」であるというのは，行為が所与の「格率」に方向づけられるときであり，このとき妥当な「秩序」がもたらされる[5]。

　ここで示された，「支配」「服従」「正統的支配」の内容は，本論文においてコンツェルンにおける統一的指揮と支配・従属関係を考察するうえで深く関連している。企業は，ここでいう合法的支配のもとで経営されていることが前提とされよう。すなわち，企業は権限・責任関係の階層的組織構造となっており，その権限委譲の連鎖の経路を通じて上司は部下に命令を下し，部下はこの命令権の合法性にもとづいてそれを受け入れ，上司に服従するというのが基本的な企業像である。この支配・服従関係を基礎としながら，経営者は具体的にその職能を果たしていくわけである。その経営者の職能は，経営職能としてあげられる計画（plan），執行（do），統制（see）という三つの基本過程である経営管理の本質過程からなるものである。これは企業規模の拡大に伴い，意思決定と執行が分化し，執行の中に含まれる指揮命令が部下に委譲されることはなくトップ・マネジメント固有の職能として形成されたものである[6]。ここに導き出された経営管理職能の一つである指揮とコンツェルンにおける統一的指揮との関係が注目される。そこで，以下，コンツェルンと対応させて，この点を取り上げていくことにする。

---

4)　同書，10ページ。
5)　ウェーバー（1969），52ページ以降を参照。
6)　トップ・マネジメントの職能については，高宮（1958），53ページ以降を参照されたい。

4

　通常，企業では，法的単位と経済的単位は一致している。実際には，一つの法的単位である企業のなかに経済的単位が複数存在することも珍しくない。たとえば，多角化企業であり，複数事業部制を採用している場合がそれにあたる。つまり各事業部は経済的に相対的に自律性を持つ利益責任センターとして構築される。したがって，事業部は「準企業」，「疑似企業」と呼ばれ，このような企業は「企業内企業」と表現される。

　他方，コンツェルンでは，状況は逆転する。親会社が法的に独立した複数の企業を，子会社として傘下に収め，グループを統括する。すなわち，複数の法人格を一つの経済的単位としてグループが構築されるのがコンツェルンである。したがって，コンツェルンは法人格を持たない経済的単位を表すグループということができる。それは，「グループ内企業」を象徴する。法人格を持たない経済的単位であるグループがあたかも一つの企業のように行動するコンツェルンについての定義は，1965年の株式法18条1項，2項に求められる。すなわち，1項は「複数の従属企業が支配企業の統一的指揮のもとに統合されるある場合」であり，2項は「法的に独立した企業が依存しあうことなく，統一的指揮の下に統合される場合である」[7] 垂直コンツェルンは相互に連続的な生産段階あるいは経済段階にある企業群の結合である。そこでは取引関係はあっても，それがただちに支配・従属関係にあるとは断定しがたい。少なくとも資本関係において支配関係が成立していることが前提となろう。また，同じ生産段階ないし経済段階にある企業群の結合からなるのが水平コンツェルンである。同じ生産段階ないし経済段階にある企業群とはどのような関係にある企業群であるのか。なんらかの取引関係無くしてコンツェルンが形成されることは考えにくい。ただその取引関係が対等の，共同的な取引関係であるにすぎず，その意味では同じ川上・川下関係に包摂されず，生産段階ないし経済段階を異にしながら取引関係にある垂直的な企業群を排除した株式法18条2項の規定

---

7) Buruno Slongo (1980). なお，この定義に関連して，前田 (1967, 1672ページ) は，1項が「垂直コンツェルン」，2項が「水平コンツェルン」であるが，新株式法の規整の実質的対象となるのは前者の「垂直コンツェルン」であると述べていた。

第 1 章　戦略的コンツェルンの構築と統一的指揮　5

する水平的コンツェルンは説得性を欠くと言わざるを得ない。

　なお，垂直コンツェルン，水平コンツェルンとも統一的指揮はあるが，1項には支配・従属関係があるものの，2項の「水平コンツェルン」すなわち「同格コンツェルン」には支配・従属関係は含まれていない。両者とコンツェルンであるということから，支配・従属関係がコンツェルンの必要要件ではないということになる。そこで注目されるのが，統一的指揮である。この統一的指揮の概念を検討するに先立って，1965年の新株式法におけるコンツェルン概念についてここで簡単に触れておくことにする。

　企業結合はコンツェルンばかりでなく，カルテルにも該当する。つまり，コンツェルンはこのようないくつかある企業結合形態の一つにすぎない。その意味で，上位概念としての企業結合，その下位概念としてのコンツェルンという関係が導き出される。その下位概念であるコンツェルンは上述した垂直コンツェルンと水平コンツェルンに，そしてさらに「契約上のコンツェルン」と「事実上のコンツェルン」さらには「編入」に分類される。また，そのコンツェルンの親会社の形態が純粋持株会社であるかそうでないかで，「ホールディング・コンツェルン（Holdingkonzern）」と「事業コンツェルン（Stammmhaus-konzern)」に大別される。この「ホールディング・コンツェルン」はさらに財務ホールディング（Finanzholding），管理ホールディング（Führungsholding），マネジメントホールディング（Management-Holding）に再分類される[8]。

　ここでこれらの関係を図示化すると次のようになる。

　この契約コンツェルン，事実上のコンツェルン，編入については，その要件について以下のようにそれぞれ際立った差異が認められる。

　本稿では，これらの図表で示されたコンツェルンのうち，垂直コンツェルンが取り上げられ，水平コンツェルンすなわち同格コンツェルン（並列コンツェルン）は排除される。またこのコンツェルン法的形態としては，契約コンツェルンと事実上のコンツェルンが対象とされ，編入は排除される。

---

8)　Vgl. Manuel René Theisen (2000), S.169 ff.

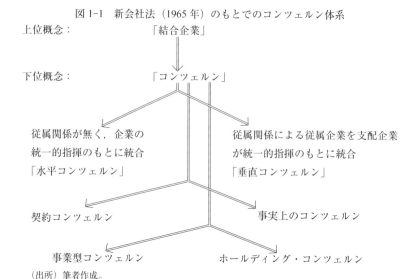

（出所）筆者作成。

　なおわが国の会社法との関連でみると，契約コンツェルンは対象外とされ，残された事実上のコンツェルンについても親会社ないしは下位会社が有限会社であるもの，さらには変態的事実上のコンツェルンが排除される。最終的には，垂直コンツェルンであって，かつ事実上のコンツェルンで親会社，下位会社ともに株式会社形態をなすものがわが国の企業グループの実態には対応することになる。しかし日本では体系的な企業結合法であるコンツェルン法が無いという状況のもと，グループ経営には企業結合に伴うさまざまな問題が生起し，またグループ経営そのものの戦略性の脆弱さが露呈してきている。こうしたわが国の現状を打破するうえでも，あらためてドイツ・コンツェルンの深層に迫ることが必要であり，そのためにも少なくとも垂直コンツェルンで，事実上のコンツェルンに加えて契約コンツェルンが取り上げられる必要がある。

　さてドイツ・株式法28条1項には上位企業と下位企業の従属関係すなわち，支配・服従関係と統一的指揮が含まれていた。また2項では従属関係なくしてコンツェルンが定義されていた。このように，従属関係なくしてコンツェルンが定義されていたことからも，従属関係ではなく統一的指揮がコンツェルンにとって本質的なものであることが類推できる。上位会社と下位会社との結

表1-1 コンツェルンの種類とその必要要件と結果

コンツェルン種類	事実上のコンツェルン			契約コンツェルン	編入
最低必要資本結合	> 50%			ナシ	≧ 95%
コンツェルン構築	過半数資本参加の獲得			支配契約の締結 株主総会75%以上の賛成	両会社の75%以上の賛成による株主総会決議
				従属有限会社の総会での100%賛成	少数株主の排除
結合手段／支配手段	法的基礎を持たず，株主総会ならびに監査役会での下位会社の指揮機関の経営政策に対する事実上の影響			支配企業の法的指図ならびにコンツェルン利益範囲での従属会社に対する結果義務	制限無しの主要会社の広範な指図権
親会社の法形態	AG あるいは GmbH			AG あるいは GmbH	AG
下位形態	単なる事実上変態			ナシ	ナシ
下位会社の法形態	AG GmbH AG または GmbH			AG または GmbH	AG
影響	不利益補償，従属報告書	侵害禁止，侵害補填義務	損失補償義務	損失補償義務	主要会社の全負債者による共同責任

略記）AG：株式会社，GmbH：有限会社
（出所）Manuel René Theisen, *Der Konzern*, S.68.

合関係が従属関係にあることこそが，垂直的コンツェルンの根幹をなしている。実際，部下を服従ならしめるある種の強制力は権限にもとづくものであり，それが組織の統一性を確保する基礎となっていることは言うまでもない[9]。この点では通常の企業でも，コンツェルンでも同じである。そのような支配・服従の従属関係と統一的指揮との関係そしてさらにそれに引き続き統一的指揮それ自体について検討していくことにする。

2.「統一的指揮」と支配・従属関係

上述したようにコンツェルンにとっては統一的指揮が決定的であった。すな

---

9) 高宮（1968），109ページ以降を参照。

わち，コンツェルンは統一的指揮のメルクマールによって構成される[10]，と
言うことができる。コンツェルン関係は統一的指揮に服しているのではある
が，その定義さらには支配・従属関係との関連となると不明瞭な部分が少なく
ない[11]。少なくとも，「統一的指揮」と支配・従属関係が同一ではない，とす
れば両者はどのように定義されるのであろうか。ドイツ旧株式法15条2項，
ドイツ新株式法18条1項で，支配企業と従属企業との支配・従属関係と統一
的指揮とが併存する形で規定されている。

　この点について，前田（1967）[12] は，コンツェルンにとって本質的なメルク
マールは統一的指揮であり，支配・服従関係にあるすべての企業がコンツェル
ンを構成するわけでもないということから，ドイツ旧株式法15条2項，ドイ
ツ新株式法18条1項の規定は「コンツェルンと支配・従属関係を混同して立
法化されたもので，あやまった認識が前提とされたものである」[13] とした上
で，「統一的指揮の下にあるということは，実際上なんらかの形で指揮者の意
思に服している状態をいうが，支配・従属関係にある場合は，常に支配力の行
使を受ける可能性があるだけで，実際行使される必要はないのである。それゆ
え，支配・従属関係にあっても，必ずしも統一的指揮に服しているとはいい得
ない」[14] と述べていた。このように支配・従属関係の存在がただちに統一的指
揮の存在とはならないことは，18条1項について言えることである。他方，
18条2項に照らして考えてみると，支配・従属関係のないコンツェルン，す
なわち水平的コンツェルン（同格コンツェルン）の存在は，支配・従属関係なく
してもっぱら統一的指揮の存在によってコンツェルンの成立を認めているもの
であり，この点からも支配・従属関係はコンツェルンさらには統一的指揮とは

---

10)　Vgl. Gisela Theis (1992), S.209.
11)　たとえば，「統一的指揮の有無は比較的緩やかに解されているため，コンツェルン
　　の関係を推定することは困難である」（『企業結合規制に関する調査報告書』平成22
　　年3月，72ページ）という表現も見られる。
12)　前田（1967），1672ページ。
13)　前田（1967），1671ページ。
14)　前田（1967），1672ページ。

切り離されて存在する。そこでもう一つ考えておかなければならないのは，統一的指揮はコンツェルンに固有のものかどうかである。少なくとも，コンツェルンの定義からすると統一的指揮は本質的メルクマールであった。

そこで，コンツェルンにおけるこの統一的指揮をみてみると，指揮とは上位会社である持株会社は企業結合体であるコンツェルン全体のために戦略策定をし，子会社がその戦略に沿って実施にあたるように指導，監督することで，子会社の個別業務に直接関与するものではない。子会社にこの指揮が受け入れられることで統一的指揮が実現する，というのが前田(2006a)[15] の理解である。また前田は，支配契約により法的権限としての指揮権が認められることで，この指揮にもとづいて子会社に対する指図が与えられるのであって，指図は日常的に経営上，直接行われることはなく基本的方針を示し，子会社がそれに沿った経営をするように指導・監督する間接的な指揮を意味しているにすぎない[16]，という解釈を行っていた。

前述したように，トップ・マネジメント固有の職能として計画，指揮，統制が，経営管理職を構成するトップ・マネジメントの職能であった。このうち，指揮は執行（do）が企業規模拡大に伴って分化し，指揮（direct）に代わったもので，固有の経営管理機能の一つとされたのである。この最高管理機能は実際に，計画，指揮，統制することであった。コンツェルンについてみてみると，支配契約によって法的に指図権が付与され，これにもとづいて統一的指揮が行使されることで確実に服従が確保され支配が貫徹される。従来の指揮機能は，法的な指図権に接合されて異なる法人格の下位企業を一つの経済的単位にまとめていくように新しい指揮機能，すなわち統一的指揮に拡張されたとみることができる。それは，上位会社すなわち上位会社の取締役に固有の最高管理機能ということができる。したがって，統一的指揮を「間接的な指揮」として分ける必然性はないと解される。

---

15)　前田（2006a），805 ページ，809 ページを参照。
16)　同書，809 ページ。前田（2006b），1568 ページ。

10

　下位会社である子会社の業務執行ならびに個別業務に立ち入らない計画と指導，監督はコンツェルン全体の存続・発展に直接かかわるコンツェルン最高経営責任者の経営職分であり，それこそが統一的指揮にほかならないとも言えよう。この法的指図権に裏打ちされ，実質的に統一的指揮権としてもたらされた統一的指揮こそがコンツェルンに固有のものであるという点がわれわれの基本的な認識である。

　ところで，コンツェルンではない通常の企業ではどうなっているのか。そこでは，統一的指揮は存在するのか。さもなければ，何がそれに代わるかである。そこで，一つの法人格のもとに一つの経済単位を構成する通常の企業についてみていこう。そこでは，一つの企業内に上司・部下関係の権限・責任の連鎖があり，上司から部下への個人的な権限委譲により部下の裁量範囲が決まり，部下の行動がとられる。その際，上司には部下を強制的に一定の方向に向かわせる命令を発する権限があり，部下にはこれに従う義務が生じる。これはライン権限と呼ばれるもので，「基幹的執行業務の領域における経営管理権限」[17]である。さらに，権限を委譲された部下はさらに彼の部下に執行業務の一定の作業機能にかかわる部分を委譲する。こうして，上司と部下の間には命令者とその受容者という支配従属関係の連鎖が広がっていく。これは単なる支配力行使の可能性にとどまるものではなく，常に行使されている関係におかれる。これが法的単位と経済的単位が合致している通常の企業での権限関係である。

　この企業の最高指導職位の根源的な機能が，指導（Führung），計画（Planen）そして組織（Organisieren）の三つで，一括して指導職能（処理）と呼ばれていたものに根差している。この指導職能が生産要素の要素結合を担う意識的人間行為である「第4の要素」（人間労働給付，作業手段，材料と三つの生産要素の結合過程での指導，統制にかかわる管理労働を指す），すなわち「営業—経営指導」と呼ばれるものである[18]。経営過程の中心であり，「非合理的，合理的，形成的—

---

17)　高宮（1968），125頁。
18)　グーテンベルク（1963），104ページ以降を参照。

実行的層の合一[19]」されたものであるこの指導職能（処理）が，上述した企業の経営管理機能の一つであった指揮を包摂したものに該当するとみることができる。そしてこの指導職分は計画と組織という指導の用具によって果たされるという関係にある。計画と組織の職分については，「計画は，企業政策の目標を確立し，経営事象に一定の秩序を与え……組織は企業経営政策として計画されたものを，経営で具体的に実現させる」[20] ということである。組織職能が計画の実行をすすめるわけであるが，計画実施を担う部下に上司は遂行上の権限を委譲すると同時に計画が確実に実施されるように命令を下し，監督する責任を負うことができるように組織化を図る。ここでは権限・責任の連鎖による，支配・従属関係が貫徹している階層組織での指揮は，もっぱら経営事象の経済的関係にかかわるものとみることができる。企業の経営首脳部とりわけドイツ株式法のもとにある株式会社では，取締役会が「合議原則（Kollegialprinzip）」[21]に則って最高経営管理機能を担っている。こうした職能を遂行することで，経営の全体過程の業務遂行が所期の通り遂行されるように上司・部下という支配・従属関係の階層組織で，部下に対し命令する権限と責任関係に組み込まれている。

　これは企業内の階層組織が仕事の循環過程の段階に則して分化した「過程的分化」での上司・部下の権限・責任の連鎖ばかりでなく，仕事の統一性が保持されたままの分化である「単位的分化」である事業部への組織単位での権限委譲でも一つの法的境界内での権限委譲である点で本質的には変わらない[22]。企業における経営首脳部は，上司と部下の支配・従属関係を前提に，企業政策

---

19)　同書，105 ページ。

20)　グーテンベルク（1959），19 ページ。

21)　この合議原則は，複数の取締役員は共同してのみ業務執行に権限があることを規定しており，取締役員一人の異議によっても業務執行の処置が中止される。この合議原則によって取締役会会長の単独決定原理は違反とみなされる，というのが株式法第 77 条業務執行の定めるところであった（『西独株式法—1965 年—株式法，同施行法正文並びに同政府草案理由書，連邦議会法律委員会報告書—』（1982），107-108 ページ。以下『西独株式法』と略記）。

22)　高宮（1968），165 ページを参照。

の目標設定とそれにもとづいて策定された計画の実施に向けて命令する権限を行使する。この階層組織における経営首脳部の権限，すなわち経営権限が経営指揮と称されるもので，直接的にはあくまでも同一法人格内での上司と部下との権限・責任の委譲とその連鎖を前提にしている。

これに比べ，コンツェルンにおける統一的指揮にはこうした権限の個人間の委譲関係にもとづく基幹的執行業務とは違ったものがあるとみるべきであろう。複数の法人格を持つ企業を一つの経済的単位にくくる場合，すなわちグループ経営では個々ばらばらの法的境界を異にする法人をグループの中心点に引き寄せるという力が必要となる。コンツェルンというグループ経営はこのグループ経営のベクトル合成で最大化をもとめるもので，いわばグループ経営価値の最大化こそが至上命令であり，目標とされる。ここでは，もはや個人的な権限委譲ではなく，「上位企業」と「下位企業」という法人の機関と法人の機関，そして異なる法人間の経営執行部と経営執行部の支配・従属関係である。その統一的指揮は従属会社の基幹的執行業務である作業職能にではなく，作業職能から区別される経営管理職能に直接働きかけるもので，内容的には包括的であり，範囲としては法人間に作用が及ぶことで特徴づけられる。これこそが統一的指揮の意味するところであり，この統一的指揮の手段は指図，目標―計画の提示，人的結合，情報―コントロールシステムなど多種多様である[23]。

以上のように支配・従属関係から分離される統一的指揮であるが，統一的指揮そのものはこれまであいまいで，法的概念の基礎づけには不透明な部分があった。そのあいまいさが，コンツェルン現象の把握にあったとも言われている。すなわち，コンツェルン現象は法学的アプローチ，経営経済学的アプローチそして組織論的アプローチの学際的アプローチによって十分な把握が可能となる（「現実関連的なコンツェルン法の前提は，コンツェルンを組織として認知し，経営経済学的アプローチと組織論的アプローチとコンツェルン法が調和することによって組織法として構想する」[24]という考え方もある）。それなくして進められた体系的

---

23) Vgl. Rolf Halter (1974), S.4.

第1章　戦略的コンツェルンの構築と統一的指揮　13

図1-2　コンツェルン指揮と指図権[25]

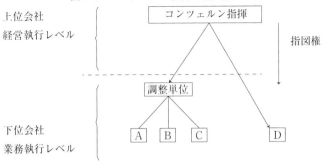

図1-3　権限・責任関係と統一的指揮

本社・事業部間の権限委譲関係

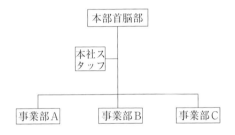

上位会社による統一的指揮

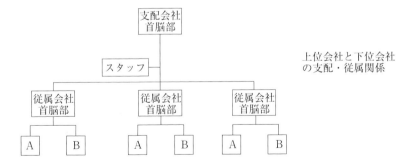

上位会社と下位会社の支配・従属関係

---

24)　Gisela, S.212ff.
25)　Vgl. Bruno Slongo, S.12.

な企業結合であるコンツェルン法は，コンツェルン実践からの反応を十分に受け止めることなく，コンツェルン統一的指揮を下位会社の保護だけを目的に純粋に法基準に従って組み直すことに終始し，コンツェルン化によって起こりうる危険に関心が向けられ，コンツェルン法の目標として「下位企業の存立と経済的独立性を他の影響力から保護する」[26] ことにあったという言わば「保護法」的な弱点を持つ[27]。ここからもコンツェルン法に本来託されていた企業結合による影響の作用量の変化がもたらされる組織の原因と目標のダイナミズムを経験的にとらえることはできない。すなわち，コンツェルンの維持・発展のためのコンツェルン長期的利益の最大化に向けたダイナミズムを促進するように働きかけるのが統一的指揮でなければならない。その意味で，コンツェルン法は硬直的な法的行動準則を呈示するものではなく，弾力的な統一的指揮がもとめられる。

　ところで，統一的指揮は株式法18条1項で示されたコンツェルンの定義では純粋に法律的概念であったが，そうではなく，経営経済学に関係づけられる概念であるという主張もある[28]。これは原語，einheitliche Leitung が示しているように，一つのまとまったものに統合していくという指揮，すなわち統率を意味している。また，それは過半数支配か支配契約あるいは集権か分権か，また支配の及ぶ企業領域の範囲といった，多数のパラメータによって決定される[29]。このような多義的な統一的指揮はコンツェルンとどのように関連づけられるのかである。ここではとりあえず，法人格を別にする複数の会社が一つの経済的単位に構成されたコンツェルンを，その存続と発展に向けて方向づけていくのが統一的指揮であると規定しておこう。この統一的指揮はコンツェルンの基本的枠組みに沿ってコンツェルンの方向づけをするもので，コンツェルン統一的指揮と表現することもできる。支配・従属関係のある垂直コンツェル

26）　Giseia Theis, S.127.

27）　Vgl. Giseia Theis, S.216.

28）　Vgl. Bruno Slongo, S.7.

29）　Giseia Theis, S.212.

ンでは，支配・従属関係に裏打ちされながら，このコンツェルン統一的指揮は
コンツェルン上位会社である親会社の最高経営者からコンツェルン下位会社で
ある従属会社の経営陣に対して発せられる。他方，水平コンツェルンにおいて
は，支配・服従という命令関係，すなわち支配・従属関係が無く対等の関係に
あるメンバーによる統一的指揮の受容によって統一的指揮が発揮されるという
ことになる。ここには階層関係はないにしても，命令の発令者と受容者が存在
し，権限にもとづく命令が，命令たり得るのはそれを受容者が受け入れるかど
うかにかかっている。権限関係からみれば前者は権限法定説，後者は権限受容
説に近いとみることができる。仮にそうだとすると，統一的指揮は一つの法的
権限，すなわち統一的指揮権と称されるものになる。しかし，法はこの統一的
指揮について何の規定もしていないばかりか，多様な解釈を許す結果となって
いる。

　とりあえずここでは，水平コンツェルンについては考察から排除し，垂直コ
ンツェルンに限定して論を進めることにする。垂直コンツェルンにおいて，上
位会社は下位会社である従属会社に統一的指揮による支配力を行使している。
ただし，ここでの支配・従属関係の存在は，支配・服従の可能性，すなわち支
配力行使の可能性を示すものであって，コンツェルンの統一的指揮の存在を意
味するものではない[30]，という指摘もみられる。要するに，垂直コンツェル
ンにおいては，統一的指揮の発揮が支配・従属，すなわち支配力の行使を意味
し，統一的指揮が発揮されていない状況では支配・従属の関係における支配力
の可能性にとどまることになる。コンツェルンの存続・発展のためのコンツェ
ルン利益の最大化という大枠に沿ってコンツェルン統一的指揮がコンツェルン
企業の業務執行を支配し，方向づけていくことになる。その際，コンツェルン
指揮がコンツェルン種類によって影響を受けうるのか。コンツェルン指揮によ
る支配力の行使にあたって支配・従属関係に加え，何らかの補助手段はありう
るのかという問題が提起される。

30）　前田（1967），1673 ページ。

3. 「統一的指揮」とコンツェルンの種類

　前述したように，水平コンツェルン（同格コンツェルン）では支配・従属関係の存在なくしてコンツェルンは成立したが，垂直コンツェルンでは支配・従属関係が前提とされていた。この垂直コンツェルンにおいても同じく統一的指揮が存在しているとはいえ，事業型コンツェルン（Stammmhauskonzern）と純粋持株会社コンツェルンであるホールディング・コンツェルン（Holdingskonzern）では統一的指揮の働きかけの強さは違ってこよう。前者の場合，上位会社であるホールディング内にある特定の事業経営の経営管理に経営首脳部の関心と時間は割かれ，グループの経営価値の最大化は二の次に置かれる可能性がある。それに対して，後者のホールディング・コンツェルンではコンツェルン首脳部はグループ経営価値の最大化に向けて従属会社を管理・指導していく，すなわち支配していくことが責任とされる。まさにその責任を果たすべく，統一的指揮によって支配力を行使することがもとめられているわけで，支配・従属関係という従属関係の方向性を強制的に変える働きをする。ただ，このコンツェルンは時間の経過とともに他のコンツェルン形態に移行していく。コンツェルン形成を長いスパンでみれば，「従属性の度合いは絶え間なく上がっていく」[31]ということが指摘されている。すなわち，最初は「単なる従属性の形成」，次に「事実上のコンツェルン」そしてさらに「変態的事実上のコンツェルン」へ，そして最後に「契約コンツェルン」という道筋である[32]。

　この支配・従属関係は契約による場合とそれ以外の資本出資によるものとに二分される。前者が契約コンツェルン（Vertragskonzern）で後者が事実上のコンツェルン（faktischer Konzern）である。契約コンツェルンの締結する契約は企業契約であるが，そのうち支配契約は，「株式会社が……その会社の指揮を他の下におく契約」（株式法291条）であり，これによって統一的指揮が法的根拠を

31）　ブラウロック（1999），277ページ。
32）　同書，参照。

与えられる。統一的指揮権たるに最も確実なのは支配会社と従属会社間に支配契約が締結されることであるが、支配契約以前に出資関係が存在し、上位会社・下位会社という従属関係がある場合も存在する。たとえば、事実上のコンツェルンであったものが契約コンツェルンに移行する場合である。また出資関係によらない要因による上位会社・下位会社という従属関係が存在するコンツェルンの場合、あるいはそうした関係が一切ない極めて緩いグループ関係にある場合などが、契約コンツェルンに先立つものとして想定される。

ただし、契約コンツェルン形成に先立って上位会社と下位会社の存在があることが想定される場合には、そうした関係をもたらすものの一つとして緩い資本関係の存在を完全には否定しきれない。もちろん、こうした出資関係にもとづかない影響力の形で従属関係が築かれている場合も排除されないことは言うまでもない[33]。しかし、実際上は、支配契約を締結するに先立って、支配会社と従属会社の関係が出資関係によってすでに作られていて、その支配・従属関係を契約締結によって強化する形で形成されるケースが一般的とみることができる。

この契約コンツェルンがより戦略的であるというのは、支配契約によって支配企業の利益すなわちコンツェルン全体の利益のためにコンツェルンの肢体を構成するコンツェルン企業に不利益な指図を与えることができ、また下位会社の取締役会はこれを拒絶することができないことが株式法308条の指揮力で定められている[34]ことにもとめられる。契約コンツェルンでは、支配会社の統一的指揮は強固な従属性と結びついてコンツェルンを一つの経済的単位として支配し、コンツェルン利益最大化のための指図を下位企業に下していく。この場合、下位企業にとっては、不利益な命令である指図が受け入れられることに

---

33) 理論上、契約コンツェルンは株式保有に関係なく、支配契約の効果が下位会社に対する支配権を基礎づけており、下位会社の従属性は過半数保有によって類推される従属性より強固なものである。この点については、舩津（2010）、61ページを参照されたい。

34) 『西独株式法』（1982）、477ページ。

契約コンツェルンの存在意義がある。

　他方，事実上のコンツェルンでは支配契約の締結なくして，過半数出資を通じて支配・従属関係を作り，支配会社による統一的指揮を手にするものの，統一的指揮の発揮による支配力の行使にあたって，基本的に従属会社に不利益となることは禁じられると同時に，従属会社に不利益がもたらされた場合には賠償義務を負うことが規定された[35]。

　ここから垂直コンツェルンで，ホールディング・コンツェルンの形態にある契約コンツェルン，事実上のコンツェルンのいずれにおいても，コンツェルン統一的指揮がコンツェルンを一つの経済的単位にまとめ上げていくための支配力の行使，すなわち権限であるといえる。コンツェルンにとって必要不可欠な本質的メルクマールと言える統一的指揮権ではあるが，統一的指揮権によるコンツェルンの支配力の強化という点からは，垂直コンツェルンでかつホールディング・コンツェルンの形態にあるコンツェルンであって，契約関係，資本関係そして人的関係の三つによる安定的で強固な支配・従属関係が組み込まれたコンツェルンが最も強固なものとして導き出される。すなわち，支配契約の締結，過半数出資そして上位会社と下位会社間の取締役の兼担を備えたホールディング・コンツェルンである[36]。

　上述したように統一的指揮の概念は，多数のパラメータによって決定される。したがって，コンツェルンの種類により統一的指揮の内容に差異がもたらされる。この差異を，コンツェルン種類である事実上のコンツェルンと契約コンツェルンについて再検討しておくことにする。

　まず，事実上のコンツェルンは支配会社が株式会社形態である株式会社コンツェルンについてのみ株式法で規制されていて，有限会社コンツェルンではそ

---

35)　ただし，事実上のコンツェルンにおいては，コンツェルン指揮における子会社に対する個々の措置が分離し得なくなると，不利益補償システムが機能不全に陥るという問題が残されている。この点については，ブラウロック（1999），277ページを参照。

36)　この三つの関係を構成要素とするコンツェルン形成については，高橋宏幸（2014）で取り上げている。

うした規制はなされていない[37]。上の図にあるように，事実上のコンツェルンでは，通常上位会社である親会社は株式の過半数支配を通じて下位会社の指揮機関の経営政策に影響を及ぼす関係が成立している。この限りで事実上のコンツェルンと比べて，同格コンツェルンでは「統一的指揮が存在していても企業相互に従属関係」[38] が無いということで区別され，事実上のコンツェルンは「従属コンツェルン」[39] とも呼ばれていた。資本関係を通じて従属関係にある従属企業が支配会社の統一的指揮の下に結合されていることをもって事実上のコンツェルンは成立しているとみなされるが，基本的には過半数以上の出資が最低要件である。実際には，統一的指揮の強弱は資本関係の程度と関係していて，たとえば資本出資比率がわずかに過半数を超えている場合と圧倒的な高さの出資比率では支配・従属関係に差異がもたらされ，これが統一的指揮による支配力の程度に影響を及ぼすということが想定される。しかし，従属関係，支配力の程度のいずれも必ずしも客観的ではなく，出資比率が過半数を若干下回っている場合でも，実質的に高い支配力を持っていることも排除されない。

　また事実上のコンツェルンのもとでは，本質的にコンツェルン企業の利益がコンツェルンに優先していて，コンツェルン利益のためにコンツェルン企業に犠牲が強いられることが前提とされていない。そうした前提のもと，コンツェルン統一的指揮がいかほどの支配力を発揮しうるかは，支配会社による下位会社に対する不利益な取り扱いによって生じた事態にどのような対応が法的に準備されているかにかかってくる。すなわち，支配会社である親会社による下位会社である従属会社に対する不利益政策あるいは不利益誘因によってもたされた損害に対し，親会社の不利益補償義務と従属会社の従属報告書作成義務が関係している（株式法311条1項，2項，312条）。どこまで不利益補償義務が守られるかという問題に加えて，不利益と利益の規定は客観的かつ十分なものとな

---

37)　有限会社コンツェルンの法的基礎にかかわる問題については，ここでは立ち入らない。それについては，Gisela Theis, S.128ff を参照されたい。

38)　クンツ（1996），780ページ。

39)　同書。

りえない。このような制約の上で，事実上のコンツェルンは成り立っており，そこでの統一的指揮はその制約の範囲内で支配力を行使しているとみることができる。

　これに対して契約コンツェルンは，上位会社と下位会社との間には出資関係にもとづく支配・従属関係がないコンツェルンにおいて，契約締結がなされることで従属関係が成立し，すでに従属関係にあったコンツェルンではさらに一層従属関係が強化されることになるコンツェルンである。この契約には下位会社を上位会社の指揮下に置く株式法291条による支配契約（支配契約・経営委任契約）と，株式法292条による下位会社であるコンツェルン企業の総利益を上位会社に供出する義務を負う利益移転契約（経営賃貸借契約，利益共通，一部利益移転契約）がある[40]。この支配契約にもとづいて，支配企業は従属企業の取締役会に会社の指揮に指図することができ（株式法308条1項），また従属会社である下位会社の取締役は支配会社の命令を拒絶することができないという関係に置かれる。この法的規定にもとづく，従属性の強さを背景に弾力的かつ強靭な支配力を持つ契約コンツェルンの統一的指揮が，上位会社による下位会社に対する不利益政策あるいは不利益誘因を徹底的に推進することを可能にしている。このことが事実上のコンツェルンの場合と比べて契約コンツェルンがコンツェルン戦略にとってはるかに積極的に活用できる理由である。

　そうではあるが，この統一的指揮が分割可能なのか，すなわち下位会社なり下位に位置する中間持株会社（Zwischenholding）に分割・委譲することができるのか。また統一的指揮は企業全般に及ぶ包括的職能なのか，それとも特定の機能に限定したものとして考えることができるのか，という問題も残されている。前者の問題は，さまざまな見解が示されているものの明確な結論には至っていないし，会社法上まったく認められていない。しかし，ネットワーク時代の今日，企業ネットワークの統一的指揮として垂直的な関係ではなく水平的に

40）　契約コンツェルンにおける企業契約については，高橋宏幸（2014），69ページ以降を参照されたい。

調整され，戦略的に方向づける機能として再構成されるという見方も示されている。いわばサブシステムを構成するミクロ単位の「ミクロ指揮システム」では業務上の指揮権を秩序づけ，全社戦略的結合を担う多段階的な「マクロ指揮システム」に重ねあわされることで複雑な多次元指揮システムが構成される。このシステムにおいて統一的指揮の分割可能性が進展するというのが，その内容である[41]。このような見方に対しては，根本的な問題点が伏在しているものの，統一的指揮概念の弾力化の可能性は示唆されていると言うことができる。

　後者の問題に関連しては，事業型コンツェルン，純粋持株会社型コンツェルンから識別される財務ホールディング型のコンツェルンにおける指揮機能についてみると，次のような点が言える。つまり，コンツェルンでは一般的に全体職分の中核部分である人事管理機能，資金管理機能，財務管理機能という副次的職分である管理機能が本質的な内容を構成している。ところが，財務ホールディングではこの全般管理のうち管理機能，財務機能という職分に特化したもので，そこでの統一的指揮もおのずとそれに制約され，統一的指揮の範囲が狭められるという関係である。ここからも分かるように，コンツェルン統一的指揮の範囲は，コンツェルンの性格によって変わりうるということが言えよう。

　ちなみに，コンツェルン実践でのコンツェルンの動向は確実に事業持株会社型コンツェルンから純粋持株会社型コンツェルンにシフトしており，この純粋持株会社型コンツェルンのなかで，事実上のコンツェルンの割合が契約コンツェルンを圧倒的に上回っているのが現状である。一時は税法改正に伴う契約コンツェルンのメリット解消という理由から採用が減少した契約コンツェルンではあるが，最近再び増加する傾向にあることは注目される。コンツェルン再組織化は常に，さまざまな環境要因によって誘発されることが少なくない。実際，近年コンツェルンを取り巻く状況は，厳しさを増しており，ますます弾力的かつ強靭な戦略的対応が求められてきており，それを受けてドイツのコンツェルンも「再組織の波」（Reorganisationswelle）と称される大幅な組織構造と戦略

---

41)　Vgl. Gisela Theis, S.218ff.

の変更を実施してきている[42]。

4. コンツェルン再構築と統一的指揮

コンツェルン戦略における契約コンツェルンの統一的指揮の意義については
上述の通りである。契約コンツェルンが再び増加傾向に転じるなか，コンツェ
ルン再編の動きも目立つ[43]。旧いところでは1995年から97年までの5段階
の局面に分けられるダイムラー・コンツェルン（Daimler-Konzern）の例が注目さ
れる[44]。なお，詳細についてはここでは触れないが，概略としては多角化の
進展，技術的統合コンツェルンへの展開によって自動車事業から航空・宇宙，
軍需，電機，ソフトハウス・金融・保険と事業を拡大し，ダイムラー本社を純
粋持株会社化しその下に航空・宇宙を中心とした事業を担当する企業を傘下と
して収めた形のコンツェルンの再組織化である[45]。

ところが，1997年には傘下にあった下位企業である事業会社のメルツェデ
ス・ベンツ株式会社を純粋持株会社であるダイムラー・ベンツは吸収してしま
う。これによって，ダイムラー・コンツェルンは純粋持株会社型コンツェルン

---

42) Vgl. Thomas Mellewigt/Wenzel Matiaske, Konzernmanagement—Stand der empirischen
betriebswirtschaftlichen Forschung, in: Albach, Horst/Pinke, Wulff (Hrsg.), Konzern Man-
agement, 62 Wissenschaftliche Jahrestagung des Verbandes der Hochschulleher für Betrieb-
swirtschaft e.V., 1995. S.1.

43) 契約コンツェルンは，租税法上優遇する制度であったため会社法上，契約コンツ
ェルン制度が存在したものの，2001年以降，支配契約の締結が租税法上の機関理論
の要件とはならなくなった。これにより，一時的に，契約コンツェルンの数が減少
したと言われている（高橋英治2008，2ページ，22ページ）。税法上，コンツェルン
を経済的に一体とみなす「器官会社関係」とその二重課税回避機能については，鈴
木義夫（1999）に詳しい。なお，この支配契約である機関契約が締結されている契
約コンツェルンにおいては，損益引渡契約により，損益減殺という税法上の効果を
獲得することが第一目的とされていたのが，税法改正にその優遇措置がなくなった
にもかかわらず，契約コンツェルンが再び増加傾向に転じたことに関連して，契約
コンツェルンがコンツェルン統一的指揮の強化の手段であったという極めて興味深
い指摘を河本（1978；270ページ以降）は行っている。

44) この期間のダイムラーの動きについての詳細は，Armin Topfer, Die Restrukturierung
des Daimler-Benz Konzerns 1995-1997, 1998 がある。

45) これについての詳細は，高橋宏幸（1991a），同（1991b）を参照されたい。

から事業型コンツェルンへと変貌を遂げたのである。通常とは逆の動きは，コンツェルン再組織の誘因の複雑さを物語っており，単に経済的要因だけでは説明のつかない政治的要因，文化的要因そして法制度をはじめとする制度的要因に目を向ける必要性を感じさせる。ここでは，純粋持株会社形態をとっていたダイムラー株式会社取締役会内での合議原則すなわち全員一致原則と子会社CEOの親会社取締役の兼担という人的結合に伴う問題が起因していたことが指摘できる。ダイムラーのCEO会長がメルツェデスのCEOであると同時にダイムラー・ベンツの兼任取締役を務める取締役と葛藤が生じ，純粋持株会社であるダイムラー・コンツェルンの取締役会，すなわちコンツェルンの総取締役会で合議原則が障害となり，コンツェルンの統一的指揮権の十分な発揮ができない状況にあったことを示唆している。この場合，コンツェルン企業をホールディングに吸収し，ホールディング内の事業部に変えることでコンツェルン企業のCEOのポストを事業部責任者に格下げし，総取締役会での兼任取締役を解消するという狙いがあったと言われている。純粋持株会社によるコンツェルン化をはかり，その総取締役会に子会社CEOを兼任取締役に据えて支配・従属関係の強化されたコンツェルンを構築するということが，逆に作用したのであり，コンツェルン実践では経済学的，法学的類推から導き出される結論とは異なることがあることを示した例である。

　コンツェルンは絶えず変わりうるし，再組織を繰り返しているとも言える。上述した水平コンツェルン，垂直コンツェルン，さらにはコングロマリット型コンツェルンなどさまざまなコンツェルン間での再組織がある。こうしたコンツェルン種類のほか，さらに事実上のコンツェルンと契約コンツェルンにも分類される。水平コンツェルンは，同格コンツェルンという対等関係を前提としたもので，調整コンツェルンとも称される。これに対して垂直コンツェルンは，従属関係という上位会社（親会社，支配会社）と下位会社（子会社，従属会社）という関係に置かれたものである。この両コンツェルンを統一的指揮という観点からみると従属関係を伴うか，伴わないのかで決定的な違いを生み出している。分業の原理に始まって，階層組織化を図り企業規模を拡大し，さらに

その複合的な階層組織である複数の法人をグルーピング化していくことは，今日のダイナミックな経済発展に基調であるとも言える。そこでは，支配・従属の連鎖であり，権限・責任関係の階層関係が貫徹しており，それを強化・支援していくことでこそ経済的単位としての一体化が確保されるのである。コンツェルン統一的指揮は，出資関係を基礎とした従属関係にあるグループ，コンツェルンに，激変する環境変化へのダイナミックな対応を可能とさせるものである。それは，コンツェルンの再組織化というコンツェルン自体の弾力的な変化とそれに対応した統一的指揮の弾力化を必須とする。そのことが，他方で，コンツェルン内における集権，分権の権限関係，統一的指揮権の強さとその及ぶ範囲に違いをもたらす結果になる。

　また多くのコンツェルンにおいてホールディングを再組織していることも注目される[46]。たとえば，近年目立つマネジメント・ホールディング化は，単一企業の複数事業部制組織に類似した特徴を持つものである[47]。これはまた，分権的単位と意思決定単位のネットワークに特質づけられ，管理構造を従来の階層的―統制的スタイルから緩やかな企業文化的管理スタイルに代えていくものである。この文化的に狭く，組織的に緩いマネジメント・ホールディングという新しい管理スタイルが権威主義的，階層的管理スタイルを時代遅れにしているという指摘もみられる[48]。ネットワーク時代を迎え共同的，参画的スタイルがもてはやされるようになっても，階層的―統治的管理スタイルを完全に覆し，新たに「半自立的な行動センターを備えた，階層的に組織化された多重共同ネットワーク」[49]に置き換わることは，未来のビジョンとしてはともか

---

46)　Vgl. Gisela Theis, S.241.
47)　その長所とし，ビューナー（R. Bühner）は次のような点をあげていた。(1) 弾力性（新製品，新市場への多角化，スピン・オフ，マネジメント・バイ・アウトなどによる戦略的弾力性，(2) 協同力（戦略的連携への対応）(3) 革新力，動機づけ (4) 透明性 (5) 資金調達力，危険分散，があげられていた。Vgl. Rolf Bühner (1992), *Management-Holding*, S.43ff.
48)　Vgl. Gisela Theis, S.39-41.
49)　Gisela Theis, S.243.

く，現実には受け入れ難い。ともかく，今日提起されているマネジメント・ホールディングはリストラクチャリング・プロセスの途上にあるもので将来変わりうるものであり，その意味で「未成熟なホールディング」[50] にすぎない。未成熟なマネジメント・ホールディングがより分権的であることが統一的指揮を弱めるように作用するかというと必ずしもそうはならない。むしろ，分権化を強めると逆に求心力を高めるように集権化が働くように単一グループへのコンツェルン統一的指揮は強まるとみることもできよう。

　近い将来に目を転じれば，コンツェルンの戦略化，すなわち戦略的コンツェルンがますます重要視されてくることが予想される。ドイツで一時減少に転じた契約コンツェルン，とりわけ支配契約コンツェルンが再び増加に転じていることがこのことを暗示している。ドイツでは，資本節約機能を確保した，過半数出資によらず最少資本による最大の支配効果を狙う形でコンツェルンが構成されることが少なくない。そうしたなかで，支配契約のない事実上のコンツェルンで戦略的に対応することの限界は明白である。グローバル化の進展，中進国の急速な進展などドイツ・コンツェルンを取り巻く環境は激変し，コンツェルンの競争力強化は待ったなしの状況である。ここにおいて，コンツェルンの再組織化，なかでも契約コンツェルン化が急がれる事情がある。

　このコンツェルンの再組織化にあたって，取締役兼担を中心とした人的結合が統一的指揮の強化する用具の一つとして注目される。これは，アメリカや日本で議論されている社外取締役とは一線を画する。ドイツでは最高経営は取締役会と監査役会とによって担われる二項制をとっている。したがって，最高経営にはこの二つの機関がかかわっているとみることができるが，中心はコンツェルン総取締役会であり，これを起点にコンツェルン外との，またコンツェルン内での，そして取締役会と監査役会との錯綜した人的結合が形成されている。特に，コンツェルン内部での人的結合がコンツェルン経営に本質的な内容を持ち，ドイツの兼任制度，特に兼任取締役の場合，直接的にコンツェルンの経

---

50)　Vgl. Gisela Theis, S.51f.

営力の強化に向けられており，支配契約の締結と相まってコンツェルンの主要な用具となっている[51]。加えて，この兼任取締役が統一的指揮を確実化する上で格別の意義を持っていたことは注目されてよい。

おわりに

統一的指揮という不十分な定義による曖昧さを残した概念がコンツェルンにとって決定的な意義を持っていることを確認し，その本質的な意味を明らかにすることを本論文は課題とした。そこから通常の企業の指揮からコンツェルン固有の統一的指揮への拡張の道筋を解き明かし，統一的指揮こそがコンツェルンの本質的メルクマールであることを再確認することができた。他方，この統一的指揮の行使を確実なものにし，コンツェルンの強化を図る上で，契約コンツェルン，特に支配契約によるものが戦略的コンツェルンとして多くの可能性を秘めていることが確認できた。しかし，他方でドイツ・コンツェルンが理論的に期待されたような成果を上げていないということがしばしば指摘され，ドイツのコンツェルンは日本のグループ経営にとってあまり参考にならないという結論を出すとしたら早計にすぎない。確かに，今日，労使共同の伝統に培われた監査役会制度は機能していない。あるいは，契約コンツェルンにおける従属会社の少数株主保護は，従属会社の「剰余権者」の「債権者」化あるいは支配会社の「剰余権者」化してしまうなど[52]，慎重に検すべき点はある。しかし，ドイツ国内でのコンツェルン法をめぐるさまざまな議論は，コンツェルン法の改正，新たな判例を通じコンツェルン理論をさらに洗練化していくであろう。これに対して，企業結合が対象とされる企業結合法，すなわちコンツェルン法を持たずにグループ化が急速に進展したわが国の場合，ドイツ・コンツェルンについての法学的研究成果に加え，経営経済学的研究成果[53]を足掛かり

51）　この点については，高橋宏幸（2000）を参照されたい。
52）　わが国のコンツェルン研究に携わる法学者から，この点についての指摘がなされている。ここでは代表的な，江頭（1995），15ページ以下を参照されたい。
53）　1965年の新株式会社に伴うコンツェルン法の規整以来，経営学分野でも多くのコ

に検討を進めていくべきであろう。

　新たな時代を迎え，未来志向の新たな参加型の多重共同ネットワーク型の構想がコンツェルンにも提案されるなか，階層型―統制スタイルを根幹に据える契約コンツェルンの意義は減じるばかりか，ますます注目されなければならない。事実は一つである。と同時に，実践は常に激変する状況に対応していくことをもとめている。そうしたなかで，わが国も大企業を中心に圧倒的な部分がグループ経営を実施している。実際，グループ経営の実施に伴いさまざまな問題が浮上し，それへの対応が主として法学の分野からなされてきた。その取り扱いは，あくまでも法学的関心からであって，コンツェル経営のもう一つの側面，すなわちコンツェルン価値の最大化のためのコンツェルン経営という経営学的考察が欠落していたと言わざるを得ない。本論文は法学的考察に足掛かりを得ながら経営学的視点からドイツ・コンツェルンにおける本質的メルクマールである「統一的指揮」を考察することで，わが国のグループ経営の戦略化の限界とその克服に向けての方向性を示唆した。

参 考 文 献

ウェーバー，マックス著（世良晃志郎訳）（1960）『支配の諸類型』創文社。

ウェーバー，マックス著（阿閉吉男・内藤莞爾訳）（1969）『社会学の基礎概念』角川文庫。

江頭憲治郎（1995）『結合企業法の立法と解釈』有斐閣。

グーテンベルク，エーリッヒ（溝口一雄・高田薫訳）（1963）『経営経済学原理　第1巻　生産編』千倉書房。

グーテンベルク，エーリッヒ（池内信行監訳）（1959）『グーテンベルク　経営経済学入門』千倉書房。

クンツ，ユルゲン（藤原正則訳）（1996）「ドイツ企業結合法の基本的性格」（『北大法学論集』第47巻第2号）。

慶應義塾大學商法研究会訳（1982）『西独株式法―1965年―株式法，同施行法正文並びに同政府草案理由書，連邦議会法律委員会報告書―』慶應義塾大学法学研究会。

河本一郎（1978）「西ドイツコンツェルン法成立の背景についての一考察」（『神戸

ンツェルン研究が博士論文あるいは教授資格論文としても取り上げられてきている。ここではそうしたものを含め，代表的なものだけを引用文献にあげてある。

法学雑誌』28(3))。

鈴木義夫（1999）「コンツェルン課税と器官会社制度の意義」（『明大商学論叢』第73巻第3・4号）。

高橋英治（2008）「ドイツの企業結合法—総括と展望」『法学雑誌』，第55巻第1号）。

高橋宏幸（2000）「コンツェルンの統一的指揮と人的結合—戦略的コンツェルンにおける支配・調整メカニズムに関連して」（『総合政策研究』5巻，中央大学）。

高橋宏幸（1991a）「ダイムラー・ベンツの統合的技術コンツェルンへの再編成」（『創価経営論集』第16巻第1号）。

高橋宏幸（1991b）「航空・宇宙産業へのダイムラー・コンツェルンの再編について—MBBの系列化とDASAの機構改革に関連して」（『創価経営論集』第15巻第2号）。

高橋宏幸（2014）「コンツェルン・タイプとコンツェルン本社」（『創価経営論集』第38巻第1号）。

高橋宏幸（2014）「準制度的管理用具としての人的結合と企業結合」（『中央大学研究所年報』45巻）。

高宮晋（1958）「トップ・マネジメント」，山城章・高宮晋・占部都美・白木他石・中島省吾・安江健一『経営責任者—重役・部課長・係長』税務経理協会。

高宮晋（1968）『経営組織論』ダイヤモンド社。

舩津浩司（2010）『「グループ経営」の義務と責任』商事法務。

ブラウロック，ウヴェ（高橋英治訳）（1999）「ドイツのコンツェルン法」（『法学雑誌』第46巻第2号）。

法務省（報告書執筆者，加藤貴仁）（2010）『企業結合法制に関する調査研究報告書』（平成22年3月）商事法務。

前田重行（1967）「ドイツ株式法におけるコンツェルンの規整」（『法学協会雑誌』84巻12号）。

前田重行（2006a）「持株会社による子会社支配と持株会社の責任〔その1〕」（『法曹時報，第58巻第3号）。

前田重行（2006b）「持株会社による子会社支配と持株会社の責任〔その2・完〕」（『法曹時報』第58巻第53号）。

Albach, Horst/Pinke, Wulff (Hrsg.) (1995) *Konzern Management, 62 Wissenschaftliche Jahrestagung des Verbandes der Hochschulleher füer Betriebswirtschaft e.V*, S.1.

Arbeitkreis Krahe (1964) *Konzernorganisation*, 2.Aufl.

Armin Topfer (1998) *Die Restrukturierung des Daimler-Benz Konzerns 1995-1997.*

Buruno Slongo (1980) *Der Begriff der einheitlichen Leitung als Bestndteil des Konzernbegriffs*, Dissertation, Zürich.

Gisea Theis (1992) *Neue Konzernstrategien und einheitliche Leitung im FaktischenKonzern.*

Hoffmann, Friedrich (Hrsg.) (1993) *Konzernhandbuch.*

Manuel René Theisen (2000) *Der Konzern*, 2.Aufl.

Max Ringlstetter (1993) *Rahmenkonzepte zur Konzernentwicklung.*

Michael Holtmann (1989) *Personelle Verflechtungen auf Konzernführungsebene.*

第 1 章　戦略的コンツェルンの構築と統一的指揮　29

Offmann, Manuel R.Theisen（Hrsg.）（1998）*Der Konzern im Umbruch.*

Rolf Bühner（1992）*Management-Holding*, 2Auf.

Rolf Halter（1974）*Der Begriff der einheitlichen Leitung im Konzern.*

第 2 章

グローバル経済におけるグループ経営の現況とその課題
——経営戦略および企業統制にかかわる日米比較からの分析——

原 　 正 　 則

は じ め に

　グローバル競争の環境のもと，親会社による支配子会社を包含するグループ
経営における企業行動につき戦略論および企業統制の観点から現況とその課題
につき主として日米比較の観点から分析を行った。これにより日米経営戦略の
違い，すなわちわが国ではコーポレートレベルの企業戦略に加えて出資関係に
ある子会社等の企業間関係を指すネットワークレベルをも統合した戦略をとら
なければならない一方，米国におけるマネージャーはもっぱら事業戦略のモニ
ターと全社的な資源配分に専心する。つまり事業戦略と企業戦略がオーバーラ
ップしていることが明らかになる。

　またグローバル競争に対応したわが国における法的ルール等の制度の変更を
実務面からの現状分析をしたうえその構造上の課題，すなわち企業集団におけ
る親会社の子会社管理に関する法的手当てが確立していないことを指摘する。
そしてもともと企業グループの運営はその調整と統合の程度が複雑な構造をも
つことから親会社の指揮権の保持が不可欠であるにもかかわらずその法的手当
てが充分でないこと，および親子会社関係から派生してくる株主間対立の問題
点とその解決策につき言及する。

　そして世界的規模で業界別に寡占化が進行しているなか，規制緩和を意図し

た法改正がグローバル競争に立ち向かうビークルとして用意されているにもかかわらず日本企業の対応が必ずしも進んでいないことを指摘する。

本章の構成は以下の通りである。第1節では企業戦略としてのグループ経営の現状分析としてグローバル競争に対応して日本企業がいかに組織構造を変化させてきたかをみる。第2節では経営戦略の観点からみた日本企業のグループ経営の位置づけにつき先行研究を踏まえて分析を試みる。第3節は日本企業の企業集団間における各種規制（法および会計等）がもつ課題とその解決策につき日米制度比較の視点から分析し，その解決策についての提言を行う。そして結論である。さらに「補論」として独国のコンツェルン制度に言及しわが国への制度的応用の可能性につき議論提起とした。

1. 企業戦略としてのグループ経営の現状分析

1-1 企業グループの定義

本稿でいう「企業グループ」は過去に存在感を示していた旧財閥や銀行主導の企業集団を対象としていない。よってここでいう企業グループとは親会社（例えば日立製作所・新日鉄住金等）を頂点として子会社や関連会社など複数の傘下企業から構成されるグループを意味し，親会社が子会社・関連会社に対して議決権の所有を通じる親子関係にある形態を示している[1]。

企業グループには大きく2つのパターンがみられる。1つ目は前記した日立グループとか新日鉄グループなどが形成する系列・サプライヤーシステムを対象とする垂直統合型（タテ型）であり，2つ目は富士フィルムホールディングやキリンビールホールディング（いずれも純粋持株会社）にみられる，傘下に異なる事業を展開する企業群の組み合わせを意味する水平統合型（ヨコ型）である。またこの2つの両方をミックスしたグループ形態として大阪ガスを例とする混合型もある[2]。本稿では以降グループ経営の形態を「親子型企業グルー

---

1) 大坪（2011），14-15ページ。
2) 松崎（2013），10-15ページ。

プ」と称することとする。

1-2　日本における企業グループの現状分析

　日本企業の多くは子会社や関連会社などの関係会社を有し，企業グループと
しての事業活動を行っている。大坪（2011）によると，「日本企業は概ね15社
程度の子会社，5社程度の関連会社をもち総資産連単倍率と売上高連単倍率で
割りだすと企業グループの総資産額及び売上高の約20％を子会社や関連会社
が占めている。また1990年から2006年における時系列的な変化につき子会社
数は増加傾向の一方，関連会社数は減少傾向にあること，および総資産連単倍
率と売上高連単倍率がともに増加傾向にあることからグループにおける子会社
（含む上場子会社）の重要性が高まっていることがうかがえる」[3]。

　ところでわが国で親子型グループ経営が定着しているのは大きく3つの構造
的要因があると考えられる。1つは欧米とは異なった形での事業部制が定着し
ていることにある。すなわち欧米の事業部は自律性の高い組織構造をもち各事
業部はあたかも1つの会社としてみなされるのが通例である。これに対しわが
国の事業部制は商品別の事業部による独立採算が求められる一方，管理部門は
本社の体系に従うのが一般的となっているため事業部の自律性が中途半端にな
っている。この事業戦略を各事業部に担わせるには事業部の自律性が高くない
というわが国特有の問題を克服する制度設計として，親会社から分社した子会
社を1つの株式会社とすることにより傘下の子会社群が生まれる企業グループ
組織が構成されてきた。

　そこでこのわが国特有の事業部制が自律性や資本効率意識を希薄にしている
面を克服する組織改革の試みを，パナソニックの例でみてみよう。

　パナソニックは2017年3月期から事業部に資本効率の改善を促す独自の制
度である「内部資本金制度」を導入することになった。同社は2001年に廃止
していた事業部制を2013年に復活し，製品を開発から生産，営業まで一元管

　3）　大坪（2011），1-3ページ。

34

表 2-1　内部資本金制度新旧比較表

経営状況	従来の制度	17 年 4 月からの新制度
資本金過多の場合	資本金が積みあがったまま	余剰金の返還が可能
投資資金の調達方策	自己資金の範囲内で可能	投資資金を本社から借入または増資
資本効率向上策	利益を上げるしかない	減資等により資本コストを減らす

（出所）『日本経済新聞』2016 年 1 月 14 日付朝刊記事をもとに作成。

　理するのみならず，事業部ごとに貸借対照表を作り本社から割り当てる資金も資本金と負債に区分することにより事業部の自律性を持たせる政策をとってきた。この制度をより資本効率を求めるため，1 つの企業のように本社から調達した資本金を自らの判断で増減資することができるようにする。この内部資本金制度の新旧を比較したのが上記，表 2-1「内部資本金制度新旧比較表」である。

　これにより事業部への権限移譲を徹底するとともにグループ全体でも資本コスト（期待収益率）を上回る利益を継続して生み出すことを経営戦略にしていることがわかる[4]。なおこの施策は分社化により同様の効果を生み出すともいえる。しかしグループにおける 2003 年 3 月期の連結ベース当期損失 4,278 億円のうち 2,954 億円が子会社各社による損失であったこと，および同様に 2009 年 3 月期の 2,790 億円の連結ベース当期損失のうち 2,227 億円が子会社によるものという実績から，経営資源の分散を排除するため有力子会社をそれぞれ 2002 年 3 月期 5 社，2011 年 3 月期 2 社を完全子会社化することによりむしろ上場子会社を皆無とする企業戦略をとっている。

　2 つ目は，わが国の労働市場の流動性が低いままに推移しており，岩盤規制ともいわれる労働法制につき改正の端緒さえみえていないことが企業内の再編を阻む壁になっていることがあげられる。特に不採算分野からの撤退は企業にとって依然として容易ではない。そのため企業にとって不要な人材の受け皿としての子会社の存在意義がみいだせる。例えば日立製作所の主力プラズマテレビ製造工場（宮崎県）の撤退の場合，従業員の解雇ができず人材の再配置・希

---

4)　日本経済新聞，2016 年 1 月 14 日付朝刊記事。

望退職の募集等でその実現に3年間かかったという実例がある[5]。しかし分社された会社の株式を売却することは，人員を含むすべての経営資産を売却することになるためこのような問題は発生しにくい。例えば新事業計画を発表した東芝は経営資源集中のため半導体・エネルギー・社会インフラの3分野以外は外出しの方針をたて，財務の立て直しと赤字事業のリストラを実現することになった。すなわち東芝メディカルの全株をキヤノンに6,655億円での売却，また東芝ライフスタイルの株式の80.1％を537億円で中国美的集団への売却がある[6]。

　3つ目は，グローバル競争の激化から，企業業態の転換のスピードへの要求が格段に高くなっていることがある。その例として独国バイエル社の業態変化をみてみよう。バイエル社は10年間で医療関連の売上高シェアを急増（31％から47％）させる一方化学品のシェアを減少する（35％から28％）という業態変化を実現した。これは120億ユーロ相当分を売却・分離する一方，360億ユーロの買収により実現している。これにより売上高を1.5倍にしたうえ時価総額を約6倍（186億ユーロから1,051億ユーロ）増加させている[7]。

　一方，わが国化学業界売上げ1位の三菱ケミカルの業況推移をみてみると，10年間で売上げは10年度の24,089億円から14年度36,563億円と1.5倍になり，総資産はそれぞれ21,266億円から43,230億円と2倍になっているが，営業利益はそれぞれ1.336億円から1,654億円と1.2倍増にとどまっている。またセグメント別売上高および営業利益の過去5年間の推移をみてもドラスティクな業態変化はみられず赤字事業も放置されたままである。なおこの詳細については次ページ表2-2「三菱ケミカルのセグメント別業況推移」を参照されたい。

　最後に，世界的な寡占化が加速していることを指摘しなくてはならない。次ページ表2-3は2015年の全世界化学メーカーの売上げのランキングである

---

5)　異文化経営学会，川村隆相談役プレゼン資料，2015年11月14日付。
6)　日本経済新聞，2016年3月30日付朝刊記事。
7)　日本経済新聞，2015年12月29日付朝刊記事。

表 2-2　三菱ケミカルのセグメント別業況推移

上段売上高，下段営業利益　　　　　　　　　　　　　　　　　　　　（単位：億円）

	2010 年度	2011 年度	2012 年度	2013 年度	2014 年度
エレクトロニクス	1,524	1,338	1,182	1,337	1,188
	10	▲ 53	▲ 51	▲ 55	▲ 28
マテリアルズ	6,575	6,999	6,897	7,991	8,114
	365	256	225	475	561
ケミカルズ	8,954	10,075	9,036	9,551	11,394
	530	148	▲ 2	7	92
ポリマー	7,312	6,586	6,757	8,584	8,346
	550	238	1	23	268
ヘルスケア	5,050	5,025	5,144	5,231	3,319
	851	764	749	673	770
その他	2,254	2,059	1,870	2,294	2,202
	▲ 86	▲ 47	▲ 20	▲ 18	▲ 6
合計	31,668	32,082	30,886	34,988	36,563
	2,265	1,306	902	1,105	1,657

（出所）三菱ケミカル HP より。

表 2-3　全世界化学メーカーの売上げランキング（2015 年）

（単位：億ドル）

社名	BASF	Dow	中国油化	Saudi Basic	Exxon Mobil	台湾 Plastic	Lyondel	Du Pont	イネオス	バイエル
国名	独国	米国	中国	サウジ	米国	台湾	蘭国	米国	瑞西	独国
	787	582	580	433	382	371	348	299	297	281

（出所）http://www.sbbit.jp/article/cont1/30165

　が，その後 2 つの大型 M&A により化学業界はさらなる寡占化が進行している
ことを示している。
　このうち Dow と DuPont の経営統合により売上げが 881 億ドルとなり，業界
1 位となる見込みである。また中国油化によるシンジェンタ（スイス）の買収
により売上げが 714 億ドルとなり，BASF の売上げに近づくことになる[8]。
　ところで前記した三菱ケミカルは業界 10 位のバイエルに次ぐ位置にある
が，このような寡占業界で競争するには規模が充分とはいえない。特に近時の
業界再編は成長分野と目されている農業関連（遺伝子組み換えや農薬）に経営資
源をシフトする動きがみられ，農業関連業界のなかで首位のモンサントを

8)　日本経済新聞，2015 年 12 月 29 日付朝刊記事。

DowとDuPontの経営統合が売上げベースで凌駕する等寡占化が進んでいるが，これにどう対抗するかの戦略はみえていない。

2. 経営戦略の視点からみた日本企業のグループ経営の位置づけ

2-1 日本企業グループの経営を戦略の観点からみると，その分析のためには日米企業戦略の差異につき検証するのが有効と思われる。そのため日米の子会社政策の差異は経営戦略にどのような影響を与えているかにつきDe Wit and Meyer（2005）の「戦略レベルの4つの階層」（これを図式化したものが図2-1である）に従い，企業活動のスコープにもとづき考えてみたい。

2-2 まず集合体のレベルの側面からみると，Fの機能レベルではセールスやマーケティングにおける戦術のことであり個々の個人や部門が同業他社と優

図2-1 戦略レベルの4つの階層
＜戦略レベル＞

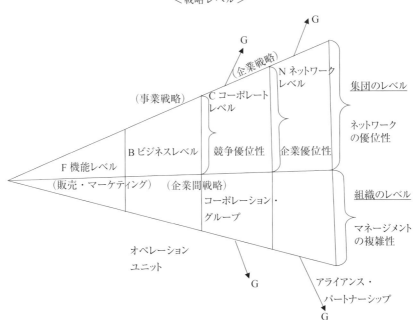

（出所）De Wit and Meyer（2005），p. 9の図を修正して作成。

位に競争するにあたっての固有の機能をいう。その上位に位置するのはBの事業戦略であり（主として事業部長による）自社の製品・サービスをもてる資源と組み合わせて単一の市場や業界その優位性を確立するビジネスレベルの戦略である。そしてCの企業戦略は（主として分掌役員による）「複数の事業内における行動と業務内容の組合せと，個々の事業の業績に影響を与える戦略的波及効果のマネージメントであるコーポレートレベルの戦略」であり，これが企業優位性の優劣を決定する要因となる。つまりFからCへ至るに従い資源と環境の組合せの調整と統合の程度が複雑化し内部資源の活用度の程度が高まるとともに，事業ごとのコンペタンスを束ねることによりシナジーを創り出すことが求められる。またNのネットワークレベルでの戦略には「戦略的提携」「M&A」「全社的リストラやイノベーション」等があげられる。その組織レベルの形態としてはもっぱら傘下の企業群の運営・管理を主たる業務とする純粋持株会社が典型例としてあげられる。さらに上記B, C, N, のそれぞれの階層にGグローバル展開が派生的に出現している。これにより組織運営はより一層複雑化し要求される経営資源は幾何級数的に増加することになる。より具体的にはBのビジネスレベルとは競争戦略におけるバリューチェーンにおける諸活動をいい，コストリーダーシップ，差別化，集中化がその施策となる。Cのコーポレートレベルでは企業内における事業部門同志のつながりに焦点を当て，その戦略としては多角化，戦略的撤退，事業レベルでのリストラクチャリングがある。最後のNのネットワークレベルは企業間関係（同業他社や出資関係にある子会社等）における企業優位性を構築の戦略を示している[9]。

2-3 米国においては特定事業へ特化した企業が主流をなしているため，図のBビジネスレベルとCコーポレートレベルが重なっている。例えば，GEのように「事業の入れ替え」による事業ドメインの変更によるコングロマリット的展開は例外的事例である（ほかにコングロマリット的展開の例は少なくUnited

---

9) 松崎（2013），76-81ページ。

第 2 章　グローバル経済におけるグループ経営の現況とその課題　39

Technologies,3M 等があげられるにすぎない）。

　すなわち米国では専業企業を志向する傾向が強く，事業ドメインを絞り込み資源を集中している。そして米国では企業経営はグループ経営という概念がすでに約 100 年前に確立しており，事業部門と連結子会社（親会社 100％所有の完全子会社が原則）の区別はなく同一の経営機能として扱われている。そして「単一の市場や業界における価値創造の優位性を確立するビジネスレベルの戦略（事業戦略）」と「個々の事業の業績に影響を与える戦略的波及効果のマネージメントであるコーポレートレベルの戦略（企業戦略）」が重層的（オーバーラップ）になっている[10]。

　つまり，各事業の競争戦略の立案・実行は株主価値創造の企業戦略と重なっていることになる。したがってマネージャー（経営者）はもっぱら企業アーキテクチャー全体の設計と資源配分に注力することになる[11]。この背景として利益重視，すなわち株主価値の最大化に向けた経営戦略として利益率の低い事業の切り捨てによる事業の選択と集中を通じた経営資源の集約への指向がある。

　2-4　一方，日本企業のグループ経営は企業戦略とネットワークレベルの企業間戦略との中間に位置すると考えられ，他社との提携や M&A のほか出資先子会社を包含したリストラクチャリングなどがその戦略となる。

　わが国企業は数多くの製品事業を展開するフルライン戦略を伝統的に重視し，その担い手は各子会社である場合が多い。日立製作所をはじめとする電機メーカーや食品メーカーであるキリン等の製品ラインアップを見ても複数の事業を取り扱い，製品のフルラインで競争をしているのが実態である[12]。したがって事業戦略と企業戦略が必ずしも重なっているわけではないことから企業間戦略をも組み合わさざるを得ず，マネージメントの複雑化による経営者への

---

10)　松崎（2013），76-80 ページ。
11)　Saloner, Shepard, and Podolny（2001），石倉洋子訳（2002），439 ページ。
12)　松崎（2013），42 ページ。

40

負荷は重くその資質・知見により企業の浮沈が左右される度合いが高くなる。さらにここで課題とすべきは，企業戦略として例えばフルライン戦略によるリスクの分散のため事業部よりも分権的な事業単位である子会社に多角化戦略の一翼を担わせるという企業行動が投資家からみてその株主価値を高めることに資するか，ということにある。

2-5　また，このように組織的に複雑な企業グループのなかで親子会社間に的確な企業統治実現が困難であるにもかかわらず，例えば親会社による指揮権というような親子会社関係を制する制度は存在せず，かつ特別の法的手当てもなされていない[13]。このような環境下であっても経営戦略を親会社による事実上の支配をもってグループ各社に浸透していくことは可能であるが，反面その経営責任をどう位置づけるかという新たな問題を惹起することになる。さらに親子会社関係から必然的に発生する少数株主保護の規制についても，明確な踏み込んだルール化がなされているわけでもない。グローバル展開が経営戦略の重要な一翼を担っている現在，これらの制度的隘路を払拭することによりグローバルな視点からみた整合性のある制度の構築は急務と思われる。この経営戦略の前提としての法的問題については次節で議論することになる。

2-6　グローバル展開の視点から日立製作所の例をみてみる。2014年度の売上高（連結ベース）97,619億円のうち海外は47%の45,895億円となり，その連結対象996社のうち海外は721社を占めている（しかも海外連結対象社は2009年の943社中540社と比較すると急増している）。さらにその売上高別事業分野をみると情報・通信システム19%，社会・産業システム15%，高機能材料14%，電子装置・システム11%，自動車システム9%，建設機械7%，その他25%と多岐にわたっている。これらの事業につき各社内カンパニーが事業戦略を担い，その上の階層である7グループが企業戦略を担当したうえ，最上階層の日

---

13)　酒巻（2000），19ページ。

立製作所本社が企業間関係を管理・調節するネットワークレベルの役割を果たしているものと思われる。

さらに日立製作所は，わが国電機メーカーのうち構造改革により財務面で改善が著しいという定評がある。ここでその推移を取り上げてみたい。2009 年 3 月期，製造業で史上最大といわれる当期損失，すなわちグループ全体で 7,873 億円（親会社単体で 2,946 億円）を計上したことから，当時の経営陣は 100 日計画という迅速な「選択と集中」プランをたてた。その結果，1 つは親子間の業務分野の重複を解消すべく上場子会社の TOB による完全子会社化（5 社）であり，もう 1 つは不採算事業（例えばテレビ生産事業）の撤退（工場の売却）であった。さらには成長分野（社会インフラ分野やヘルスケア分野）への資源傾斜を宣言しミッションの明確化を図った[14]。さらに当社で注目すべきは海外市場への依存度の高まりである。すなわち総売上げのうち海外売上げ比率は 47％を占め（国内 51,724 億円に対し海外 45,895 億円），1990 年度の 23％と比較するとその依存度が高まっていることが判る。これにかかわる詳細は表 2-4「日立製作所の主要経営指標推移（連結ベース）」の通りである。

表 2-4　日立製作所の主要経営指標推移（連結ベース）

（単位：当期利益（億円））

	07 年度	08 年度	09 年度	10 年度	11 年度	12 年度	13 年度	14 年度	15 年度
EPS(円)	▲ 9.8	▲ 17.5	▲ 236.9	▲ 29.2	52.9	76.8	37.2	54.9	49.97
ROE(%)	NA	NA	NA	NA	17.5	21.6	9.1	11.2	8.6
PER(倍)	NA	NA	NA	NA	8.2	6.9	14.6	13.9	18.3
当期利益	▲ 328	▲ 581	▲ 7,873	▲ 1,070	2,389	3,472	1,753	2,650	2,413

主な経営改革の推移
(1) ガバナンス改革
03 年 6 月　委員会設置会社へ移行
09 年11月　公募増資
09 年 7 月　事業持株会社方式へ移行
　　　10 月　社内カンパニー制の導入
12 年 4 月　5 グループ制導入
14 年 4 月　7 グループ制に変更

(2) 事業構造改革
10 年 2 月・4 月　5 上場子会社の完全子会社化
　　　6 月　液晶パネル事業売却
　　　6 月　携帯電話事業 JV 化
　　　7 月　プラズマテレビ宮崎工場売却
12 年 3 月　ハードディスク事業売却
　　　8 月　テレビ自社生産終了
　　　11 月　英国原子力会社買収
14 年 3 月　日立メディコ完全子会社化(ヘルスケア G 設立)

（出所）異文化経営学会，川村隆相談役プレゼン資料，2015 年 11 月 14 日付。

---

14)　日本経済新聞，2015 年 5 月 14 日付朝刊記事。

3. 日本におけるグループ経営定着の背景とその課題

3-1 実務面からみたその背景

日本企業は伝統的に総花的経営志向が強く各事業を成長分野であれ衰退分野であれ，子会社に任せ親会社はその企業集団を(1)経営の機動化を中心としたグループ全体の効率化を図る，(2)親会社を中心とした指揮命令系統を強化・統一する，(3)相互支援や自社の弱い分野を他社に補完させることによって相乗効果を図る，ことにより各企業がグループ全体として競争力を強化しなければならない時代に突入している[15]。

3-2 法制度面からみたその背景

現下のグローバル競争拡大を背景にグループ全体を1つの経営単位として捉えるような法制度・会計制度に移行しており，グループを創出するための企業再編も迅速かつダイナミックに行うことが可能となってきている。しかし現行会社法の規定は基本的に個々の株式会社ごとに定められており，グループ関係・親子関係を規制するまとまった制度が存在しておらず，かつ特別の法的手当てもなされていない。したがって企業グループは，各グループ会社間における取締役を中心とした役員の権限と責任関係が不明確のままグループ経営を行っていかなければならないという実態がある[16]。これが各グループのグローバル運営に隘路となっているかどうかについて検証する必要はあろう。

この企業再編手法の拡大・簡素化については2005年制定の新会社法で集大成されたが，それまでのグローバル競争拡大に対応する制度的担保は次のような経緯によっていることをあらためて検証してみる[17]。

(1) 連結子会社を含めた企業集団を1つの経営単位としてみる

---

15) 河合（2012），4ページ。
16) 河合（2012），1-2ページ。
17) 河合（2012），9ページ。

2002 年，税制改革による連結制度導入

(2) 親会社関係を含めたグループ関係の創出を促進するための法整備

1997 年持株会社解禁

1999 年株式交換・移転制度

2001 年会社分割制度

2005 年新会社法

(3) 複数の企業集団を 1 つの経営単位と捉えた制度

親会社による子会社の支配を「実質支配基準」とする

内部統制システムの構築・運用義務を企業集団にまで拡大する

(4) 開示

2001 年商法改正では，①親会社株主は子会社の株主総会議事録等経営執行関連や監査報告等の監査についての閲覧権を有する，②親会社少数株主は子会社の会計帳簿閲覧権を有する，が実現した

(5) 監査

1999 年商法改正にとり親会社監査役（会計監査人）は子会社調査権を有する

しかし会社法上，親会社による子会社に対する指揮命令権とそれにもとづく具体的な指図権は認められていない。このことはとりわけ自らが利益を生まずもっぱら子会社の運営・管理を主たる業務とする純粋持株会社にとり，指揮命令権と指図権につき会社法上の規定が存在していないことの問題は大きい。

3-3 ところで純粋持株会社（以下 HDS）の主たる業務は子会社の支配・統括管理でありその利益の源泉は傘下の子会社群の事業活動に依存している。HDS は企業集団全体の経営戦略を決定しこれを各子会社に実施させるが，具体的には各子会社の事業範囲の決定と調整，資金配分，子会社役員等の主要人事の決定にあたる。そしてその権限と責任関係に不明確な状況，すなわち HDS の傘下会社に対する経営上の指揮に法的拘束力はないにもかかわらず，子会社取締役は事実上の支配下にあることからその拘束から逃れられない。そ

して子会社の取締役は HDS の指揮に従い子会社自身が責任を被れば責任を免れないし，これを拒否すれば解任等の制裁を受けざるを得ないというジレンマにさらされる[18]。

このような状況はすべての親子関係にかかわってくることになる。ここであらためて親会社からみた子会社管理，そして子会社からみた親子会社法制の諸問題につき考えることにしたい。

3-4　親会社からみた子会社管理の態様とその対応策としては次の3点が考えられる[19]。

1つ目は親会社取締役による経営指揮権であり，親会社による子会社管理は親会社の意思決定内容をグループ各社に浸透させたうえ，子会社の業務が適切に行われているかにつき監視のため，その業務内容が親会社により的確に把握されていなくてはならない。現状この経営指揮権の行使は株式保有を背景とした(1)支配株主としての子会社取締役会を支配する，(2)親会社の取締役や従業員を子会社に派遣し役員に選任させる，ことにより事実上の支配力を行使することで実現している。

2つ目は親会社監査役による調査・監督権であり，親会社の意思決定内容が子会社によって適正に実施され，その業務が適法かつ適正に行われているかについての監視・監督が適切に行わなければならない。

3つ目は親会社株主による情報収集権といわれるものであり，その監視・監督を適切に行っていくためには子会社の業務内容が親会社によって的確に把握されていなければならない。

3-5　「多重代表訴訟制度」の導入について

これは親会社株主による子会社取締役への責任追及を可能とするものであ

---

18)　河合（2012），13ページ。
19)　河合（2012），10ページ。

り，2014 年会社法改正により新たに導入された。この趣旨は「親会社株主保護の視点からみて親会社取締役が子会社に対して不当な影響力を行使しているか否かを監視・監督する牽制機能」である。この制度により例えば子会社の役員あるいは従業員の引き起こした不祥事によって親会社に損害が発生した場合に適用される[20]。

　この新制定の背景としては，子会社における不祥事等が親会社を含む企業グループ全体に及ぼす事例が多発していることから子会社の怠慢経営や不祥事等につき親会社の管理に任せておくだけでは足りず，親会社株主が子会社取締役に対して牽制手段を持つことが必要であるという要求からきている[21]。

　ここで近時の子会社不祥事によって親会社を含む企業グループ全体の悪影響を及ぼした 2 つの事例を取り上げるがいずれも親会社の収益に多大なマイナスの影響を与えている。

(1) KDDI において 2009 年買収の DMX テクノロジー（シンガポール証取上場）による不適正な会計処理により親会社に子会社事業損失 337 億円を計上（2015年 3 月期）。

(2) 東洋ゴム工業の子会社の耐震ゴムデータ偽装により 2015 年前期，親会社特損 304 億円を計上。これにより親会社の同期は 41 億円の損失に転落（なお2014 年度グループ全体の売上高 3,938 億円のうち子会社の売上高は 1％に満たないほど少額であったにもかかわらずグループへの負のインパクトは大きかった）。

　ここで図 2-2「「多重代表訴訟制度」の関係当事者図」ならびに表 2-5「旧会社法における対処法とその旧法がもつ限界」を作成した。なおこの前提は子会社に対する経営のチェックからみて子会社の取締役に任務懈怠があったことにより，親会社に損害が生じた場合（主として子会社株価の下落）を想定している。

　上記旧法の限界を斟酌して，親会社株主が子会社取締役に対して牽制手段を持つことが必要であるとする根拠は次の通りである。

---

20)　河合（2012），18-19 ページ。
21)　桃尾・松尾・難波（2015），71 ページ。

図 2-2 「多重代表訴訟制度」の関係当事者図

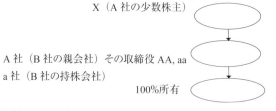

(出所) 桃尾・松尾・難波 (2015), 70-77 ページ, 一部修正。

表 2-5 旧会社法における対処法とその旧法がもつ限界

ケース	旧会社法における対処法	左記にかかわる旧法の限界
X による BB に対する任務懈怠責任の追及	X による AA に対する株式代表訴訟を提起する。訴訟事由：(1) AA が BB を適切に監視していない (2) BB が B 社を通じて A 社にも損害を与えたにもかかわらず AA が BB の任務懈怠責任を追及せず損害を回復していない	(1) AA が BB の業務執行につきどこまで責任を持つべきかの判断は難しい (2) BB には AA の指示に従うという法的義務はない。一方 AA には BB の特定の経営判断を強制する手段に限界がある (差止めや解任しかない)
X による BB に対する責任追及	X は BB の行為によって A 社株の価値が下がったことを理由として BB に対し直接, (1)損害賠償責任もしくは(2)不法行為責任を追及する	A 社株の価値が下がったことが(1)損害賠償の対象になりうるか疑問 (2)不法行為の追及のためには権利侵害についての故意・過失の主張立証が必要

(出所) 桃尾・松尾・難波 (2015), 70-77 ページ。

(1) 親会社 (A 社) が子会社 (B 社) の取締役の責任を追及する訴えを提起することは期待できない。

(2) B 社が A 社の完全子会社である場合実態上は親会社の 1 部門であることが多いにもかかわらず，親会社の不祥事に対し親会社の取締役に対する株主代表訴訟ができる一方，法人格が別というだけで子会社取締役 BB に対する責任追及がしにくいのはバランスがとれていない。ただし濫訴防止のため多重代表訴訟を提起できる主たる条件は下記の通り限定されるので，適用されるとしても企業グループ内での中核的子会社の事案であり，事実上持株会社傘下の子会社に限定されると思われる。すなわち①親会社 (A 社) の株主であること，②

少数株主権（親会社総株主の議決権の1%以上）であること，③子会社（B社）が親会社総資産の1/5以上の資産規模を有する完全子会社であること，④親会社（A社）に損害（子会社株の価値の下落による親会社がこうむった損害）が生じていること。

　より具体的な手続きとして（1）例えば損害が発生した子会社を清算するというような親会社取締役の経営判断がグループ全体に損害を及ぼすものであれば，親会社株主は当該経営判断を行った親会社取締役の責任追及をするので足りる，（2）子会社取締役の行為が子会社に損害を及ぼしそれがひいては親会社の損害になったという場合は多重代表訴訟を提起すればよい，ということになる[22]。

　ここで多重代表訴訟制度導入に伴う企業実務への効果につき検証してみる。

　前記の図2-2のa社が持株会社の場合で考えてみるとX（持株会社の株主）にとってその株主価値に大きく影響する子会社（B社）の意思決定にかかわれず，事実上株権の行使がa社（持株会社）の取締役選任に限られるという株主地位の脆弱化ないし権利の縮減が問題であり，この解決のため子会社の取締役に対する代表訴訟提起権を認めるべきという論拠となった。

　この新制度導入の意義をガバナンスの観点からみて，「子会社取締役の大幅な権限移譲を行い積極的な事業運営を行わせるということならば，権限をもっている者に対しては責任追及のためのメカニズムが用意されていなければならない」わけであり，この制度が子会社取締役へのプレッシャーになるという議論が制度の導入を後押しした[23]。

　米国では多重代表訴訟は一世紀以上にわたり判例上認められている。その実情をBrown v. Tenney No.65367 125Ill.2nd 348（1988）のケースでみてみる[24]。ここで前記図2-2を参照のうえ，その事件概要を記すが，要するに米国イリノイ州最高裁は「株主権としての多重代表訴訟の提起」を認めている[25]。

---

22)　河合（2012），181ページ。

23)　河合（2012），170-186ページ。

24)　河合（2012），18ページ。

25)　http://www.leagle.com/decision/1988473125Ill2d348_1455/BROWN%20v.%20TENNEY

A 社の少数株主であり同時に取締役でもある AA が，A 社の支配株主であり同時に取締役でもある aa に対し，aa が傘下の子会社 B 社の資産を私的に流用したことに対して損害補償請求した。そこで裁判所は AA が株主である A 社によって支配されている B 社を代表して損害補償請求訴訟を提起できるとした。ただしその訴訟手続きは 2 つのステップからなる，(1)会社もしくは取締役によって発生した損害に対し訴訟提起を会社がしない，(2)その場合次いで会社に対し損害補償することを，会社を代表して株主によって訴訟提起できる。

もしこのように米国で確立されている法制度がわが国に存在しないということになると，日米間で経済・経営的風土が相違しているとはいえ証券市場が次の通りグローバル化している現在，投資家に無用な疑念を抱かせることは資本流入の隘路ともなりかねない。

あらためて外国人による東証 1 部企業に対する持株比率に目を向けるとその比率は 2015 年 3 月末現在 31.7％に達しており，信託銀行（公的資金による証券投資を具現化）と個人・その他の各々 18.0％，17.3％を大幅に上回ることによりその存在感を増している。この事実はわが国上場企業に株主価値向上の圧力をかけること，すなわち「企業統治」「株主還元姿勢」「ROE 重視」等につき企業への要求が増すことを意味している[26]。同時にこれらの外国人投資家によるわが国企業へ株主価値向上要求は強いが，日米間で法的インフラの均衡ができるだけとれていることが日本株への投資を魅力あるものとすることにつながると思われる。

3-6　子会社からみた親子会社法制の問題点とその対応策

ここで後記する理由から親子（株主）間の利害対立問題につき親会社の利益確保と子会社少数株主の保護の観点から議論を進めることとしたい。

表 2-6 は現行法で実務上可能な少数株主保護に関する対応策をとりまとめたものである。

---

26)　日本経済新聞，2015 年 6 月 19 日付朝刊記事。

第 2 章　グローバル経済におけるグループ経営の現況とその課題　49

表 2-6　現行法のケース別対応策の一覧

現行法のもとのケース	親子会社間で非通例的取引が行われた。	親会社による競業・会社機会の奪取があった。
子会社取締役の立場	子会社取締役がその損害が補償されていないことを認識している。	同左
子会社株主のアクション	子会社取締役に対し善管注意義務違反を理由に違法行為差止め請求，もしくは子会社に対する損害賠償責任を追及できる。	親会社取締役は子会社取締役の善管注意義務違反に加功したことによる債権侵害の不法行為責任を負う（解釈論）。
規定の有無	子会社（通常あり得ない）や子会社株主が親会社に対して子会社不利益についての補償を求めるための直接的規定が無い。	同左

（出所）村中徹（2014），132-133 ページを要約して作成。

　従来，親会社が自らもしくはグループ全体の見せかけの利益上乗せ等のため利益操作の器として子会社を利用して不当な犠牲を強いることは，「やってはならない」こととして企業に認知されていたはずである。しかし現実には東芝の会計不祥事にみられるように親会社による子会社を使った違法な利益のかさ上げという事案が起こっている（当社の PC 事業だけみても，子会社に対する押し込み販売により東芝は 592 億円もの不正会計処理を行っている）。

　ところで現行会社法は会社の管理運営については経済的に独立した会社を前提に規制しており，親会社ないし子会社の株主・債権者の利益を直接保護するための体系的な規制は設定されていない。親会社が子会社に対する実質的支配権を背景に子会社の利益を犠牲にして自己の利益を図ろうとするおそれがある場合にどのように防止するのか，というような子会社株主の保護のための法的規律を充実する必要があるというコンセンサスはある。しかし現状の議論は次の 2 つに分かれ，その方向性が定まっていないまま結論の先送り状態にある。

　すなわち(1)親会社に誠実義務ないし信認義務といった法の一般法理を用いて子会社が経済的に独立した会社として行動することを確保しようとする，(2)個々の会社を超えたグループ全体の利益を考慮し，親会社（取締役）の行為

規範として捉える[27]。

親会社が議決権を背景とした不当な影響力の行使により子会社に損害を与えた場合の親会社の責任をどう考えるかの観点から，現行法では十分ではない子会社株主の保護のための規律として，諸外国においてみられるような支配株主の忠実義務等の一般規定を設けて，親会社の支配株主の行為を規制する方向性も考えられている。しかし(1)グループ経営の制約となる，(2)裁判規範としての妥当範囲が不明確である等の見解がありいまだ結論が出ていない[28]。これにより少数株主の単独株主権による牽制の道がなくなったが，当面の間現行法で可能な前記表2-6のうち「子会社株主のアクション」に記載した子会社取締役の責任や親会社の不法行為責任を追及することによりその保護が図られるべきである。

米国においてはこのような少数株主の保護法制につきデラウェア州の判例法理の蓄積があり，子会社を通じる支配株主の搾取（私的便益の引き出し）について支配株主と会社間の取引に関する法的ルールによって制約が課されている。例えばデラウェア州法では，少数株主保護は支配株主の少数株主に対する忠実義務によって規律される（この規定はわが国会社法にない）。すなわち支配株主は少数株主に対して信認義務（Fiduciary Duty）を負っており，支配株主とのグループ内取引はフェアでなければならないという厳格な基準が適用される[29]。

ところで2015年5月施行の改正会社法では主として「親会社の取締役会に子会社や海外拠点を含めた連結ベースの内部統制システムを構築する義務を課すこと」および「親会社の株主が直接子会社役員の責任を一定の条件付きではあるものの株主代表訴訟で追求できる「多重代表訴訟制度」」（前記3-5の通り）が導入された。これにより取締役は従来以上に裁判などで子会社や海外法人の統制の不備につき責任追及を受けやすくなった。

また東京証券取引所は上場企業および機関投資家に責任ある行動を求めると

---

27) 北村・高橋英治（2014）所収，阿多21-23ページ。
28) 北村・高橋英治（2014）所収，村中133-137ページ。
29) 筑波法政（2008）所収，山下123-161ページ。

ともに企業価値の向上という目標実現のため企業が自主的に取り組むべき2つのコード（規範）を策定した。1つは2014年2月策定のスチュワードシップ・コードであり「機関投資家に投資先企業との対話のうえ議決権行使で明確な方針をもつこと」を求めている。もう1つは2015年6月策定の企業統治コードである。これは例えば「2人以上の社外取締役の選任等につき企業統治報告書の東証宛提出を義務付け」している[30]。この企業統治コードのなかで中枢となるのが「取締役会の評価」でありこれによる企業ガバナンスの向上が市場で期待され，日本株投資の原動力の1つとなってきた。しかし近時これが実効性をもって実施されているかにつき批判が出ている。つまり取締役会の執行と監督を分離し，「取締役会の評価とは，監督を通じ企業価値向上に成果を上げているかをみること」であるにもかかわらず，評価の未実施や実施していても取締役の人事評価と取り違える等その定着には時間がかかるという考え方が有力になっている[31]。

3-7　また改正会社法により日米の法的ルールの近接が実現したが，反面これにより子会社取締役は裁判などで子会社等の統制の不備につき責任追及を受けやすくなり，法的リスクが高まることになった。この帰結として企業戦略と法的リスクとのトレードオフを考える必要が出てくる。すなわち親子関係を維持したまま親会社利益追求を先鋭化した場合，法的リスクが一段と高まることが想定される。このトレードオフ関係を脱却するためには，少数株主を排除する，すなわち完全子会社化するしか方策がないことになる（これにより資本の節約機能は消滅する）。これらの要求をクリアーするためにも現状一般的と思われているグループ経営における子会社政策は，その転換を迫られその企業行動を見直す契機になることが見込まれる。

---

30)　日本経済新聞，2015年6月1日付朝刊記事。
31)　日本経済新聞，2016年3月28日付朝刊記事。

おわりに

　わが国で一般的であるグループ経営は，各事業の事業戦略からそれを統制する企業戦略，さらには企業間関係を束ねるネットワーク戦略，そのうえ各階層からグローバル戦略が派生するというような複雑な経営戦略を要求されてきた。それに対応する組織は複雑になり1つの企業としての戦略をいかにグループ各社に浸透していくかが親会社取締役の重要なタスクとなって過重な負担をかけると同時に，その見識・能力に企業の浮沈がかかってきた。

　その打開策としてさまざまな組織・構造改革をしてきたが，日本企業が伝統的に事業の総花的経営志向が強いことから事業を子会社に担わせたうえ，成長のためグローバル展開を親会社の経営資源を動員して実施することにより生き残りを図ってきたことも事実である。そのためにもグローバル競争に対抗するための法的プラットホームを整備することによりその法的インフラを諸外国のそれにできるだけ近づけることは，業界別に世界的寡占化が進むことに対応する施策として重要である。その必要とされる法整備のなかで，親会社による統一的指揮権をめぐる不明確さは依然として解消していない。一方，親子関係から発生する少数株主保護の問題は依然として方向性は定まらないものの，何らかの手当ての必要性についてのコンセンサスはできつつあると思われる。

　そして株主価値向上と市場の活性化を目的とする2つのコードの導入は企業の効率経営を要求するものであり，その文脈から企業グループの経営戦略と企業統制政策の見直しが避けられない。

〈補　論〉

　補足的になるが，独国における体系的な企業結合規制（企業グループ法・コンツェルン法）につき論述し，これが日本の企業グループにおける親会社の指揮権の不明確さを是正する法的ルールの参考事例になるのか否か，につき検証してみたい。

　1.　親子型企業グループは日本だけではなく各国にみられるが，特に独国に

おいてはコンツェルンと称する体系的な企業結合規制が導入され，「その定義として私法上の独立した企業が一定の経済的統一一体を形成し，統一的指揮のもとに置かれている場合，この企業グループをコンツェルンと呼ぶ」[32]。

そしてコンツェルンの目的には2つあり，第1には支配株主が自己ないしコンツェルン全体の利益を追求する場合，従属会社にはリスクがもたらされるがここからの保護を定める，第2に支配会社の指図権を定めるというようなコンツェルン内のガバナンスの枠組みを設定することにある[33]。

ここで独国コンツェルンの規制内容につき「契約コンツェルン」と「事実上のコンツェルン」にわけて概略を記したうえその経済的機能につき分析する[34]。

(1)「契約コンツェルン」の規制内容は概ね次の通りである。

①親会社が株式保有を通じて子会社の全収益の供与を受け，かつこの会社を指揮しようとする場合，利益供与契約と支配契約が締結される。

②これらにより親会社は子会社を指揮することの法的な正当性を認められ，子会社に生ずる年次損失を補填する義務を負う。

③子会社の少数株主保護の手段としては，A. 親会社から配当保証を得て会社にとどまる，または B. 代償を得て会社から離脱する，という選択の権利を有する。

④これらにより子会社の取締役は自己の会社の利益を追求する義務がある一方，コンツェルン全体の利益を優先せざるを得ない立場にもあるため親会社の指揮権に従う義務を負う。

(2) 一方，「事実上のコンツェルン」は契約によらないコンツェルンであり，親会社との取引により子会社が不利益を被らないよう予防することに重点が置かれている。すなわち①親会社との取引により子会社に生じた欠損につき，親会社が損害賠償義務を負う。②子会社の取締役は親会社との取引の内容に関し

---

32) 高橋英治 (2007)，86 ページ。
33) 伊藤 (2009)，364 ページ。
34) 高橋英治 (2007)，54-55 ページ。

54

て「従属報告書」を作成する義務を負い，それを子会社の監査役会に提出し検査を受ける必要がある[35]。

2. そこで高橋英治（2007）はコンツェルン形成の要因およびその経済的機能につき取引コストの経済学にもとづいたうえ，このコンツェルンには，市場や合併によって実現できない独自の経済的ベネフィットがあるとする[36]。

すなわちコンツェルンにみられる他の会社を支配する仕組みは，市場取引の効率性を自ら放棄していることになる。しかし市場において取引を成立させるためには取引主体を探索し，取引条件を提示し，話し合ったうえ契約を作成し，その遵守につき監視する等の情報コストがかかる。さらにその取引相手に対し取引の継続をするためには支配コストがかかる。これらのコストを考慮すると，市場取引でなく他企業に対し継続的に影響を与えた方が有利となる場合が出てくる。

3. コンツェルンにおける支配企業は，その影響力を背景に従属会社の取締役に会社の利益を犠牲にしてコンツェルン全体の利益の最大化を実現するよう働きかけることができる。しかしこれにより子会社の少数株主および債権者は支配株主の影響力の濫用により不利益を被るリスクを負うが，コンツェルン成立により不利益を被る者にこれによって生じる利益を分配する仕組みを用意している。具体的には支配契約締結前に従属会社の資本参加者に対して株式の買取りもしくは配当支払いの義務づけがなされる。この制度は既存投資家が他社

表2-7　コンツェルンと合併の法的手続き等の比較表

	コンツェルン	合併
法的手続き	会社法：取締役会の権限で他社の支配(株式買収)が可能。	独禁法：合併計画の公取委への届け出 会社法：被買収会社株主総会の承認が必要。合併反対株主株式の買取り義務。
他社支配の態様	会社の支配権を獲得するためには実質支配でよい。	合併会社全部を取得の必要。
法的ステータス	独立の法人格を維持。	被買収会社は法的独立性を喪失。

（出所）高橋英治（2007）50ページを要約して作成。

---

35)　高橋英治 2007，97ページ。
36)　高橋英治（2007），48-50ページ。

による買収により自己の投資を回収しえない事態を未然に防止する。また支配契約締結前から従属会社に債権を有していた者は担保の提供や人的保証を求める権利を有する。

さらに高橋英治（2007）はコスト縮減の見地から，合併との比較におけるコンツェルンの優位性につき論証している。

ここでは特に子会社が独立の法人格を維持していることのベネフィットにつき指摘している。すなわち(1)親会社から切り離すことにより事業失敗リスクを回避できる。(2)独自の会社組織が維持され子会社の利益を最大化するという動機付けがなされる。(3)独自の給与体系が導入できる（一般には労務費の節約）。(4)グローバル展開している事業を統一的に運営するためにはそれぞれの国の法制度に従って会社を設立し，国際的資本構造の形成をする（多国籍企業の法的枠組み）。

4. 上記のようなコンツェルンにみられる経済的機能の優位性にもかかわらず，独国の利益供与契約や支配契約を基準としたコンツェルン規制はわが国のモデルとならないという見解が優勢となっている。その理由として次の諸点を指摘することができる。

(1) わが国の企業グループ形成はもともと内部成長戦略の発展型としての分社化もしくは資本参加による統合から生まれたが，グループ内では子会社に裁量をもたせた分権性に特徴があって支配・従属関係を法的に規制することは馴染まない。また親会社はそのもつ議決権の行使（そのうえ人事権ならびに資金配分権も併せもつ）で子会社を統制することから，支配の法的正当化という契約コンツェルンの必要性は実務において認識されていない。

(2) 事実上のコンツェルンには子会社の不利益予防に重点があるが，そのためには会社法施行規則の「企業集団における業務の適正を確保するための体制」構築義務を負うことで足りるという考え方がある[37]。

(3) ところでわが国の持株会社制度は他社を支配することにつき持株会社の存

---

37) 高橋英治（2007），193 ページ。

在を肯定しているが，経営指揮権を認めているわけではない。しかし傘下各社取締役は持株会社の指揮に従い，会社が損害を被れば責任を免れないし，これを拒否すれば解任等の制裁を受けざるをえない。この状態は持株会社が傘下会社に対する統一的指揮（例えば長期的スパンに立った戦略経営）を効果的に実施するうえで障害になり，傘下会社に対する支配力の行使に一定の範囲で法的な正当性を与えることが必要になる[38]。この1つの解決策として，持株会社と子会社間で「子会社の重要な決定事項については親会社の判断に従う」とする経営委託契約締結がある。

(4) さらにコンツェルンの親会社が戦略的な持株会社であれば，これが「グループ全体の研究・開発・投資方向を睨んだ戦略策定を，戦略の遂行責任を担う子会社の調整につきシナジー効果の観点から実施する。これは事業部制よりも分権的で組織構造と法的実態が合致している組織形態」という考え方がある[39]。これをわが国の企業グループにいかに当てはめるかは今後の課題としたい。

参 考 文 献

阿多博文（2014）「会社法改正の意義と経緯（第二部，第三部）及び多重代表訴訟の幾つかの論点」，北村雅史・高橋英治編『グローバル化の中の会社法改正』法律文化社。

伊藤靖史（2008）「子会社の少数株主の保護」（『商事法務』No.1841）。

伊藤靖史（2009）「ドイツにおける子会社の少数株主・債権者保護」，森本滋編著『企業結合法の総合的研究』商事法務。

大坪稔（2011）『日本企業のグループ再編』中央経済社。

河合正二（2012）『グループ経営の法的研究―構造と課題の考察』法律文化社。

酒巻俊雄（2000）「日本における会社法の最近の動向と課題」（『商事法務』No.1576）。

宍戸・新田・宮島（2010）「親子上場をめぐる議論に対する問題提起―法と経済学の観点から（上）（中）（下）」（『商事法務』No.1898, 1899, 1900）。

宍戸・新田・宮島（2011）「親子上場の経済分析」，宮島英昭編著『日本の企業統治』東洋経済新報社。

高橋英治（2007）『ドイツと日本における株式会社法の改革』商事法務。

38）　高橋英治 2007，145 ページ。

39）　高橋宏幸 2007，138 ページ。

高橋英治（2008）『企業結合法制の将来像』中央経済社。

高橋宏幸（2007）『戦略的持ち株会社の経営』中央経済社。

松崎和久（2013）『グループ経営—その有効性とシナジーに向けて』同文舘出版。

北村雅史・高橋英治編『グローバル化の中の会社法改正』法律文化社。

村中徹（2014）「子会社少数株主の保護」，北村雅史・高橋英治編『グローバル化の中の会社法改正』法律文化社。

桃尾・松尾・難波法律事務所編（2015）『コーポレートガバナンスからみる会社法（第2版）』商事法務。

山下和保（2008）「締出し組織再編行為と少数株主の保護」（『筑波法政』第45号）。

Brealey, R., Myers, S. and Allen, F.（2010），*Principles of Corporate Finance*, McGraw Hill.

De Wit, B. and Meyer, R.（2010），*Strategic Synthesis: Resolving Strategic Paradoxes to Create Competitive Advantage*, South Western.

Dyer, J. and Harbir, S.（1998），"The Relational View: Cooperative Strategy and Sources of Interorganizational Competitive Advantage", *Academy of Management Review*.

Saloner, G., Shepard, A. and Podolny, J.（2001），*Strategic Management*, Wiley&Sons.（石倉洋子訳『戦略経営論』東洋経済新報社，2002年）。

第 3 章

新しいグローバル人材の基本的要件
—— 「π型人材」モデルに関する研究[1] ——

佐 久 間 　 賢

　は じ め に

　日本企業のグローバル化は拡大の一途をたどっている。特に，グローバル人材は，その定義も確立しないまま海外展開の事実のみが先行し，しかも，日本の伝統ある企業でも外国人に経営を委ねて変革を進める事例も増えている[2]。そのようなグローバル化が拡大するなか，2015年には日本の企業で，例えば，東芝では，歴代3代の社長が関与した「不正会計」事件が起きた。その東芝事件は，知識や経験を重視したこれまでの伝統的な人材政策では，もはやグローバル競争に適応することが難しいことを意味するとともに，いまこそ原点に立ち返り，日本企業を変革する「新しいグローバル人材」の育成策について根本的に見直す機会であることを示唆している。

　本論文では，まず，先行研究にもとづいて，①グローバル職場に共通するリーダー行動として，米国で脚光を浴びているリーダーとメンバー間の交換関係（Leader Member Exchange，以下 LMX とする）について分析し，とくに，その LMX

---

1)　本論文は，廣瀬正典氏（元キャタピラー三菱株式会社社長）との共同研究をもとにしている。

2)　2015年，武田薬品工業代表取締役社長兼 CEO にフランス出身クリストフ・ウェバー氏が就任した事例がある。

が媒介変数として職場に作用する関係（role）に注目する。次に，②新しいグローバル人材の要件として，そのLMXを実行する「π型人材」モデルを提示し，とくに，その人材が職場を変革するリーダー行動の内容について解明する。さらに，③その実証研究として，日本企業とグローバル企業のLMXに関する実態調査を実施し，その国際比較をもとにして，日本企業の変革に必要とされる新しいグローバル人材の基本的要件について研究する。

1. 先行研究：LMXとは
　　→グローバル職場に共通する新しいリーダー行動

リーダー行動に関する最近の米国の研究によれば，過去の戦略論やカリスマ性を中心にした観念的な論点から，むしろ，メンバーとの関係を中心にしたリーダー行動の実証研究へ移行し，例えば，LMXはその新しい研究成果の1つとされる（Hiller et al. 2011）。

LMXはリーダーとメンバー間の「継続した関わり合い」（exchange）を意味し，とくに，「情報の交換」と「協働による問題解決」を中心にした概念である。それは1970年代に米国で生まれ，1990年代に新しいリーダー行動論として発展した。当時の米国企業は，将来を託する人材を的確に選別して育成することが難しくなり（例：現場情報の軽視や職場の混乱など），それが経営の1つの隘路（bottle-neck）になっていた（Hilter et al. 2011）。

LMXは，その解決策の1つとして発達してきた理論である（Graen, et al.（1995））。具体的には，グローバル競争力を強化するためには，全員を対象にする人材育成策よりも，むしろ，人材をIn-GroupとOut-Groupに峻別し，そのIn-Groupに対してのみ経営資源を集中して投入し，必要な人材を短期的に育成するという考え方である（Graen, et al. 1995）。

LMXの特徴は3点に集約される。1つは，リーダーが主導した「対話」による情報交換と情報の高度化（佐久間2015）の手段であること，2つめは，メンバーの多様な個性が容認され，健全な人間関係を発展させる参加型プロセスの職場運営の手段であること，3つめは，日常の仕事（問題解決）で，権限の

移譲と現場の知恵が活用され，チームワークが運営される基本的な現場主義の手段であること。以上を集約して，本稿では，LMX は新しいリーダー行動として，グローバル職場を的確に運営するための基本的な要件であると考える。

1-1 LMX の役割（role）

いま，LMX が重視される理由はつぎの 2 点に要約される。

第 1 に，前述のように，LMX は対話を軸にして職場のコミュニケーション・ギャップを防ぎ，健全な人間関係と信頼関係を確立する役割をもつ[3]。例えば，仕事を進める過程で，職場のメンバーが自ら仕事の運営方法と成果を見直して，仕事を完成させるのに有効であること。

一般に，グローバル職場では多様な文化・宗教や価値観が錯綜するため[4]，メンバーの利害が複雑に交錯する対立関係が容易に起こる（以下「モザイク」職場とする）。その「モザイク」職場の対立関係を解決するためには，まず①LMX によって人間関係と信頼関係がつくられ，次に，②それを円満に調整（ウイン・ウイン型問題解決）することが必要とされる。

その 2 つの要件が可能となる職場は「仕事を任せられる職場」として，メンバーは有形（tangible）無形（intangible）の報酬（advantage）を受ける（例：昇格やキャリアアップの機会など）。一方ではリーダーもその業績が評価されて，同様に有形無形の利益を得る。すなわち，LMX によって仕事が運営される職場では，結果としてリーダーとメンバーの双方が利益を享受する信頼関係の高い職場が発展する（佐久間 2015）。

第 2 に，LMX を軸にして的確に運営される職場では，情報の①共有化と②高度化が発展する（佐久間 2015）。つまり，「モザイク」職場は LMX により，「知」が創出され，協働による問題解決が行われる職場に変革される（以下「連

---

3) 対話では，LMX による信頼関係が確立されたうえで，はじめて意思疎通が有効になる。

4) 一般に使われる「異文化」という表現には一種の差別感が含まれる点を危惧して，本稿では「多様な文化・宗教や価値観」という表現にしている。

図3-1 LMXの基本 「モザイク職場」が「連帯職場」へ変革される

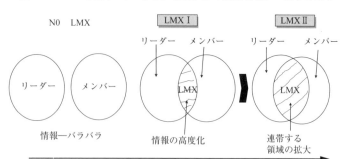

(出所) Graen, et.al. (1955), p.221 を参考に作成。

帯職場」(creative work-place) とする)。

その連帯職場がつくられるLMXプロセスのイメージ図が，図3-1に示される。

図3-1では，バラバラな「モザイク職場」にLMXが作用して，時間の経過とともに，LMXの作動する領域がIからIIへと拡大される。そして，リーダーとメンバー間のコミュニケーション・ギャップが解消され，両者の相互理解が深まる結果，職場で情報の高度化が促進されて，「知」(問題解決情報) が創造される連帯職場へと変革される (佐久間 2015)。

1-2 LMXの媒介作用

前述のように，LMXは多様な人たちの利害関係を調整して，地域特有の人材 (知恵) を活用し，地域の発展に貢献するリーダー行動である。それは，現状を変革して，新しい環境を創りだす変革型リーダーシップ (transformational leadership) の内容と基本的に一致する。その変革型リーダーシップではLMXが媒介変数 (mediator) として働くことにより，その目的が的確に遂行される (Wang, et al. (2005))。その内容は図3-2に示される。

図3-2では，先行研究 (Wang, et al. 2005) を引用し，変革型リーダーシップ (Transformational Leadership) がLMXを媒介にして，メンバーの組織内市民行動

図 3-2 LMX の媒介作用

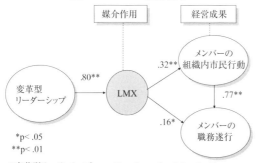

*変革型リーダーシップ　　　=Transformational Leadership
*メンバーの組織市民行動=Organizational Citizenship Behavior
*メンバーの役割遂行　　　=Task Performance

(出所) Wang, et al. (2005), p.429.

(Organizational Citizenship Behavior) と<u>メンバーの職務遂行</u> (Task Performance) に作用する関係を表している。

すなわち，Wang 等の研究では，変革型リーダーシップと **LMX** との関連は β=.80 (p<.01)，そして，**LMX** と①メンバーの**組織内市民行動**との関連は β=.32 (p<.01)，また，②メンバーの**職務遂行**との関連は β=.16 (p<.05) である。さらに，メンバーの**組織内市民行動**とメンバーの**職務遂行**との関連は β=.77 (p<.01) である (Wang, et al. 2005, p.429)。

メンバーの**組織内市民行動**とは，組織を円滑に機能させるために，職務の役割範囲を超えてメンバーが自発的に行う行為を意味する (例：助け合いなど)。そして，メンバーの**職務遂行**とは，メンバーが組織目的を達成するために決められた職務 (仕事) を遂行する行為を意味する。

それを要約すると，変革型リーダーシップは **LMX** と強い相関関係にあり (.80)，同時に，**LMX** は，メンバーの**組織内市民行動**およびメンバーの**職務遂行**とともに相関関係がみられる (各々 .32, .16)。しかも，その 2 つの成果の間には強い相関関係がみられる (.77)。つまり，**LMX** を媒介にしてメンバーの**組織内市民行動**により，職場のヒューマンエラーが事前にチェックされる可能性が生まれる。例えば，職務外の仕事でもメンバーが相互の助け合いにより解決

して，職場全体の仕事がより円滑に完遂される（例：納期厳守など）。また，変革型リーダーシップのもとでは，(a)LMX の媒介作用（mediator）と(b)組織内市民行動によって，より的確に職務が遂行される（Kamadar,D.,et al, 2007）。以上を要約すると，「連帯職場」では LMX を軸にしたリーダー行動によって，激動する市場の変化に的確に対応して職場を運営することができる。

しかし，そのような LMX の考え方には，同時に問題点も含まれる。

1-3　LMX に内在する問題点

前述した In-Group では，LMX が職務満足度やコミットメントなどで高い成果を期待できることが数多く証明されている（例：Martin, T., et al. 2005）。しかし，その反面では，Out-Group に峻別された人たちからの反発（negative reactions）も予測される。例えば，職務満足度やコミットメントなどが低く，しかも，差別感覚などの負の側面も指摘されている。すなわち，職場で協働して仕事を進める視点からすると，それを阻害するマイナスの側面が指摘され，現在それを改善する研究が進められている（例：Hooper, et al. 2008）。

次に，「π型人材」モデルを提示して，LMX のリーダー行動の基本について解明する。

2.　「π型人材」の内容

2-1　「π（パイ）型人材」モデル[5] とは

「π型人材」モデルは，図 3-3 に示されるように，仕事の専門知識と経験を基盤にし，それを活用する手段として，①LMX と②「ウイン・ウイン型」問題解決力の 2 本の軸足（dual identity）を備えて職場を運営する。そして，「モザイク職場」の現状を変革して「連帯職場」を創る人材である（そのイメージ像の具体的な 1 つの事例は，章末の資料 1 を参照）。

つぎに，「π型人材」モデルの候補者が行う一連のリーダー行動の枠組みは

---

5)　多様な業種やグローバルな環境に適応する多様なグローバル人材の総称である。

第 3 章　新しいグローバル人材の基本的要件　65

図 3-3　「π 型人材」モデル（dual identity）

（出所）先行研究（佐久間 2015）をもとに創出。

図 3-4　「π 型人材」モデルのリーダー行動（原因変数→媒介変数→結果変数の関係）

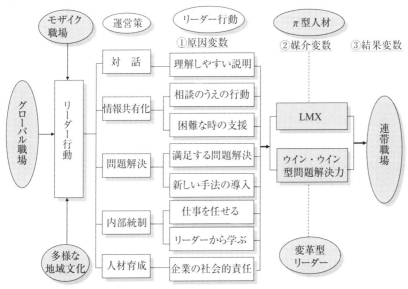

（出所）先行研究（佐久間 2015）を中心にして作成。

図 3-4 に示される。図 3-4 では，**グローバル職場は LMX のリーダー行動によ**り運営され，その過程で「モザイク」職場と多様な地域文化の影響を受ける。それは，まず，5 つの運営策，すなわち，「対話」「情報共有化」「問題解決」

66

「内部統制」「人材育成」により運営される[6]。

　そして，各運営策に対応して8つのリーダー行動が行われる。すなわち，「理解しやすい説明」「相談のうえの行動」「困難なときの支援」「満足できる問題解決」「新しい手法」「仕事を任せる」「リーダーから学ぶ」「企業の社会的責任」である（①各々のリーダー行動は原因変数として作用する）。

　つまり，それらのリーダー行動は「π型人材」そのものを意味し，「LMX」と「ウイン・ウイン型」の**問題解決力**の2本の軸足（dual identity）に集約され，的確に実行される。

　最後には，前述のように「π型人材」モデルの候補者は変革型リーダーとして②媒介変数としての役割を発揮する。そして，LMXにより日常のリーダー行動を的確に推進し，その結果として，リーダー／メンバーとメンバー間に各々相互の信頼関係が生まれ，協働によるチームワークが発展して**連帯職場**に変革される（それは③結果変数として完成する）[7]。

2-2 「π型人材」モデルの候補者

　「π型人材」モデルの候補者は，主に内部で育成される場合と，外部から採用される場合の2つの側面がある。まず，内部で育成される側面では，日常の職場運営を通じて，将来を託すことができる人材が長期的に育成される。

　つまり，限られた経営資源を活用して一部の「エリート人材」を選別する従来の視点（例：成果主義の重視）から，むしろ，LMXのリーダー行動（図3-4）により，リーダーとメンバー間の対話を中心とした相互理解と信頼関係を確立して，人間性を重視する人材が育成される。

　具体的には「π型人材」モデルの候補者には，①まず，複数の職場の運営を経験させる。そして，②その実績を基にして，複数の評価者により長期的な視

6）　LMXの「対話」はホウレンソウ（報告・連絡・相談）を中心としたコミュニケーションも含まれ，情報交換と情報の高度化により職場で「知」（問題解決情報）を創造することを目的とする。

7）　LMXにより職場が変革される実例は「ユニクロ事例」（佐久間2015）を参照。

点から将来を託す優れた人材が選ばれる。例えば，日常の仕事（問題解決）で個々のメンバー独自の意見（idea）が尊重され，仕事に活用されることにより，各メンバーの人格（identity）が認められる。

その結果，仕事の意欲や職場への信頼関係が深まる。さらに，メンバーが協力してチームにより問題解決（職場の「知恵」の活用）ができる人材（リーダー候補）が長期的に選別される。つまり，成果主義のみでは見落とされやすいリーダーの人間的側面を重視する視点が導入される。

次に，外部から人材が採用される側面では，とくに，幹部人材が採用される選考においては，**LMX** の観点から「**π型人材**」モデルの候補者となり得る可能性を確認することが重要視される。その1つの事例として，2015年に起きたトヨタ自動車の「J.ハンプ事件」があげられる。

トヨタでは，同年4月，日本本社常務役員ジュリー・ハンプ氏（米国籍，当時55歳）が採用された。しかし，わずか2カ月，後彼女は「麻薬取締法違反容疑」で逮捕された[8]。彼女はトヨタがグローバル人材を多様化する一環として採用され，期待された人材であっただけに，その採用にあたり，トヨタ幹部と彼女との **LMX** がより強化され，日本の文化や風俗習慣が彼女に周知徹底されていた場合には，「その事件」は事前に防げた可能性が指摘される[9]。

これまでの論点を要約すると，**LMX** のリーダー行動は，個人では解決できない仕事（問題解決）を職場の知恵を活用しチームによって解決する手段とされる。つまり，日常の **LMX** により，メンバーが満足できる問題解決（仕事）が行われる結果，みなが協力してより大きな仕事（より複雑で高度な問題解決）が推進される連帯職場が創られる。その一連の過程を通じて，グローバル人材，例えば，「**π型人材**」モデルの候補者が育成される。

それと同様の考え方は，すでに，一部の日本企業でも導入され，特定の役職者（**LMX** の In Group にあたる）が幹部人材として育成されている（坂根 2012）。

---

8) 日本経済新聞，2015年6月22日付朝刊記事。

9) 『週刊東洋経済』2015年7月9日号。

2-3 「π型人材」モデルの人事制度

「π型人材」モデルの候補者が育成される人事制度の枠組みには，グローバル人事体系として，日本国内の制度（長期雇用）と海外の成果連動型賃金制度を統一した内容がある。 その詳細は本稿の制限枠を超えるため別の機会に譲ることにする。

次に，実態調査による国際比較を行い，現在のグローバル職場におけるLMX の現状についてその問題点を解明する。

3. 実態調査

これまでの LMX 理論を研究するために，日本企業とグローバル企業に対する実態調査を実施し，リーダーとメンバーの関係が職場でどのように認識されているかを検証する。

＊調査目的　　日本企業とグローバル企業のリーダーとメンバー間に，リーダー行動についての認識差が存在するかどうか，その有無について実態調査する。

＊アンケート質問票　　アンケートの質問票は先行研究にもとづいて作成され，職場のリーダーとメンバーに対する質問が以下のとおり 8 問用意された(Graen,et al. 1995，Liden, et al. 1998，Wang, et al. 2005，佐久間 2015)。

①リーダーの説明を理解しやすいと感じている

②メンバーが困っているとき，リーダーが支援してくれると感じている

③メンバーと相談の上でリーダーが行動すると感じている

④リーダーはメンバーが満足できるような問題解決をすると考えている

⑤リーダーは新しい手法で問題解決をはかると考えている

⑥リーダーはメンバーに仕事を任せると考えている

⑦仕事の上でリーダーから学ぶことはあると考えている

⑧リーダーが企業の社会的責任を意識していると考えている

＊質問内容　　質問内容はリーダーとメンバー間の**認識差**（ずれ）を聞く内容である。例えば，リーダーに対して，「あなたは，自身の説明が理解しやす

いと感じていますか」と質問する。一方，メンバーに対しては，「リーダーの
説明は理解しやすいと感じていますか」と質問する。その回答は，

　　「そう思う」……………………………5点
　　　　　　　　　　　　　　　　　　　　（両者をaとして集計する）
　　「どちらかと言うと，そう思う」…………4点

　　「なんとも言えない」……………………3点　（bとして集計する）

　　「どちらかと言うと，そう思わない」………2点
　　　　　　　　　　　　　　　　　　　　（両者をcとして集計する）
　　「そう思わない」………………………1点

という5段階方式の中から1つを選び，それに点数をつけて集計する。

3-1　調査の方法

　日本企業の調査では，日本の製造業中心にした東証一部上場企業5社を調査
の対象として，リーダーは男子134人，30歳後半－40歳前半。メンバーは男
子138人，20歳後半－30歳前半。そのリーダーとメンバー共に正社員。回収
率82%，有効率91%。2011年1月－2月間実施。以降，両者の関係を「J群」
とする。

　一方，グローバル企業の調査では，ロンドン大学政治経済大学院（LSE）の
卒業生事務所の協力を得て，同大学院の卒業生にアンケート票（英文）を配布
し回収した。

　2011年3月－10月間実施。内訳は，①グローバル企業のリーダー（LSE大学
院卒男女72人，30歳代－40歳代，男87%，女13%），②グローバル企業のメンバー
（LSE学部卒男女20歳代，75人，20代，男63%，女37%）（LSE-London School of Eco-
nomics and Political Science）。国籍（欧米系51%，中南米系12%，アジア系25%，その
他12%）。職業は金融業43%，サービス業26%，公務員7%，研究職9%，その
他15%）。日系企業の組織関係者は除外。回収率31%，有効率42%。以降，両
者の関係を「G群」とする。

3-2　日本企業（J群）とグローバル企業（G群）の特徴

　日本企業（J群）（今回の調査対象企業も含む）の特徴としては，(1)基本は伝統

的な職能制度であり，賃金制度も「長期雇用と年功制度」を前提にした内容が残され[10]，成果主義が部分的に導入されている。(2)新卒者を採用して「メンバーシップ」を与えて[11]，社内で長期的に育成される。(3)意思決定は，主に「ボトムアップ」で行われる。(4)グローバル化が進展し，職場や人材を運営する諸制度が変革される過渡期にある（例：多国籍人の登用）。

　グローバル企業（G群）の特徴としては，（イ）ある職務（job 仕事）が必要なとき，その「責任者」（リーダー）によって，随時に必要な人材が雇用契約により採用される。仕事の内容は職務記述書（job description）に明示される。(ロ)その職務の完了とともに，雇用契約も終了する。(ハ)その職務に対応する賃金は，ほぼ全国統一されている。同一職務・同一賃金が基本でより高い賃金を得るためには，職務を変える必要があり転職する。(ニ)成果主義による人事評価は複数の評価者によって公正と公平性が保たれる。職務の指示や評価はリーダー（採用者）がメンバー（被採用者）に対して行うため，前者の後者への影響力は大きい。「トップダウン」の意思決定のもとで，メンバーはリーダーの指示により行動する。

3-3　調査の仮説

　前述の日本企業（J群）とグローバル企業（G群）の特徴のもとで，リーダーとメンバー間のリーダー行動に関する認識差（ずれ）は，J群では8項目のほとんどでその認識差は存在しないが（仮説 a），G群では，その8項目で認識差（ずれ）が存在する（仮説 b）。

---

10)　その思想の例として，例えば，2015年6月19日，トヨタ自動車の常務役員，J.ハンプ容疑者（米国籍）が麻薬取締法違反容疑で逮捕された折，同社豊田章男社長は世間に対する謝罪とともに，「従業員は私にとって子供のような存在，子供を守るのは親の責任。子供が迷惑をかければ謝るのも親の責任」と語っている（『毎日新聞』2015年6月20日付朝刊）。

11)　『Works 132　日本型雇用によって失われたもの』2015年10-11月号。

第 3 章　新しいグローバル人材の基本的要件　71

表 3-1　カイ 2 乗値（自由度 =2）

	問 1	問 2	問 3	問 4	問 5	問 6	問 7	問 8
日本企業	6.61*	12.60*	n.s.	5.74*	10.12*	8.01*	8.07*	10.10**
グローバル企業	6.53*	n.s.	2.06*	6.66*	6.72*	4.44*	n.s.	12.73**

*p<.05　**p<.01

（出所）筆者作成。

4. 調査結果と考察

4-1　調査結果[12]

LMX に関連する 8 項目の統計解析の結果は以下のとおりまとめられる。

8 項目ごとに回答者（リーダー／メンバー）×回答（5, 4 を a, 3 を b, 2, 1 を c）の 2×3 のクロス表を作成した。リーダーとメンバーの間に認識差が存在するか否かについて検定するための統計解析（$\chi 2$ 検定）を行った結果は，表 3-1 に示される。

具体的には 3 点にまとめられる。1 つは，日本企業（**J 群**）とグローバル企業（**G 群**）の間で，リーダーとメンバーの間に認識差（ずれ）が存在するのは，8 問中 5 問である。すなわち，問 1（<u>リーダーの説明を理解しやすいと感じている</u>），問 4（<u>リーダーはメンバーが満足できるような問題解決をすると考えている</u>），問 5（<u>リーダーは新しい手法で問題解決をはかると考えている</u>），問 6（<u>リーダーはメンバーに仕事を任せると考えている</u>）そして，問 8（<u>リーダーが企業の社会的責任を意識していると考えている</u>）の計 5 問である（詳細は資料 2 参照）。

2 つは，リーダーとメンバーの間に認識差（ずれ）が **J 群**には存在「しない」が，**G 群**で存在「する」のは 1 問のみ存在する。つまり，問 3（<u>リーダーはメンバーと相談のうえで行動すると感じている</u>）である（詳細は資料 2 参照）。

3 つは，リーダーとメンバーの間に認識差（ずれ）が **J 群**で「存在し」，**G 群**のみ「存在しない」のは 2 問のみ存在する。つまり，問 2（<u>メンバー困っているとき，支援してくれると感じている</u>）と問 7（<u>仕事のうえで，リーダーから学ぶことは</u>

---

12)　8 問に関する統計解析結果の内訳は資料 2 に示される。

あると考えている）である（詳細は資料2参照）。 次に，それらの結果について考察する。

4-2　調査結果の考察

まず，リーダー行動の認識差（ずれ）について分析する。

日本企業（J群）とグローバル企業（G群）では，前述のように調査した8項目のほとんどの項目で，リーダーとメンバー間の認識差（ずれ）が存在する。すなわち，その認識差が「存在しない」とするJ群の仮説aは否定され，一方，G群では認識差が「存在する」とする仮説bは6項目で肯定され，別の2項目で否定される。

その事実を要約すると，J群でも，すでに職場は「モザイク模様」の状況にあり，LMXによる「連帯職場」への変革が必要であること意味している。つまり，その変革を実現する新しいグローバル人材が必要とされ，本論文では「π型人材」モデルとして提示している。

その「π型人材」モデルの変革行動について，ここでは，前述の職場の「5つの運営策」と「8つのリーダー行動」の枠組みに基づいて考察する（図3-4参照）。

第1は，「対話」による職場のコミュニケーションを拡大するリーダー行動が必要である。

調査対象のJ群は，「ものづくり」産業を代表する伝統的な企業であり，J群の特徴が色濃く残されている。例えば，「対話が効率的に機能して，両者間の認識差はほとんど存在しない」と想定された（仮説a）。しかし，前述のように，実際にはJ群の職場はすでに「モザイク職場」（バラバラな職場）であることが判明した。一方，G群の職場は，当初から「モザイク職場」である点が改めて明確になった。つまり，職場で「メンバーの理解しやすい説明」（問1）が必要とされる。例えば，2015年の東芝事件の背景には，組織の全体で職場の対話が不足し，リーダー／メンバー間の相互理解が欠けていたため，「問題解決」行動が実効されなかった点が指摘される[13]。

第3章　新しいグローバル人材の基本的要件　73

　第2は，職場の情報の高度化を進め，LMX を媒介して「連帯職場」へと変革する。そのリーダー行動として，①職場で「メンバーが困っているときの支援」(問2) や②「メンバーと相談する行動」(問3) がよりきめ細かく行われることが必要とされる。

　J群で①の「支援について」(問2) 認識差（ずれ）が「ある」ことは，例えば，「メンバーは生涯キャリア形成に関する支援」を求めているのに対して，リーダーが，それに十分「応えていない」点が指摘される[14]。また，②の「メンバーと相談する行動」(問3) では，J群は，その認識差がみられ「ない」が，G群では認識差が存在する。すなわち，J群では，ボトムアップの組織運営が多いため，仕事はメンバーが理解したうえで進められる。一方，G群は，仕事 (job) を運営する場合に，その細部については積極的な LMX が必要とされる。

　第3は，「モザイク職場」では，利害の対立関係を「ウイン・ウイン型」に解決することが職場の優劣を決める（佐久間 2015）。そのリーダー行動として，①「満足できる問題解決」(問4) と②「新しい手法の導入」(問5) の2つで，J群・G群ともにリーダーとメンバー間に認識差（ずれ）があり，職場の対立が「ウイン・ウイン型」に解決されていないことがわかる。すなわち，現在の激動する職場では，新しいリーダー行動により，新しい手法が導入されて「ウイン・ウイン型」の問題解決が不可欠とされる（佐久間 2015）。そこに，例えば，本論文の「π型人材」モデルのリーダー行動が必要とされる理由がある。

　第4は，「モザイク職場」ではメンバーを統括する内部統制が必要条件となる。そのリーダー行動として「仕事を任せる」(問6) では，J群・G群ともにリーダーとメンバー間に認識差（ずれ）がある。それは J群では，「モザイク職場」の内部統制と対応策が不十分であることを意味している。そのことを裏付ける事実として，例えば，前述の 2015 年の東芝事件がある。

---

13)　日本経済新聞，2015 年 6 月 22 日付朝刊。
14)　『ビジネス・レーバートレンド』2015 年 7 月号，労働政策研究・研修機構。

東芝では，内部統制（法令順守）の不備により採算割れ事業の会計処理について，長年にわたり不正が行われていた。その原因に，(i)「本社の中枢と現場の間に大きな『溝』が生じていた」こと，しかも，(ii)上層部はその異変に適切に対処できなかった事例である（今沢2016）。つまり，「モザイク職場」では，**LMX**が機能しない場合には，東芝のような歴史と伝統のある企業でも，内部統制が機能せず，「バラバラ」な職場に陥ることを示している。

第5は，グローバルビジネスを展開する基本として，信頼できる地域のリーダーを積極的に育成し，企業の社会的責任（CSR：Corporate Social Responsibility）を果たすことができる人材が必要とされる。そのリーダー行動としては，①「リーダーから学ぶ」（問7）と②「企業の社会的責任を意識している」（問8）がある。①については，**J群**は，リーダー／メンバー間の識認差（ずれ）が存在するが，**G群**では，その識認差が存在しない。また，②では，**J群・G群**ともにリーダー／メンバー間で認識差が存在する。

その社会的責任の認識差が内外の企業で存在することを裏付ける事実として，日本では，前述の東芝に加え，2015年横浜市都筑マンションが傾いた事件を発端に一連の「くい打ちデータ不正問題」が発覚し，関係した三井住友建設（元請け），日立ハイテクノロジー（一次下請け），旭化成建材（二次下請け）は各々業務改善命令や期間限定の営業停止処分を受けた[15]。一方，海外では2015年独フォルクスワーゲン（VW）の排ガス不正問題が発覚した。同社はディーゼル車に米国当局の試験時のみ排ガス浄化装置が作動する違法ソフトを搭載し，通常走行時には有害物を排出していた[16]。しかも，2016年に提出された同社の不正車リコール計画は内容不十分として米国カリフォニア州大気資源局（CARB）から却下された[17]。

---

15) 毎日新聞，2016年1月14日付朝刊。

16) 日本経済新聞，2015年9月29日付朝刊。

17) CARBは却下の発表文で「VWは排ガス値でウソをつき続け，それが発覚したときも否定しようとした」と指摘し，州法に照らして内容不備とした。日本経済新聞，2016年1月14日付朝刊。

第 3 章　新しいグローバル人材の基本的要件　75

　これまでの 5 つの視点の中で，とくに，人材の育成について，地域のグローバル人材の採用と育成という側面で，2 つの視点が注目される。1 つは，成果主義を中核とする制度では成果という一面的な評価に陥り，その人材育成には限界があること。2 つには，長期的な視点から **LMX** を中核にした多面的な側面（例：人間性や職場運営など）の評価が織り込まれた人材育成策が不可欠とされる点である。

お わ り に

　グローバル職場は多様な文化・宗教や価値観を背景にした「モザイク職場」の状況にある。日本企業の職場ももはや例外ではなく，現在その職場を「連帯職場」へ変革することが必要とされる。それを進める新しいグローバル人材の枠組みが「**π型人材**」モデルである。

　新しいグローバル人材は広い専門知識と経験のもとに，**LMX** と「**ウイン・ウイン型問題解決力**」の 2 本の軸足を兼ね備え，5 つの運営策と 8 つのリーダー行動により，前述の多様なメンバーを統率して職場を的確に運営する。つまり，**LMX** の媒介作用と協働（問題解決）によってバラバラな「モザイク職場」を「連帯職場」へと変革することが不可欠であるとされる。

　2015 年内外の企業で起きた社会的不正事件は，結局，「モザイク」職場の現状が温存され，しかも，それを変革する人材の育成に問題があることの証とみることができる。また，同年のトヨタ事件は，多国籍人材を登用し活用するためにも，成果主義に加え，**LMX** を軸にした長期的な人物評価の視点が不可欠であることを示している。

　日本企業のグローバル人材問題は議論に登場して久しい。いま，その研究を新しく発展させるためには，本稿の「**π型人材**」モデル，すなわち，**LMX** を基盤にした長期的な視点からの人材の育成策が 1 つの基本的な要件であることが指摘される。

　最後に，本論文のアンケート調査に協力していただいた企業は名前を公表で

きないため，この場で感謝の意を表したい．また，統計分析の指導やコメント
をいただいた愛知学院大学の高木浩人教授，ベイキャピタルジャパン最高顧問
の堀新太郎氏，そして，廣瀬正典氏と島崎昇氏に感謝します．

＊　　＊　　＊

■資料1　「π型人材」モデルのイメージ像の1つの事例——藤野道格氏の例
　「π型人材」モデルの具体的なイメージ像の1つとして藤野道格氏（ふじの・みちま
さ）の事例があげられる．同氏は現在ホンダエアクラフトカンパニーの社長で，ホンダ
小型ビジネスジェット機（7人乗）の開発と製造に初期から30年間携わり，2015年見
事に成功させた．1960年生まれ．1984年東大工学部航空学科卒後本田技研工業入社，
1986年から飛行機開発を担当し，1997年プロジェクトリーダー，2006年ホンダエアク
ラフトカンパニー社長，2009年ホンダ執行役員となる．
　＊藤野氏の深い専門知識と経験
　航空機産業は，関係する技術分野の広い知識と高い専門性や経験が必要であり，しか
も，安全や信頼性などを含めた最も高い基準が要求される．同氏はその高い技術を備え
た専門家の1人である．同氏は幼い頃から設計技師になる夢をいだき，ホンダに入社し
て1986年からの研究開発で，多くの逆境を乗り越えられたのは，その幼年期からの夢
と「人を驚かすモノをつくりたい」という熱き思いが強く作用している．
　＊藤野氏のLMX（「π型人材」の1本目の軸足）
　同氏が，1997年プロジェクトリーダーに就任すると，その研究開発で多くの試練と想
定外の難題が待ち受けていた．同氏は，まず，技術センターで日本人と米人との混成チ
ームを統率して，メンバーと対話（**LMX**）を継続して信頼関係を築いた．そして，彼ら
の知恵と努力を結集させて問題解決に取り組んだ．
　一方，2008年のリーマンショック後，北米市場での車の販売不振にあえぐホンダ経営
陣は「小型ジェット機の開発」は困難と判断し，藤野プロジェクトを縮小しようとし
た．藤野氏は，当時の川本信彦社長との対話（**LMX**）で「新しい飛行機の有望性」とチ
ームの「熱き思い」を説明した．その情熱が経営陣を動かし，当時の経営会議におい
て，新しいジェット機プロジェクトが認可され，事業が継続された．
　＊藤野氏のウイン・ウイン型問題解決力（「π型人材」の2本目の軸足）
　同氏は，新しいコンセプトのジェット機を開発して，市場のパイ自体を拡大する戦略
を推進した．つまり，移動距離が1500‐1600キロメートル程度の同じような飛行機を
つくり，単に市場シェアを奪い合うのではなく，新しいコンセプトのビジネスジェット
機を開発して，市場のパイ自体を拡大する市場戦略である．その結果市場規模が拡大
し，顧客や業界の関係者が満足できる事業を可能にした．例えば，エンジンを胴体では
なく主翼上面に装着する「常識を覆す技術」を開発して，空力性能と客室スペースを格
段に向上させた事実はウイン・ウイン型の問題解決力の典型的な事例である．
　さらに，ホンダは機体とエンジンの両方ともに自社製である．しかも，機体の納入以
前からサービスセンターを立ち上げ，例えば，北米全体にデイラー網を準備し，全米で

第 3 章　新しいグローバル人材の基本的要件　77

1.5 時間以内に信頼できる機体サービスを受けられる体制を完備した。その結果，顧客のビジネス効率があがり，「信用というお金では換えられない価値」が産まれ，顧客を含めた関係者間のウイン・ウイン型問題解決が行われるようになった。

　現在のホンダでは，航空機プロジェクトを通じてグローバル人材（「π 型人材」）が育成されている。

　（出所：前野考則（2015）『ホンダジェット』）

■資料2　調査内容8問の解析結果

　問1（リーダーの説明を理解しやすいと感じている）については，日本企業（**J 群**）とグローバル企業（**G 群**）はともに 5% 水準で有意であった。これは，両者共にリーダーとメンバーの間には認識差（ずれ）が存在することを意味する。具体的にみると，J 群のリーダーでは肯定（a）が 70.1%，メンバーでは肯定（a）は 55.1% である。つまり，リーダーの 7 割が「私の説明は理解しやすい」と認識しているのに対してメンバーは 5 割強が「理解しやすい」と感じている。また，「なんとも言えない」（b）がリーダーで 11.2%，メンバーで 17.4% 存在している。一方，G 群では，リーダーでは肯定（a）が 58.3%，メンバーでは肯定（a）は 37.3% である。つまり，リーダーの過半数が「私の説明は理解しやすい」と認識しているのに対してメンバーは 4 割弱が「理解しやすい」と感じている。また，「なんとも言えない」（b）がリーダーで 22.2%，メンバーで 32% 存在している。

　問2（メンバーが困っているとき，リーダーが支援してくれると感じている）

　問2では，日本企業（**J 群**）のみが 5% 水準で有意であった。それに対して，グローバル企業（**G 群**）では有意な関係がみられない。これは，**J 群**ではリーダーとメンバーの間には認識差（ずれ）が存在するのに対して，**G 群**では存在しないことを意味する。具体的にみると，J 群のリーダーでは肯定（a）が 47.0%，メンバーでは肯定（a）は 31.2% である。つまり，リーダーの 5 割弱が「私は，メンバーが困っていたら支援する」と認識しているのに対して，メンバーは約 3 割のみが「リーダーの支援を受けられる」と感じている。また，「なんとも言えない」（b）がリーダーで 38%，メンバーで 43.5% も存在している。

　問3（リーダーはメンバーと相談のうえで行動すると感じている）

　日本企業（**J 群**）では有意な関係がみられない。それに対して，グローバル企業（**G 群**）のみが 5% 水準で有意であった。すなわち，**G 群**ではリーダーとメンバーの間には認識差（ずれ）が存在するのに対して，**J 群**では存在しないことを意味する。具体的にみると，G 群のリーダーでは肯定（a）が 42.9%，メンバーでは肯定（a）は 40% である。つまり，リーダーの 43% が「私は，メンバーと相談して行動する」と認識しているのに対して，メンバーは 40% のみが「リーダーは相談して行動する」と感じている。また，「なんとも言えない」（b）がリーダーで 26%，メンバーで 25% も存在している。

　問4（リーダーはメンバーが満足できるような問題解決をすると考えている）

　日本企業（**J 群**）／グローバル企業（**G 群**）ともに 5% 水準で有意であった。これは，両者ともにリーダーとメンバーの間には認識差（ずれ）が存在することを意味する。具体的にみると，J 群のリーダーでは肯定（a）が 47.8%，メンバーでは肯定（a）は

34.1%である。つまり，リーダーの5割弱が「私は，メンバーが満足できるような問題解決をする」と認識しているのに対して，メンバーは3割強のみが「リーダーは満足できる問題解決をする」と感じている。また，「なんとも言えない」(b) がリーダーで34.3%，メンバーで40.6%存在している。一方，G群では，リーダーでは肯定 (a) が56.9%，メンバーでは肯定 (a) は37.5%である。つまり，リーダーの過半数が「私は，メンバーが満足できるような問題解決をする」と認識しているのに対して，メンバーは約4割弱のみが「リーダーは満足できる問題解決をする」と感じている。また，「なんとも言えない」(b) がリーダーで23.6%，メンバーで33.3%存在している。

問5（リーダーは新しい手法で問題解決をはかると考えている）

日本企業（**J群**）は1%水準で有意であるのに対して，グローバル企業（**G群**）では5％水準で有意であった。これは，両者ともにリーダーとメンバーの間には認識差（ずれ）が存在することを意味する。具体的にみると，J群のリーダーでは肯定 (a) が67.9%であるのに対して，メンバーでは肯定 (a) は52.2%である。つまり，リーダーの7割近くが「私は，新しい手法で問題解決をはかる」と認識し，メンバーも過半数が「リーダーは，新しい手法で問題解決をはかる」と感じている。また，「なんとも言えない」(b) がリーダーで13.4%，メンバーで19.6%存在している。一方，**G群**では，リーダーでは肯定 (a) が59.7%，メンバーでは肯定 (a) は38.7%である。つまり，リーダーの6割近くが「私は，新しい手法で問題解決をはかる」と認識しているのに対して，メンバーは4割以下の39%が「リーダーは，新しい手法で問題解決をはかる」と感じている。また，「なんとも言えない」(b) がリーダーで21%，メンバーで31%存在している。

問6（リーダーはメンバーに仕事を任せると考えている）

日本企業（**J群**）／グローバル企業（**G群**）ともに5%水準で有意であった。これは，両者共にリーダーとメンバーの間には認識差（ずれ）が存在することを意味する。具体的にみると，J群のリーダーでは肯定 (a) が70.9%であるのに対して，メンバーでは肯定 (a) は54.3%である。つまり，リーダーの7割強が「私は，メンバーに仕事を任せる」と認識しているのに対して，メンバーで「仕事を任せられている」と感じているのは5割強にすぎない。また，「なんとも言えない」(b) がリーダーで11.2%，メンバーで18.1%存在している。一方，**G群**では，リーダーでは肯定 (a) が62.5%，メンバーでは肯定 (a) は46.7%である。つまり，リーダーの6割強が「私は，メンバーに仕事を任せる」と認識しているのに対して，メンバーは約半数以下の47%が「仕事を任せてもらえる」と感じている。また，「なんとも言えない」(b) がリーダーで18%，メンバーで20%存在している。

問7（仕事のうえで，リーダーから学ぶことはある思うと考えている）

日本企業（**J群**）のみが5%水準で有意であった。それに対して，グローバル企業（**G群**）では有意な関係がみられない。これは，**J群**ではリーダーとメンバーの間には認識差（ずれ）が存在するのに対して，**G群**では存在しないことを意味する。具体的にみると，**J群**のリーダーでは肯定 (a) が70.1%，メンバーでは肯定(a)は53.6%である。つまり，リーダーの7割強が「私から，仕事のうえで学ぶことはある」と認識しているのに対して，メンバーも5割強が「リーダーから学ぶことはある」と感じている。また，「なんとも言えない」(b) がリーダーで12.7%，メンバーで17.6%が存在している。

問 8（リーダーが企業の社会的責任を意識していると考えている）

日本企業（**J 群**）／グローバル企業（**G 群**）ともに 1%水準で有意であった。これは，両者ともにリーダーとメンバーの間には認識差（ずれ）が存在することを意味する。具体的にみると，**J 群**のリーダーでは肯定（a）が 68.7%，メンバーでは肯定（a）は 49.3%である。つまり，リーダーの 7 割弱が「私は，企業の社会的責任を意識している」と認識しているのに対して，メンバーは 5 割弱が「リーダーは企業の社会的責任を意識している」と感じている。また，「なんとも言えない」（b）がリーダーで 13.4%，メンバーで 23.5%存在している。一方，**G 群**では，リーダーでは肯定（a）が 65.3%，メンバーでは肯定（a）は 40.0%である。つまり，リーダーの 6 割強が「私は企業の社会的責任を意識している」と認識しているのに対して，メンバーは 4 割のみが「リーダーが企業の社会的責任を認識している」と感じている。また，「なんとも言えない」（b）がリーダーで 2 割，メンバーで 3 割弱存在している。次に，これまでの事実が意味する内容について考察する。

参 考 文 献

今沢真（2016）『東芝不正会計』毎日新聞社出版。

大西謙（2014）『老舗企業にみる 100 年の知恵』（龍谷大学社会科学研究所叢書）晃洋書房。

木股昌俊（2015）「現場主義の経営」（『リベラルタイム』2 月号）。

坂根正弘（2012）『言葉が人を動かす』東洋経済新報社。

佐久間賢（1996）『現地経営の変革』日本経済新聞社。

佐久間賢（2003）『問題解決型リーダーシップ』講談社現代新書。

佐久間賢（2005）「『モザイク模様』職場の条件：問題解決型リーダーシップ」（『中央大学政策文化総合研究所年報』第 8 号）。

佐久間賢（2010）『交渉力入門』日経文庫。

佐久間賢（2015）「グローバルリーダーシップの基本的条件　Leader-Member Exchange（LMX）の役割に関する一研究」（『中央大学経済研究所年報』第 47 号）。

佐々木紀彦（2011）『米国製のエリートは本当にすごいのか？』東洋経済新報社。

丹羽宇一郎（2015）『人は仕事で磨かれる』文藝春秋社。

前野孝則（2005）『ホンダジェット：開発リーダーが語る 30 年の全軌跡』新潮社。

Bass, B.M.（1957），"Leadership and performance beyond expectation, New York: Free Press.

Graen, G.B. & Uhl-Bien, M.（1995），"Relationship-based approach to leadership: Development of leader-member exchange（LMX）theory of leadership over 25 years: Applying a multi-level multi-domain perspective" *The Leadership Quarterly*, 6, pp.219-247.

Green, S.（2003），"In search of global leaders" *Havard Business Review* 81, pp.38-45.

Hackett, R.D., Farh, J., Song, L.J. & Lapierre, L.M.（2003），"LMX and organizational citizenship behavior: Examining the links within and across Western and Chinese samples." LMX leadership Vol.1, pp. 219-263, Greenwich, CT: Information Age.

Hiller, N.J., A.Dechurch, L.A., Murase, T. & Doty, D.（2011），"Searching for Outcomes of

Leadership: A 25-year Review" *Journal of Management* Vol.37 No.4 July 2011, pp.1137-1177.

Hooper, D.T. & Martin, R. (2008), "Beyond personal Leader-Member Exchange (LMX) quality: The effect of perceived LMX variability on employee reactions" *The Leadership Quarterly* 19, pp.20-30.

Howell, J.M. & Hall-Merenda, K.E. (1999), "The ties that bind: The impact of leader-member exchange,transformational leadership and transactional leadership and distance on predicting follower performance" *Journal of Applied Psychology*, pp.680-694.

Kamadar, D. & Van Dyne, L. (2007), "The Joint Effect of Personality and Workplace Social Exchange Relationships in Predicting Task Performance and Citizenship Performance" *Journal of Applied Psychology*, 680-694, vol. 92 No.5, pp.1286-1298.

Liden, R.C. & Maslyn, J.M. (1998), "Multidimensionality of Leader-Member Exchange: An Empirical Assessment through Scale Development" *Journal of Management*, Vol.24, No.1, pp.43-72.

Martin, R., Thomas, G., et al. (2005), "The role of leader-member exchanges in mediating the relationship between locus of control and work reactions." *Journal of Occupational and Organizational Psychology, 78*, pp.141-147.

Sin, H.P., Nahrgang, J.D. & Morgeson, F.D. (2009), "Undersstanding why they don't see eye to eye: An examination of leader-member exchange (LMX) agreement." *Journal of Applied Psychology, 81,* pp.219-227.

Wang, H., Law, K.S. & Hackett, R.D. (2005), "Leader-Member Exchange as mediator of the relationship between transformational leadership ad followers' performance and organizational citizenship behavior" Academy of Management Journal Vol.48 No.3, pp.420-432.

第 4 章

日本における外国人労働者政策の検討課題と考察
——「高度人材」の実像と活躍に向けて——

国 松 麻 季

加 藤 　 真

は じ め に

　本稿は，今まで十分な検討が行われてこなかった「高度外国人材」や「グローバル人材」と呼ばれる外国人労働者の実像を捉え，また，国際比較の観点も盛り込み，日本の状況を相対化した上で今後の受入れの拡大とその後の定着促進に向けて，効果的な施策を検討することを目的としている。

1. 活発化する高度人材に関する議論と本稿の目的・射程

　「高度外国人材」や「グローバル人材」（以下，高度人材に表記統一[1]）と呼ばれる，高い技術やスキルを有するとされる外国人労働者を，積極的に日本国内に受け入れようとする動きが活発化している[2]。経済産業省（2011）によれば，

---

1)　ほかにも，外国人熟練労働者，外国人専門職・技術職など呼称はさまざまある。それぞれの呼称で指し示す範囲が異なるとして使い分ける場合もあるが，本稿では，最も一般的な「高度人材」を統一的に用いる。むしろ，この語を用いることで，政策と実態の乖離を明確にし，政策や用いる語の見直し・検討を喚起する契機となることを本稿の狙いとしている。

2)　同様の動きは，2000 年初頭の「IT 基本戦略」にもとづく外国人 IT 技術者の受入れ促進の動きがあったが，それを除けば目立った動きはなかった。

高度人材の受入れによる経済波及効果は，2020 年には，直接的・間接的貢献の合計額が約 4 兆円から 10 兆円規模と試算されており，グローバル化が今後ますます進展する現代社会において，さらなる産業競争力の強化を目指すうえでは，高度人材の活用は，自明の事実となっているといえる。

　政府も，2012 年末の第二次安倍政権樹立後，成長戦略として掲げている「日本再興戦略」(2013，改訂 2014，改訂 2015，2016) のいずれにおいても，日本経済のさらなる活性化および競争力強化の観点から，外国人労働者 (その中でも特に，高度人材) の受入れおよび活用に関する内容が盛り込まれている。まさに，ここ数年の政策展開は「異次元のスピード」(鈴木 2016，42 ページ) であるといえる。

　こうした一連の政策展開の前提として，そもそも，日本における外国人労働者政策は，「第 6 次雇用対策基本計画」(1988 年，労働省) 以降，「専門，技術的な能力や外国人ならではの能力に着目した人材」は積極的に受け入れていく一方で，「いわゆる単純労働者」の受入れは，「我が国の経済や社会に及ぼす影響等にもかんがみ，十分慎重に対応する」と規定され，この基本姿勢は今日まで継続されてきた。そして，日本国内では，在留資格にもとづき，(1)専門的・技術的分野と (2)いわゆる単純労働の二重労働市場が形成されてきた (関 2011，上林 2015a)。

　これまでの外国人労働者に関する研究蓄積を振り返れば，「いわゆる単純労働者」の層に該当する，ブルーカラー職やサービス業の現業職に従事する日系人 (日系ブラジル人やペルー人など)，エンターテインメント業に従事するフィリピン人女性，「国際貢献」を名目としつつ，賃金不払いやハラスメントなどが頻発している外国人技能実習生の問題が研究関心の中心に位置づけられてきた (樋口ほか 2005，津田 2010，上林 2015b など多数)。

　一方で，高度人材に関する研究は，蓄積自体がまだまだ限られているのが実情である。加えて，既存の研究においても，高度人材は「高等教育を受けて専門技術を持ち，機会に恵まれた層」という大づかみな扱いがされ，その内実やグラデーションが捨象される形で十分に検討されてこなかったきらいがある

（西川 2015 など）。同様に，「高度人材の卵」とされる外国人留学生だが，2010年に在留資格「就学」（日本語学校等への通学者）を廃止し，在留資格を「留学」に一本化したことなどが影響し，その多様化が進行しているにもかかわらず，すべての外国人留学生を「高度人材の卵」のような前提とする研究も散見される（経済産業省 2012 など）。

すでに，2015 年時点で，日本の在留外国人数：約 223 万人，外国人労働者数（雇用されている数）：約 91 万人に達しており，いずれも統計を取り始めて以降，過去最高を記録している。こうした状況下で，日本に入国・在留する高度人材も多様化しており，一枚岩で語ることができる状況ではなくなっている。

そこで本稿では，今後，効果的な高度人材の受入れ施策の実施，および国内での定着促進を図るためにも，高度人材とされる人々の実態を把握し，実像を踏まえた政策立案と実施を検討する視点を整理することを目的とする。また，日本の状況を相対化するために，国際比較の観点も盛り込み，検討を行う。なお，国際比較の対象としては，アジアにおいて外国人に対する取り組みを先行させ，その課題が明らかになっている韓国，シンガポールをとりあげる。

2. 高度人材活用の実態と政策：日本・韓国・シンガポール

2-1 日本

2-1-1 高度人材の定義

高度人材の定義について，確固とした統一的見解は示されていないものの，政府はこれまで，出入国管理及び難民認定法上，就労可能な在留資格のうち，「外交」「公用」を除く，14 資格（2016 年 5 月 1 日現在）にもとづく在留者を，専門的・技術的分野の外国人労働者（≒高度人材）として扱ってきた[3]。また，2012 年から，学歴，職歴，年齢，日本語能力，年収などをポイント化して一

---

3) 内閣府経済財政諮問会議「経済財政改革の基本方針 2008」では，受入れを促進すべき高度人材に関して，上記の在留資格者を例示している。また，2008 年以降，提出が義務化され，毎年公表されている，厚生労働省「『外国人雇用届出状況』の届出状況」でも，上記の在留資格を，専門的・技術的分野の在留資格としている。

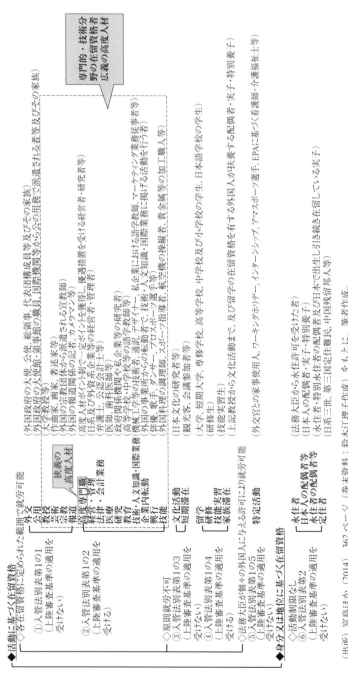

図 4-1　在留資格一覧

(出所）宮島ほか（2014），362ページ（巻末資料：鈴木江理子作成）をもとに，筆者作成。

定の基準に達した外国人を高度人材と認定する「高度人材ポイント制」の運用が開始され（2014年に認定基準見直し），この制度運用に合わせて，2015年に「高度専門職」という在留資格が新設されている。

上記を踏まえた，在留資格にもとづく高度人材の指し示す範囲を，図4-1にまとめている。在留資格に定められた範囲で就労可能な在留資格のうち，「外交」「公用」を除く，14資格にもとづく在留者が広義の高度人材，その中で「高度専門職」資格にもとづく在留者が，狭義の高度人材とまとめられる。

また，いくつかの政策文書で，高度人材の定性的な定義がなされている。一例を示せば，高度人材とは，「国内の資本・労働とは補完関係にあり，代替することが出来ない良質な人材」「我が国の産業にイノベーションをもたらすとともに，日本人との切磋琢磨を通じて専門的・技術的な労働市場の発展を促し，我が国労働市場の効率性を高めることが期待される人材」（高度人材受入推進会議 2009，傍点は筆者追記）と定義され，極めて高い専門性や技術を有し，即戦力となるような人材層が想定されている。

さらに，「高度人材ポイント制」における優遇メニューとして，家事使用人の帯同許可などが含まれていることからも，政策や制度が想定する高度人材は，相当にハイレベル・高スペックで，これが企業内人材の場合は，重要なポストや役割を担うイメージも喚起される。また，「いわゆる単純労働者」とは違い，専門性を有することから，就労上の問題や治安上の問題も生じず，日本や日本企業への受入れにあたってもストレスフリーな人材層という想定もされがちであり，そうした前提に立って，受入れが推進されてきた。

2-1-2　高度人材の実像と求められる対策

しかし，上述した政策的な定義やそれらからイメージされる人材像と，実際に日本に在留する高度人材の実像が，必ずしも一致していないことが既存のデータから指摘できる。専門的・技術的分野の在留資格を有して，日本国内の企業で働いている外国人を対象にした労働政策研究・研修機構（2013a）の調査によると，非管理職の「役職なし」の高度人材が約7割に達する一方，部課長クラス以上の者は1割程度にとどまっている。また，勤続年数が長いほど職位も

高くなる相関がみられており，高度人材は，いわゆる年功的な「日本型雇用」の中にはめ込まれた存在であるともいえる。さらに，同調査の企業向け調査でも，企業が高度人材に期待する役割（2つまで回答）として最も多いのは，「日本人と同様」（56.6%）であり，次に多い回答である「高度な技術・技能の専門人材」（32.0%）の2倍近い割合となっている。

こうした調査結果から，高度人材の大部分が，即戦力として「イノベーションをもたらす」「（日本人では）代替できない人材」などではないことが示されており，日本の企業内におけるマスに近い人材として，「普通に」働いているビジネスパーソンであると指摘されている（五十嵐 2015）[4]。加えて，調査対象者のうち，6割以上が現在の職場もしくは日本国内で働き続けたいという結果が出ていることから，「世界を飛び回るグローバルエリート」「アグレッシブでハングリーな外国人」といった，しばしば抱かれるイメージもやや異なるといえる。

以上から，現在の高度人材の議論における課題は，「普通にあり得る外国人労働者・オフィスワーカー像」が想定されていないことであると指摘できる。たしかに，高度人材の中には，世界を股にかけるコンサルタントや研究者も含まれているが，現状として，日本の高度人材は，職歴が浅い人が大部分を占めており，今後も即戦力となる外国人材が大量に来日することは想像しにくい。そうであるならば，高度人材をいかに国内に呼び寄せるかという議論は継続しつつも，現在国内企業で大半を占める外国人材に対して，国や企業がどのような支援を施し，彼らに最大限のパフォーマンスを発揮してもらうことで，イノベーションの契機としていくかという点にこそ議論の焦点をシフトしていく必要がある。企業で働く高度人材の場合は，その外国人材自身へのマネジメントのみならず，外国人材が所属する部門の管理職および日本人社員を含め，外国

---

4) 管理職クラスの人材が少ないことについて，日本の大企業が外国人の採用を本格化させてから間もないためという理由もあげられるが，そうした人事制度・キャリアパスの想定それ自体が，「（日本人と）代替できない人材」と想定していない証左でもある。

人と協働できる組織をつくるという観点で取り組むことが喫緊の課題であろう。

ただし，一言で「外国人」といえども，国籍・民族・宗教・母語・日本滞在歴等によって，求められるマネジメントスキルは異なってくることも踏まえなければならない。具体的な目標設定，評価のやり方，コミュニケーションの方法など，ケースを積み上げながら外国人材の定着率やパフォーマンスが向上する要素や工夫を模索することが重要である。

2-1-3 拡大解釈が続く高度外国人材の範囲

高度人材の実像に関連して，もう1点，近年の政策動向や関連文書を一体的にみていくと，高度人材とされる範囲の拡大が続いており，従来の政策目的やイメージと乖離が生じていることも指摘できる。

図 4-2 に，高度人材という用語が指し示す範囲について，関連文書等の表現の変遷をまとめ，模式図として示している。

図 4-2 の模式図および，表 4-1 の年表を時系列でみていくと，①従来は，極めて高い専門性や技術を有する人材を想定していたはずの高度人材像であったが，② 2013 年 12 月に「高度人材ポイント制」の要とでもいえる最低年収基準の見直し等による認定要件の緩和化，③ 2016 年に入り，「高度外国人材（日本

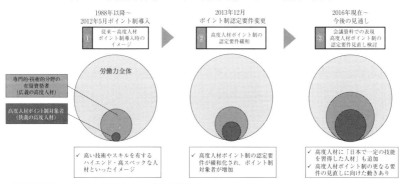

図 4-2 関連文書等における高度人材とされる範囲の変遷

(出所）下記，表 4-1 の年表にもとづき筆者作成。
※本図は，あくまで高度人材の指し示す範囲を模式的・視覚的に示すことを主眼に置いているため，細部については正確性を欠く部分があることをご了解願いたい。

表 4-1　関連文書等における高度人材とされる範囲の変遷

図 4-2 区分	年月	文書名・ポイント等	内容
①	1988 年	「第 6 次雇用対策基本計画」での受け入れ促進の明示	「専門，技術的な能力や外国人ならでは能力に着目した人材」は積極的に受け入れていく一方で，「いわゆる単純労働者」の受け入れは，「我が国の経済や社会に及ぼす影響等にもかんがみ，十分慎重に対応する」と規定
①	2009 年5 月	「高度人材受入推進会議」報告書における定義の明示	高度外国人材を，「就労可能な在留資格である専門的・技術的分野の在留資格を有する外国人労働者を対象とする」としつつ，「国内の資本・労働とは補完関係にあり，代替することが出来ない良質な人材」であり，「我が国の産業にイノベーションをもたらすとともに，日本人との切磋琢磨を通じて専門的・技術的な労働市場の発展を促し，我が国労働市場の効率性を高めることが期待される人材」と定義
①	2012 年5 月	「高度人材ポイント制」の運用開始	学歴，職歴，年齢，日本語能力，年収などをポイント化して一定の基準に達した外国人を高度外国人材と認定する「高度人材ポイント制」の運用を開始
②	2013 年12 月	「高度人材ポイント制」の審査認定基準の見直し(緩和化)	「高度人材ポイント制」の認定要件・優遇措置の一部見直しを実施。最低年収基準の見直し，研究実績に係る評価項目のポイント引き上げ，日本語能力に係る評価項目のポイント引き上げ等，実態として，認定要件が緩和化
②	2015 年4 月	在留資格「高度専門職」の創設	「高度人材ポイント制」で認定された外国人に対して，「高度専門職第 1 号」，「高度専門職第 2 号」(「高度専門職第 1 号」で 3 年以上活動を行った方が対象)の 2 種類の在留資格を新設。「高度専門職第 2 号」は，在留期間の無制限(永住)を認可
③	2016 年4 月	平成 28 年第 5 回経済財政諮問会議資料内での表記の変化	「高度外国人材(日本で一定の技能を習得した人材を含む)」という表記が用いられる
③	2016 年6 月	「日本再興戦略 2016」での新施策の提示	永住許可申請に要する時間を現行の 5 年から大幅に短縮する世界最速級の「日本版高度外国人材グリーンカード」を創設し，可能な限り速やかに必要な措置を講じること，「高度人材ポイント制」をより活用しやすくする観点からの要件の見直しを検討することが記載

（出所）厚生労働省，法務省，内閣府等による各種資料にもとづき，筆者作成。

で一定の技能を習得した人材を含む）」という表記や，「高度人材ポイント制」のさらなる要件見直しが提起されたことから，高度人材とする範囲の拡大が続いているといえる。なお，「日本で一定の技能を習得した人材」とは，技能実習期間を終えて技能検定 3 級レベルに達した元技能実習生を想定していると推測されるが，実は，2009 年の高度人材受入推進会議時点では，技能検定 3 級より上位の 2 級合格者においても高度人材とはいえないという議論がなされていた（高度人材受入推進会議 実務作業部会 第 1 回，第 4 回議事要旨参照）。

　筆者自身，外国人労働者の受入れを促進すること自体は全く否定されるものではないと考えるが，外国人の受け入れにあたって，「高度人材」の対象範囲を恣意的に変化させることで，当面の人手不足を乗り切ろうとする動きには危惧を覚える。その危惧として具体的には，大きく 3 点，(1)外国人の受け入れ

に向けた環境整備不足や，日本人及び外国人の雇用の安定性を確保する議論等が十分になされていないこと，(2)何らかの政策を実施する際に対象とする人材層が分かりづらくなってしまうこと，(3)現在の流れとは逆に，高度人材の対象範囲が縮小の方向に書き換えられ，それまで認められていた諸権利が制限されたり，周囲からの眼差しがネガティブなものに変わってしまう可能性も秘めていることなどがあげられる。

2016年6月に示された「日本再興戦略2016」では，「日本版高度外国人材グリーンカード」の導入に向けた議論を始めることが提起され，永住権を付与するまでの必要在留期間を世界最短とすることで，高度人材の受け入れ促進・定着率向上を図ることが目指された。だが，上記の議論を踏まえれば，指し示す範囲の曖昧化が進行する高度人材を実像とともに改めて見つめ直し，どのような戦略やビジョンのもと，高度人材の受入れ・定着・活躍を進めていくのか検討が求められる。

2-2　韓国

近年，韓国では外国人在留者数が急激に伸びており，2016年6月末時点では，約200万人と過去最高を記録し，総人口に占める在留外国人割合も約4%弱にまで達している（日本は約1.7%）。この背景には，2004年に非熟練労働に従事する外国人労働者の受入れを正式に認める雇用許可制を開始したことや，高学歴化により単純労働に従事する若年層が不足し，外国人労働者の流入が急増している等の要因があげられている（有田2016）。

また，2000年代後半から，外国人の受入れや定住に向けた国家レベルでの政策・制度作りも加速し，2007年に，在韓外国人の処遇に関する基本的事項を定めた「在韓外国人処遇基本法」を制定し，同時期に法務部傘下に，出入国管理に加え社会統合支援も行う，「出入国・外国人政策本部」を新設した。2008年には，外国にルーツを持つ家族への支援に関する基本法である「多文化家族支援法」の制定や，「外国人政策基本計画」の策定（第1次：2008年〜2012年，第2次：2013年〜2017年）を行っている（鄭2014）。こうした基本法の

制定や，社会統合政策も担う国レベルの中心機関の設置は，日本では実現に至っていない動きである。

以下では，こうした外国人に関する取り組みが進む韓国における，高度人材に関する取り組みを概観する。

2-2-1　高度人材の範囲

韓国における高度人材の範囲の設定は，日本と同様に出入国管理法が定める在留資格にもとづいている。専門分野の就業在留資格として「教授」「会話指導」「研究」「技術指導」「芸術興行」「特定活動」が定められている。在留資格の付与にあたっては，日本と同様，企業から雇用されていることが条件となっている。

2-2-2　受入れ推進施策

韓国では，高度人材受入れ推進のためのいくつかの施策に，日本よりも先行的に取り組んできた。主な施策として，(1)ナノ，デジタル電子など特定技術分野で就労する高度人材に優遇措置を与える「ゴールドカード制度」（2000 年10 月～），(2)韓国の教育機関・研究機関に所属する研究者に優遇措置を与える「サイエンスカード制度」（2001 年12 月～），(3)「高度人材のポイント制」（2010 年2 月～）の設定の3 点である（労働政策研究・研修機構（2013b））。それぞれの制度の詳細については，紙幅の関係上割愛するが，査証手続きの緩和や永住権取得のための優遇措置を講じてきている。また，2014 年1 月には，より総合的な「海外優秀人材の誘致・活用方策」を発表している。

このほかにも，首都ソウルには，外国人総合支援機関として，生活のための母国語による相談サービス，韓国語講座，不動産賃貸ガイド，ビジネス支援までワンストップで行う，ソウルグローバルセンター，ソウルグローバルビレッジセンターを複数拠点設置し，高度人材誘致に向けた社会統合政策も図られている。

上記のような取り組みにより，韓国は，「入国管理など全政府を挙げて高度人材を官民の機関に招聘すべく取り組んでいる」（岩淵 2013，71 ページ）と評されている。

2-2-3　高度人材受入れの実態

ただし，積極的な受入れ・定着支援策にもかかわらず，韓国における高度人材の受入れは思うように進んでおらず，「韓国の外国人専門技術労働者政策は，有名無実な状態」（薛 2016，54 ページ）とも指摘されている。

実際，OECD（2009）でも，高度（高等教育を受けた）人材に占める OECD および非 OECD 諸国出身の外国人材の割合が最も少ないのは韓国と日本であった。また，韓国で働く外国人は増加の一途をたどっている一方で，専門職に従事する高度人材は 5 万人程度で，全体の 1 割未満にとどまっている。その中でも高度人材の在留資格別の内訳をみれば，「会話指導」が全体の 3 割以上を占めており，外国人の専門職のニーズが，外国語教育に偏重していることも分かる（出入国・外国人政策本部 2016）。

こうした事態の背景には，年功序列などの職場内での人間関係や長時間労働などに加え，非英語圏であり韓国語の壁も高いなど，日本とも類似した側面が理由となって，高度人材が思うように定着していないことが指摘されている（労働政策研究・研修機構 2013b）。

2-2-4　新たな動き：在外同胞の活用

また，韓国は，長らく移民送り出しの歴史があり，世界各地にコリアンタウンが存在し，「在外同胞」といわれる韓国にルーツを持つ外国人が多いことも特徴である。その数は，約 700 万人と推計され，「日本版在外同胞」ともいえる日系人が約 260 万人であるのに比べると約 2.7 倍に達する人数である。

そうした中，韓国政府は，高度人材や留学生を誘致することが容易ではない状況に対して，在外同胞を高度人材のストックとして捉えた政策も打ち出している。前掲した「海外優秀人材の誘致・活用方策」（2014 年 1 月）では，その主な対象を留学生と在外同胞と設定し，アメリカ等の大学で学位を取得している在外同胞らとの共同研究や人的なネットワークシステムを構築し，在外同胞の呼び戻しを計画している。

こうした韓国の事例をもとに，佐藤（2015）は，日本と外国の双方にルーツを持ち，外国とのネットワークを有する日系人こそ高度人材の卵であり，彼ら

92

に着目した頭脳獲得・環流政策を検討するべきという提案を行っている。

　韓国と日本は，天然資源に乏しく，グローバル化が進行する今後の社会を勝ち抜くために高度人材へのニーズが高いこと，そのため高度人材への入国・在留上の優遇措置を講じていること，一方で，自国が想定する人材層の受入れ・定着は思うように進んでいないことなど，置かれた状況や抱える課題は類似した点が数多い。そうした中で，韓国が取り組んできている施策や直面する課題は，日本にとっても示唆に富むものであり，日本の高度人材政策においても，参照すべき事例であると考えられる。

2-3　シンガポール

　シンガポールは，外国人労働者の受入れを積極的に実施していることで知られている。2015 年の全人口約 554 万人[5]のうち，シンガポール国民約 390 万人を除く約 216 万人が外国人であり[6]，人口の約 4 割を占める。また，総労働人口約 361 万人のうち，居住者は約 223 万人，非居住者は 138 万人であり，シンガポールに働く 3 人に 1 人以上が非居住者である（シンガポール統計局）[7]。このように高い割合で外国人を取り込むシンガポールにおいては，経済成長戦略のなかに位置づけられた強力な高度人材獲得の政策がある。

　シンガポールにおいては，高度人材と認識される人材の範囲が政策の展開に応じて変化しているため，以下ではシンガポールにおける高度人材に関する経緯を概観し，現在の在留許可制度の枠組みを確認したうえで，受入れに関する取り組みを検討する。

---

5)　シンガポールでは，全人口をまず「居住者」（約 390 万人）と「非居住者」に区分し，そのうえで居住者を「シンガポール国民」（約 361 万人）と「シンガポール永住者」（約 52.8 万人）に区分している。

6)　ここではシンガポール国民以外の人を外国人という。ただし，シンガポール政府が「外国人」と言及する場合には「居住者以外」のみを指すことが多い（岩崎 2015）。

7)　シンガポール統計局（Department of Statistics Singapore）HP より。
　http://www.singstat.gov.sg/statistics/latest-data#17 （最終閲覧日：2016 年 5 月 19 日）。

2-3-1　高度人材受入れ政策の経緯

　シンガポールの外国人受入れの歴史は 1965 年の独立以降の歴史よりはるかに長く，19 世紀初頭からイギリスによる植民地政策のもと，経済成長を担う労働力を確保すべく，積極的な移民受入れ政策を展開した時期にさかのぼる。独立後は，技能を持ち教育水準の高い外国人は永住を前提に優遇的に受け入れ，これに対し，技術を持たない外国人は労働力として一時的な滞在のみを認めるといった，選択的な移民受入れ政策へと転換を図った。非熟練の外国人労働者に対しては，1980 年から雇用税を導入，1988 年には非熟練の外国人労働者の雇用上限率を導入している。

　高度人材に関しては，内務大臣が 1988 年に外国人高度人材（foreign talents）の重要性に言及して以来，その定義が拡大されながら（Hon 2013），活用のための施策が採られている。

　シンガポール政府は 1990 年代から受入れに向けた施策を加速させ，組織体制も拡充された。1991 年には経済開発庁に国際人材プログラム（International Manpower Program），1995 年に首相府が外国人高度人材ユニット（Foreign Talent Unit）をそれぞれ立ち上げた。1998 年には，労働省が人材開発省（Ministry of Manpower，MOM）へと改組され，従来低技能者に限定されていた外国人労働者の管理が高度人材を含む外国人労働者全体に及ぶこととなった。さらに 1998 年，複数の省庁で構成される Singapore Talent Recruitment（STAR）Committee が創設され，高度人材の定着や拡大のための戦略の策定と実行を担うこととなった。また，政府，労働組合，民間企業関係者による委員会が作成し，人材開発省が 1999 年に発表した報告書「マンパワー 21」は，シンガポールを「高度人材の首都（Talent Capital）」とすべきことを掲げるとともに，外国人労働者を起業家，革新化・研究者・クリエーター，専門人材（以上が「高度人材」）および低・非熟練労働者に 4 分化し，その後の外国人の就労制度の原型を提供した。

　2000 年代には，高度人材誘致に向けたさらなる積極策が打ち出された。2004 年には，外国人の起業家・投資家，金融資産の高額保有者に，それぞれに永住権を付与するプログラム（後者は 2012 年に廃止）が導入された。また，

従来の高度人材に対する労働許可制度に加え，2007年にはトップクラスの高度人材に対する個人労働許可制度が導入された。

こうした高度人材政策の背景には，シンガポールの産業政策において，1990年代に技術集約型経済，2000年代には知識・イノベーション集約型経済が志向されたことがある（岩崎2015）。

しかしながら，後述するとおり，2011年の国政選挙が転換点となり，シンガポールの外国人受入れ政策は急速に制限的なものとなり今日に至っている。

2-3-2　高度人材の範囲と枠組み

シンガポールにおいては「居住者以外」の外国人が就労するためには「パス」と呼ばれる就労許可を取得する必要がある。主なパスは (1)高度人材のうちトップクラス向けの Personalised Employment Pass（個人雇用許可証，PEP），(2)高度人材向けの Employment Pass（雇用許可証，EP），(3)中技能労働者向けの S Pass（S パス），(4)低技能労働者向けの Work Permit（労働許可証，WP）である[8]。このうち，今日の制度上の高度人材は，(1)PEP と (2)EP と捉えることができる。(1)PEP は雇用主を限定することなく，離職した雇用許可書（P1 パス）の保持者やシンガポールでの就労を希望する外国人専門家に申請資格がある。同許可書の発給基準は，2012年12月1日以降，厳格化され，離職した雇用許可書（P1 パス）の保持者の場合，直近の月給が 1 万 2,000S ドル以上，シンガポールでの就労を希望する外国人専門家の場合，海外での直近の月給が 1 万 8,000S ドル以上であることが要件となっている。PEP の有効期間は最長 3 年で，更新できない。

これに対し，(2)〜(4)は特定の雇用主のもとでの就労に対して発給されるものである。「(2) EP」は，シンガポールにて管理職または専門職として就職するためのオファーがあり，基本月給が 3,300S ドル超であること，シンガポール政府が認知した大学の卒業資格，専門技術資格または専門職位を有しているこ

---

8)　このほかにも外国人起業家に対するエントレパス，帯同許可証，研修雇用許可証，雑務労働許可証，ワークホリディ許可証がある。

とが申請資格要件となっている[9]。「(3) S パス」は「中技能向け」の熟練労働者に対する需要に対応すべく 2004 年より導入されたもので，最低基本月給が 2,200S ドルであること，大学または高等専門学校卒業に相当する学歴・専門技術資格の保有者であること，関連の実務経験があることが申請資格となる。「(4) WP」は申請時の年齢，出身国，業種に制限があるとともに，最長雇用期間・年齢，熟練度に応じた外国人労働者雇用税や雇用限度率が課される。

2-3-3　受入れ施策の最近の展開

前述のとおり，シンガポールでは 1990 年代から 2000 年代までに組織体制が強化されるとともに，高度人材を引き寄せるための施策が講じられた。こうした一連の施策の特徴としては，高度人材誘致策を単独で行うのではなく，「企業，学生，観光客，国際会議などを含めた包括的な政策の一環として行われている点」（岩崎 2015）である。シンガポールに外国企業のアジア拠点が増えると，高度人材が企業内異動や現地採用により集積し，さらに，法律・会計事務所，人材斡旋会社などの周辺業務も流入する。さらに，大学の外国人留学生の受入れ，外国人観光客や国際会議の誘致なども含め，政府は所管を越えて政策の連携を図っている。こうした包括的な政策の推進が可能であった背景には，シンガポールの「実質的に一党専制」である政治体制に起因するところがある（明石・鐘 2015）。

しかし，2011 年の総選挙において，外国人労働者受入れ政策の正当性が問われることとなり，その後，外国人労働者の抑制を狙いとする外国人雇用のルール厳格化，シンガポール人の雇用促進が進められている。「労働力に占める外国人の割合は全体の 3 分の 1 を超えないようにすべき」という方針の下，EP を中心とする発給数は減少し，2014 年 8 月からは，新ルール「フェア・コンシダレーション・フレームワーク（Fair Consideration Framework）」を導入，専門技術職の採用にあたっては外国人のみを対象とせず，EP の相当するホワイ

---

9)　従来は基本月給，役職，専門資格により 3 区分あったが，2015 年 8 月以降一本化された。

トカラーや専門技術職の雇用にあたっては，企業は労働力開発局が運営する求人ウェブサイトに求人広告を掲載し，シンガポール国民や永住権保持者に対して雇用を開放することとなった。

シンガポールの積極的な外国人受入れ政策は，3世紀以上にも及ぶ歴史的経緯や，独立以降の政治体制等によるものではあるが，そうしたシンガポールですら，近年では外国人材の雇用に一定の歯止めをかけ，自国民の人材登用を強化する方針へと転換している。省庁横断的な組織体制の構築や包括的な政策の展開など，日本において実現に至っていない施策について参考になることはもとより，近年の調整についても注視していくことが有用である。

3. 高度人材活用に関わる二国間・複数国間の制度・政策

3-1 日本の制度・政策

今後の日本の高度外国人材の活用策を検討するにあたり，すべての国を対象にする施策以外に，二国間・複数国間の枠組みを用いる方法が考えられる。そこで，現在，日本が有する二国間・複数国間の制度・政策を概観のうえ，その可能性を検討する。

3-1-1 社会保障協定

社会保障協定は，国境を越える人の移動にともない発生する，公的年金制度の問題を調整する二国間協定である。具体的には，日本から他国に一定期間赴任する場合，派遣中には日本と赴任先国の公的年金制度の保険料を二重に支払う必要が生じるが，この二重払いを回避すべく，赴任期間が5年を超えない場合には自国のみ，5年を超える場合には赴任先国のみの保険料を支払うこととする（保険料の二重負担の防止）。また，年金受給資格を得るには一定の加入年数を満たす必要があるが，赴任先国での保険料支払は年数に満たないため掛け捨てとなることから，両国での加入期間を通算し，加入期間に応じた年金を両国から受けられるようにする（年金加入期間の通算）。こうした調整の枠組みは，協定締結国間での人材の移動を促進する役割がある。日本は，2000年以降取り組みをはじめ，現在，15カ国[10]との間で二国間協定が発効済みである。社

会保障協定は，人材を派遣する企業の負担を軽減し，派遣される人材を保護するものであり，高度人材の越境移動の制度的インフラであり，日本の産業界も締結促進を求めてきた[11]。

　ただし，現在，協定発効済みの国は欧米圏の国々が中心である一方で，日本で働く高度人材や，在留資格「留学」から，就労可能な在留資格への変更者の国籍割合をみれば，アジア圏出身者が大部分を占めているといった制度と実態のずれも顕在化している。また，「年金加入期間の通算」措置が適用されない国（発効済み国でも，イギリス，韓国，イタリアが該当）出身者の場合，国民年金・厚生年金から脱退する（≒帰国する，第三国へ行く）という理由で，納めた年金保険料分の返還が認められる「脱退一時金制度」があるが，返還額は36カ月以上日本で働くと一定になり，それ以上の返還は見込めない制度になっている。納めた保険料の総額は上がっていく一方で，返還額は変わらないことから，特に「年金加入期間の通算」措置が適用されない国出身者にとっては，日本で働く・働き続けるモチベーションが削がれていく制度設計になっている。

3-1-2　経済連携協定（EPA）・自由貿易協定（FTA）下の人の関連規定

　国際的な通商制度を担うWTO（世界貿易機関）協定は，1995年にGATT（貿易と関税に関する一般協定）を引き継ぎ発効して以来，物品貿易に加え，サービス貿易も規律の対象範囲とすることとなった。サービス貿易の自由化を目的とするGATS（サービスの貿易に関する一般協定）のもと，サービスを提供する人の移動が自由化の対象となるとともに，専門職業資格に関するガイドラインが策定された[12]。

---

10)　ドイツ，イギリス，韓国，アメリカ，ベルギー，フランス，カナダ，オーストラリア，オランダ，チェコ，スペイン，アイルランド，ブラジル，スイス，ハンガリー。その他，署名済未発効，政府間交渉中，予備協議中などの国は計10カ国（厚生労働省HP，日本年金機構HPより）。

11)　日本経済団体連合会・日本貿易会・日本在外企業協会が意見書「社会保障協定の一層の締結促進を求める」（2006）を公表するなど，産業界から強い要望があった。

12)　GATSは附属書において，求職のための国際移動に関連する措置や，市民権・永住権の確保などにかかる措置は適用の対象外としている。

自由化については，現在，大半の WTO 加盟国は，分野横断的な約束とし
て，経営者や管理者，高度技術者等の企業内転勤や独立の専門家などの自由な
移動を約束しており，日本も同様に，WTO 加盟国からの企業内転勤，業務連
絡のための短期滞在および独立の専門家（弁護士，会計士など）の自由な移動を
認めている。

専門家資格については，まず，1997 年に，二国間等での相互承認を促進す
る目的で，会計士分野の相互承認に関するガイドラインが策定された。さら
に，資格・免許要件の透明性を向上させ，不必要な障害を除去することを目的
に，会計士分野について 1998 年にガイドラインが策定された。他の分野の専
門家についても規律を求める声があり，WTO で議論がなされているものの，
いまだ決着はみておらず，会計士分野のみ先行的な成果がある状況である（国
松 2013）。

多数国間の WTO では，新たな規律策定や自由化の約束が難しくなっている
なか，TPP（環太平洋パートナーシップ）を含む，二国間・複数国間の協定の重
要性が高まっている。人の移動に関しても，これらの通商ルールにおいて規定
がなされている。

(1) TPP における人の移動に関する規定

2015 年に合意に至った複数間協定である TPP は，既存の多くの FTA に比し
て先進的な内容となっている。2016 年 8 月現在，日本をはじめとする締約国
が批准を行う段階にあり，来年以降に発効する見通しである。この協定におい
ては，ビジネス関係者の短期的な移動（企業内転勤者，投資家，資格を有する専門
職業家について，日本の場合には 5 年以内の滞在[13]）を認めることを約束するとと
もに，サービス貿易の一環として，サービスを提供する人の国境を越えた移動
の自由化が約束されている[14] [15]。さらに，エンジニア，建築士，弁護士など

---

13) TPP 第 12 章（ビジネス関係者の一時的な入国）附属書 12-A。

14) TPP 第 10 章（国境を越えるサービスの貿易）。

15) TPP では，自由化の例外措置として，今後維持し得る国内法を列記する方式がと
られている。日本は，専門職業に関しては，弁護士法，弁理士法，公認会計士法，

の専門家による他の TPP 締約国でのサービス提供の円滑のために，TPP の下に議論の場[16] を設けることなども決められた[17]。こうした人の移動に関する一連の合意は，透明性を高める意義はあるが，WTO/GATS やこれまでの EPA・FTA における人の移動に関する国際約束を大幅に前進や変更するものではなく，あくまで従来の通商協定の内容を踏襲するものであるといえる。現に，TPP 締結に伴い国内法の改正や整備が進められているところだが，人の移動やサービス貿易については，法改正をともなうものとはなっていない。

(2) 日本の EPA における介護人材等の独自規定

日本の二国間 EPA においては，人の移動に関しては GAT や TPP など多数・複数国間の協定には見られない独自の規定が盛り込まれている。2008 年に発効した日フィリピン EPA および日インドネシア EPA は，一定の要件を満たす看護師，介護福祉士等の日本への受入れを認めるとともに，受入れのための枠組みが整備された。受入れの枠組とは，国家資格取得候補者の入国を認め，日本語等の研修修了後，資格取得準備のための修了を認め，資格取得後に引き続き就労が認められるというものである。円滑な運用のために，滞在期間延長のための閣議決定（2013 年等）や，厚生労働省告示（最終改正 2013 年）など[18]により国内制度の整備が図られた。その後，2 カ国に加え，2009 年発効の日ベトナム EPA にもとづく協議により，2012 年からはベトナムからも，看護師や介護福祉士の候補の受入れが行われることとなった。

また，2007 年に発効した日タイ EPA では，タイ料理人および指導員の入国と一時滞在を認めることを約束した。一般の料理人については 10 年以上実務経験が要件とされるのに対し，タイ料理人については 5 年以上の実務経験で

建築士法などいわゆる「士業」に関する法律を，今後自由化する必要がない国内措置として留保している。

16) TPP 自由職業サービスに関する作業部会。

17) TPP 第 10 章（国境を越えるサービスの貿易）附属書 10-A 自由職業サービス。

18) 厚生労働省 HP「フィリピン人看護師・介護福祉士候補者の受入れについて」より。http://www.mhlw.go.jp/stf/seisakunitsuite/bunya/0000025247.html（最終閲覧日：2016 年 5 月 19 日）。

「技能」の在留資格を得ることができる。また，指導員については，タイの古典・伝統舞踊，タイ音楽，タイ料理，タイ式ボクシング，タイ語，タイ・スパ・サービスの指導員に対して「教育」の在留資格にもとづく入国および一時的な滞在が許可されることとなった（経済産業省 2015, 642 ページ）。同様に，2011年に発効した日インド EPA においては，インド料理人，ヨガやインド料理，インド舞踊，英語の指導者の入国及び一時的な滞在が許可された（経済産業省 2015, 644 ページ）。

(3) APEC エンジニア

APEC（アジア太平洋協力）では技術者資格相互承認のための APEC エンジニアの要件が 2000 年にとりまとめられ，現在は日本を含む 14 カ国・地域が加盟している。この枠組みのもとでは，機械，電気・電子，情報，建築等の 16 の技術分野が指定されている。しかし，実際に資格を認め合うには別途二国間協定が必要であり，日本はオーストラリアとの間に 2008 年，建築士に関する相互承認協定を締結している。

(4) 情報処理技術者試験に係る相互承認

通商協定の枠外ではあるが，日本と諸外国で資格の相互承認を行っている例として，情報処理技術者試験がある。アジアにおける IT 人材の流動性向上や IT 人材の育成に寄与する目的として（独）情報処理推進機構がアジア 11 カ国・地域と相互承認を進めるとともに，2006 年からはアジア共通統一試験を実施している（経済産業省 2015, 650 ページ）[19]。

(5) 承認船員制度

これも通商協定の枠外であり，さらに高度人材の範囲外ではあるが，日本は，1999 年に承認船員制度を創設した。この制度は，外航海運を担う日本人船員の急速な減少を補うべく，STCW 条約締結国の有資格者を登用するために導入された枠組みであり。現在までに日本は 16 カ国との間に二国間の承認

---

19) 情報処理推進機構 HP より。 http://www.ipa.go.jp/jinzai/asia/kaigai/001.html （最終閲覧日 2016 年 5 月 19 日）。

協定を締結している。承認協定のもと，一定の研修や試験の後，国土交通大臣が承認のうえ，日本船舶に乗り込むことが可能となる。国土交通省が組織し，船員組合や船会社がこの枠組みを維持している[20]。

以上のとおり，通商協定はサービス貿易の自由化促進という命題のなかで，人の移動の円滑化について規定してきた。WTO/GATS や TPP なども透明性の向上などにおいて一定の役割を果たしてきたが，国内制度の新設や法改正につながるのは二国間の取決めである場合が多い。特定の職種に係る人材の入国の促進施策が二国間の通商交渉の俎上に載せられ，その結果，実際に当該職種の外国人材の活躍につながる施策が採られることの効果は評価できる。

なお，介護人材については，政府が推進する成長戦略における外国人材の積極的な受入れに関する議論を受け，在留資格に「介護」を新設する法案が閣議決定され（国会審議継続中：2016 年 9 月末時点），これまで EPA にもとづく 3 カ国から，人材供給元となる出身国の拡大が図られる方向である。これは，二国間 EPA を端緒に，政策課題の追い風を受けて相手国が拡大する例であり，他分野への展開が期待できる可能性を内包している。

また，通商協定の枠外ではあるが，分野ごとの取り組みも多様である。これらの取り組み例から，制度に必要な変更を加えながら維持していくためには，政府，団体，産業界等の関係者が継続的に検討や調整を行うことが肝要であることが理解できる。

3-2　技術・技能の国際相互認証・標準化の動き

高度人材のなかでも，技術系人材といえる高い技術や技能を有する外国人の受入れ促進を目指すうえで，人材が有する技術や取得した資格や学位が，日本においても質的に同等の評価を受け，グローバルに通用することは重要な点で

---

20)　国土交通省 HP より。　http://www.mlit.go.jp/maritime/shikaku/sixyonin.html（最終閲覧日：2016 年 5 月 19 日）。

ある。加盟各国間での相互認証によって，技術者を含む，人の流動性が高まることが期待される。

この点に関連し，昨今，技術者資格と技術者教育認定制度の国際化の動きは活発化している。この背景には，3-1-2で述べたとおり，WTO（世界貿易機関）設立に同意するマラケッシュ協定の一部として成立した，GATS（サービスの貿易に関する一般協定）の条文で謳われている「モノとサービスの貿易の自由化」規定のもとで，技術者資格の認証の相互承認や地域共通資格制度の創設を推進する機運が高まったことが影響している（藤木2011）。

そうした機運に対応する形で，1989年に，世界の英語圏6カ国[21]の技術者教育認定団体がアメリカ・ワシントンに集い，技術者教育に関する国際相互認証制度である「ワシントン・アコード」が成立した。日本も，日本技術者教育認定機構（JABEE）[22]が，2005年6月に非英語圏としては初めて，ワシントン・アコードへの正式加盟に至っている。それ以来，国内では，大学工学部や高等専門学校等の教育プログラムが，認証されてきた。ワシントン・アコードは，2014年時点で，正式加盟17カ国（団体），暫定加盟6カ国（団体）にまで拡大し，非英語圏を含む世界の技術者教育認定団体の相互協定へと拡大してきている[23]。

ワシントン・アコードの他にも，類似した教育プログラムや資格の国際的な相互認証制度として，テクノロジスト教育に関するシドニー・アコード，テクニシャン教育に関するダブリンアコード，情報専門分野に関するソウル・アコードなどが運用されている。また，ヨーロッパでは，ボローニャ宣言やエラスムス計画等にもとづき，各国大学間の質保証・資格等の相互認証のプログラム

---

21) アメリカ，イギリス，カナダ，オーストラリア，ニュージーランド，アイルランド。

22) 日本工学教育協会が中心となり，当時の文部省，科学技術庁，通産省（現在の文部科学省と経済産業省）が後押しする形で，1999年11月に設立された。

23) 日本技術者教育認定機構HPより。 http://www.jabee.org/international_relations/washington_accord/（最終閲覧日：2016年5月9日）。

を継続的に進めている。以上から，世界各国において，人の移動の自由化・流動化を促進するような取り組みが推進されているといえる。

ただし，こうした状況下で，日本も関連協定に加盟しているが，協定への加盟と実際に高度人材の移動が起き，日本で就労・定着することには，それぞれ一定の距離があることは指摘しなければならない。

日本で働く技術者（特にIT分野）は，派遣労働者的な不安定な就労形態の層が一定数存在することや（村田2010），広く高度人材が直面している，長時間労働，日本語の問題，年功序列や遅い昇進スピードなどの問題が共通して存在しており，企業内で彼らといかに協働し，マネジメントをしていくか，上述した課題が浮上する。

3-3　他国が有する高度人材受入れに関する二国間・複数国間協定

他国が締結する高度人材受入れに関する二国間協定の一例として，シンガポールとインドの間の専門職業団体の相互認証協定が挙げられる。両国は2005年に自由貿易協定を締結したが，そのなかには，会計士，建築士，医師，歯科医師および看護師について職業団体同士が12カ月以内に交渉を終了し，資格の相互承認合意を締結する，ただし交渉の遅れは協定違反とはみなさないとの規定内容が含まれていた（シンガポール・インド包括的経済協力協定　第7.11条：承認）。交渉は年数を要し，2015年にまずは看護師分野についてインドとシンガポールの職業団体が相互承認合意に至った。インドは他のサービス分野についても同様の相互承認を拡大したいとの意向[24]ではあるが，具体的な成果には未だつながっていない模様である。なお，日インドEPAには資格の相互承認に関する規定は設けられていない。

ASEAN（東アジア諸国連合）は2001年から相互承認に関する交渉を開始し，エンジニア（2005年），看護師（2006年），建築士（2007年），医師・歯科医師

---

24)　The Economic Times, Soon Indian nurses may practice in Singapore as it signs MRA pact, Jul 1, 2015.

（2009 年），会計士（2009 年），旅行専門家（2012 年）の相互承認合意を締結している[25]。

北米においては，NAFTA（北米自由貿易協定）にもとづく建築士の相互承認に関する動きがある。

4．日本における政策展開の課題

前節までにみたとおり，高度人材の受入れおよび活用に関する日本の政策展開における課題は多い。以下に，日本において今後の受入れの拡大と定着の促進に向けた施策の展開に向けた課題を 4 点に絞って述べる。

1 点目は，高度人材政策に係る政策を俯瞰する包括的な政策指針を策定すべきとの点である。韓国において，国家レベルでの検討を踏まえた在韓韓国人の処遇に係る基本法が制定されるとともに 5 カ年の基本計画が策定されているように，日本においても基本法の制定と，これにもとづく基本計画の策定がなされることを通じ，産業政策，教育政策，社会保障政策などを横断的に統合した政策運営が可能となる。

2 点目は，政府における組織体制の整備である。前述のとおり，韓国においては，1 点目の基本法の制定と同時に，政府法務部内に出入国管理のみならず社会統合支援も行う本部が設置された。シンガポールにおいては，高度人材の活用が強化された時期に首相府に高度人材ユニットが設置され，その後は高度人材の定着と拡大に向けた戦略策定と実行を担うために複数の省庁によって構成される委員会が立ち上げられた。日本においても，包括的な政策指針の策定とともに，その実行にあたる省庁横断的組織の設置がなされることにより，複数の政策分野が整合的に機能し，高度人材の活用に効果を発揮することが期待される。

3 点目は，高度人材の実像を踏まえた地に足がついた施策の検討や展開が求

---

25) ASEAN HP "Mutual Recognition Arrangements in Services" より。
http://www.asean.org/storage/images/2015/October/outreach-document/Edited%20
MRA%20Services-2.pdf （最終閲覧日：2016 年 5 月 19 日）。

められるという点である。本稿冒頭で述べたとおり，日本において政策的に定義される「高度人材」やイメージされる人物像と，実際に日本に在留する高度人材には乖離があり，日本に実在する多くの高度人材は外国人労働者・オフィスワーカーなどである。こうした層の活躍のためには，日本企業のダイバーシティマネジメントの促進が不可欠であることも本稿で指摘したとおりであり，こうした側面の施策の拡充が求められる。

4点目は，さまざまな国際枠組みのさらなる活用促進である。既存の二国間・複数国間の枠組みは，多様な分野があり，相手国も必要となる国内制度も異なるが，活用を促進するためには産業界を含む利害関係者の意見を踏まえ，課題を解消すべく制度を不断に見直し，調整していくことが必要である。1点目に述べた包括的な政策指針の策定はトップダウンの課題であるが，分野別の既存の取り組みの促進やその拡大はボトムアップの課題であり，それぞれの分野の実情を踏まえ，着実に当該分野における高度人材の活用が円滑化されることが期待される。

　おわりに

　本稿では，以上のとおり，高度人材の実像を捉え，国際比較を行いながら日本の課題を明らかにし，施策の検討を試みた。

　昨今聞かれる高度人材をめぐる議論や，より広く外国人に関する議論は，ともすると論点が整理されないまま交わされている場合もある。検討にあたっては，まずは，課題の全体像を俯瞰したうえで，その対象は，(1)受入れに関する問題（出入国管理に関連），(2)すでに日本で生活・就労している人に関する問題（社会統合に関連）のいずれであるかを確認する必要がある。また，検討の対象となる外国人の範囲を確定し，その実態についても把握する必要があるのは上記3点目に述べたとおりである。論点となるテーマについても多様な切り口があり，(1)受入れに関しては，受入れの目的，要件，期間，経済的・社会的インパクト等，(2)在留者についても，法的地位や諸権利，教育・生活・文化，経営におけるダイバーシティ等のテーマがあり，これらが組み合わせられ

て議論が展開される。こうしたなか，問題の全体像の整理に照らし，どの分野について研究やデータの蓄積があるかを踏まえ，今後の研究・調査が拡充されていくことが重要であり，高度人材の活用につながる政策立案に資するものとなる。

参 考 文 献

明石純一・鐘春柳（2015）「シンガポールの人材獲得政策」駒井洋監修，五十嵐泰正・明石純一編著『「グローバル人材」をめぐる政策と現実』明石書店 40-54 ページ。

有田伸（2016）「本書成立の経緯と韓国社会の一位相—まえがきに代えて」，有田伸・山本かほり・西原和久編『国際移動と移民政策—日韓の事例と多文化主義再考』東信堂，3-11 ページ。

五十嵐泰正（2015）「グローバル化の最前線が問いかける射程」，駒井洋監修，五十嵐泰正・明石純一編著『「グローバル人材」をめぐる政策と現実』明石書店，9-20 ページ。

岩崎薫里（2015）「シンガポールの外国人高度人材誘致戦略—この国はいかにして高度人材を集めているか」（『RIM 環太平洋ビジネス情報』Vol.15 No.57，46-83 ページ。

岩渕秀樹（2013）『韓国のグローバル人材育成力—超競争社会の真実』講談社。

OECD（門田清訳）（2009）『科学技術人材の国際流動性』明石書店。

梶田孝道・丹野清人・樋口直人（2005）『顔の見えない定住化』名古屋大学出版会。

上林千恵子（2015a）「労働市場と外国人労働者の受け入れ」，宮島喬ほか編著『国際社会学』有斐閣，45-62 ページ。

上林千恵子（2015b）『外国人労働者受け入れと日本社会—技能実習制度の展開とジレンマ』東京大学出版会。

国松麻季（2013）「国際通商ルールの展開と専門職業サービス」（『月刊税務事例』Vol. 45 No. 6），50-59 ページ。

経済産業省（2011）「高度人材受入れの経済的効果推計に関する調査報告書」。

経済産業省（2012）「平成 24 年度アジア人財資金構想プロジェクトサポートセンター事業『日本企業における高度外国人材の採用・活用に関する調査』報告書」。

経済産業省通商政策局（2015）「不公正貿易報告書」。

厚生労働省（2016）「『外国人雇用状況』の届出状況まとめ（平成 27 年 10 月末現在）」。

高度人材受入推進会議（2009）「外国高度人材受入政策の本格的展開を」。

佐藤由利子（2015）「韓国における頭脳獲得・還流政策と留学生政策—移民政策との関係性と日本への示唆」（『大学論集』第 47 集，広島大学高等教育研究開発センター）105-20 ページ。

出入国・外国人政策本部（韓国政府）（2016）「登録外国人 地域の現況（2016 年 6 月末現在）」。

鈴木江理子（2016）「非正規滞在者からみた日本の外国人政策―本音とタテマエ」，有田伸・山本かほり・西原和久編『国際移動と移民政策―日韓の事例と多文化主義再考』東信堂，23-46 ページ。

薛東勲（2016）「韓国の外国人労働者―推移とインプリケーション」，有田伸・山本かほり・西原和久編『国際移動と移民政策―日韓の事例と多文化主義再考』東信堂，47-57 ページ。

塚崎克彦（2010）「フィリピン人エンターテイナーの就労はなぜ拡大したのか―歓楽街のグローバリゼーション」，五十嵐泰正編『労働再審―越境する労働と〈移民〉』大月書店，189-230 ページ。

鄭雅正（2014）「韓国の『多文化政策』と多文化主義言説―移民政策の転換と展望」（『立命館経営学』第 52 巻 4・5）145-62 ページ。

西川清之（2015）「外国人労働者と企業―『高度人材』とは誰か？」，『人口減少社会の雇用―若者・女性・障害者・外国人労働者の雇用の未来は？』文眞堂，202-32 ページ。

藤木篤（2011）「工学倫理の国際普及における外的要因―技術者資格と技術者教育認定制度の国際化」（『21 世紀倫理創成研究』4）50-66 ページ。

宮島喬・藤巻秀樹・石原進・鈴木江理子編集協力（2014）『なぜ今，移民問題か 別冊環 20』藤原書店。

村田晶子（2010）「外国高度人材の国際移動と労働―インド IT エンジニアの国際移動と請け負う労働の分析から」（『移民政策研究』2，移民政策学会編）74-89 ページ。

労働政策研究・研修機構（2013a）「企業における高度外国人材の受入れと活用に関する調査」。

労働政策研究・研修機構（2013b）「諸外国における高度人材を中心とした外国人労働者受入れ政策―デンマーク，フランス，ドイツ，イギリス，EU，アメリカ，韓国，シンガポール比較調査」。

Hon, Jerrold (2013), "The evolution of 'foreign talent' in Singapore's lexicon", *Institute of Policy Studies*, IPS Update, July 2013.

第 5 章

日本企業の経営に考察されるグローバル・チャレンジ
——「グローバリゼーション」「共生」「存続」に焦点を当てて——

西 藤　　輝

は じ め に

21世紀初頭，グローバル時代を迎え，社会は大きな転換期に直面している。本章ではグローバリゼーションとはなにか，グローバリゼーションにおける企業経営の有り様を「共生」と「存続」の視点から考察する。

1．グローバリゼーション

21世紀は人類の新しい歴史が開かれるあらゆる意味でのグローバリゼーションの時代である。企業の視点から見ると海外取引が輸出入を中心としていた時代に代わり，地産・地消を掲げてグローバルに事業展開を進め，事業展開国での人材採用，育成，登用，顧客への商品・サービスの提供，資源・原材料調達，情報，法制度に加え，内外の企業による M&A 取り組みと並行して，米国，欧州，中国，インドネシア，タイほか新興国での現地生産の飛躍的増大に加え，研究・開発拠点の海外移転の増加も考察される。経済分野での国境を超えたこうした潮流は国家，民族それぞれに固有の歴史，宗教，伝統，慣習，言語等「文化」をお互いに尊重し合い，かたわら近代国家を支える民主主義，資本主義思想・制度に象徴される自由，平等，人権の尊重，法治制度等「文明」の共有がその根幹にある。

グローバル時代到来の背景の一つに 1989 年に発生したベルリンの壁崩壊，1991 年の旧ソ連の崩壊により，第二次世界大戦後，世界が直面してきた米・ソ対立に象徴される冷戦時代の終わりを告げたことが挙げられる。同様に 1979 年に始まる中国における改革・開放がある。ロシア，中国をはじめとする社会主義思想を国家の根幹においてきた新興国が市場経済を掲げ，資本主義 (国家資本主義を含む)，民主主義思想を受け入れつつあることである。ロシア，中国等では Rule of Law，法治主義は現在でも軽視され，共産党一党独裁政治は続いているが，1980 年末までのソ連 (当時)，中国の政治，司法，経済とは大きく異なる時代を迎えている。

　かたわら，2016 年 2 月パリ，続いて 3 月ブラッセルにおけるイスラム過激派の襲撃に象徴される平和，安全，秩序等，世界はさまざまな脅威に直面してはいるが，「文化」の尊重，「文明」の共有を通じてより良き社会の構築に向けて歩んでいる。

　"Globalization" の潮流はこうした現代の新しい歴史に考察される。言葉としては "Globalization" は 1983 年以前には造語されていなかった。(出所："Globalization", by Nadan Sehic and Tara J.Radin, Encyclopedia of Business Ethics and Society, U.S.A. 2008)。"Globalization"，グローバリゼーションという言葉が使われる前には周知のとおり，"International"，"Internationalization" 国際化という言葉が使われていたが，前述したとおり，グローバリゼーションは各国，民族に固有の「文化」の尊重と「文明」の共有という次元で世界が大きく変わったことを示唆している。グローバリゼーションの潮流を企業経営の根幹である経営理念の視点から考察してみると，経営理念は企業の歴史を通じて余程のことがない限り改正，あるいは加筆されないが，例えばトヨタ自動車の場合，トヨタグループの創始者，豊田佐吉翁が昭和 10 年に遺した「豊田綱領」"THE TOYODA PRECEPTS" を長年にわたって経営の理念，指針としてきたが，グローバルな事業取り組みのさらなる前進を目指し，1997 年 (平成 9 年) 4 月，同社の「基本理念」，"GUIDING PRINCIPLES AT TOYOTA MOTOR CORPORATION" を制定し，基本理念のなかで (6) に，グローバルで革新的な経営により，社会との

調和ある成長を目指す，"Pursue growth in harmony with the global community through innovative management" を掲げている。誤解を招いてはいけないので一言つけ加えておくと，トヨタをはじめ企業は創業精神（トヨタ自動車の場合，上述した「豊田綱領」）と「基本理念」の二つを経営の根幹において取り組んでいる。

　グローバルに事業に取り組んでいる大手総合商社の一社，住友商事も1998年，創業以来，経営の礎としてきた住友の事業精神にグローバルを掲げ，住友商事グループが目指すべき企業「私たちは，常に変化を先取りして新たな価値を創造し，広く社会に貢献するグローバルな企業グループをめざします」とグローバル時代の取り組みへの決意を明記している。

　こうしたグローバルな潮流のなかで企業経営は長い歴史を通じて継承してきた経営理念を根幹に異文化，異文明の視点を受け入れ，経営の「ハイブリッド化」を深めている。英国の経済誌，The Economist は，こうしたハイブリッド経営の良きモデルとして日本企業の事例を取り上げ，特集記事を編んでいる (Going hybrid, A special report on business in Japan, December 1st 2007)。

　上記は "JapAnglo-Saxon capitalism" をタイトルとした特集で日本「文化」を大切にしつつ同時に欧米「文明」を受容する日本企業のユニークな長所として "Selective" を挙げている。一言で言えば欧米文明の長所は取り入れ，学ぶ価値のない視座は受け入れないという視点での特集である。同誌に明記されてはいないが，例えば米国企業社会に考察される課題，深刻な格差社会を生んでいる米国企業の経営者の報酬に考察される米国の文化，"Greed is good" culture（欲望は良きこととする文化），"Winner take all" philosophy（勝利者がすべてを自分のものとする思想＝強欲文化）は受け入れず，かたわら，コーポレート・ガバナンス＝社外取締役を含む取締役会改革，ステークホルダーに対して企業経営の透明性，情報開示，経営者の説明責任等米国で生まれた概念は積極的に受容し取り組んでいる。米国でコーポレート・ガバナンス概念が生まれた背景にはバーリー，ミーンズ2人の共著，「近代株式会社と私有財産」(The Modern Corporation & Private Property, Berle and Means 1932) がある。経営者と企業の所有者である株主

との間の「情報の非対称性」の問題提起である。「御家の存続」をすべてに優先する日本の文化では生まれてこなかった文明の力である。

企業がグローバルに取り組む事業は輸出・輸入を軸とする商取引に代わる海外生産取り組みへのシフトに見られる。事例として日本の自動車産業による海外生産がある。以下，1985 年以降の日本の自動車メーカー各社による海外現地生産の推移を考察してみたい。

1985 年における海外生産は日本の国内生産の約 7.3％であったが，2014 年時点では海外生産が日本国内における生産のほぼ 2 倍近くに上っている（表5-1）。

ご参考までに日本の自動車メーカー各社がグローバルに展開している生産拠点数は 2014 年時点で次のとおりである（表5-2）。

グローバリゼーションの潮流は今後さらに深まっていく。その背景に TPP，"Trans Pacific Partnership free trade pact"（環太平洋経済連携協定）の締結がある。TPP 参加国は日米をはじめ 12 カ国が協定に署名しており，世界の国内生産（GDP）の 4 割，8 億人以上の市場，世界貿易の 3 分の 1 を占めており，次の重

表 5-1　日本メーカーの四輪車海外生産台数の推移

	アジア	欧州	北米	中南米	アフリカ	大洋州	中近東
1985	208,589	44659	296,569	90,252	99,500	151,574	—
1990	952,390	226,613	1.570.114	160.654	186.000	169.169	—
1995	1,882,850	641,573	2,595,436	110.660	226.000	102,961	—
2000	1,673,740	953,170	2,991,924	387,732	146,435	130,933	4,258
2005	3,964,209	1.545.355	4.080.713	645,074	225,725	134,581	10,500
2010	7,127,042	1,356,126	3,390,095	982,342	206,476	119,473	0
2014	9,112,629	1,654,217	4,785,769	1,591.042	241,841	90,125	596

	海外生産合計	日本国内四輪車生産台数推移
1985	891,142	12,271,095
1990	3,264,940	13,486,796
1995	5,550,480	10,195,536
2000	6,288,192	10,140,796
2005	10,606,157	10,799,659
2010	13,181,554	9,628,875
2014	17,476,219	9,630,181(2013)

（出所）一般社団法人日本自動車工業会「日本の自動車工業」2014，2015。

第 5 章　日本企業の経営に考察されるグローバル・チャレンジ　113

表 5-2　日本メーカーの四輪車，二輪車，部品の世界各国工場数

世界計	四輪車：184 工場 （欧州 19，アフリカ 19，中近東 1，大洋州 1，アジア 107，北米 17，中南米 20）
	二輪車：52 工場 （欧州 2，アフリカ 2，アジア 36，北米 1，中南米 11）
	二輪車・四輪車：6 工場 （アジア 4，中南米 2）
	部品製造：64 工場 （欧州 6，アジア 41，北米 14，中南米 2）

（出所）一般社団法人日本自動車工業会「日本の自動車工業」2014，2015。

要なステップは各国それぞれの国内手続き＝協定承認である。危惧されるのは米国の大統領候補が TPP 締結に賛同していないと見られることである。同時に EU と日本の自由貿易協定の締結が期待されていることである。また，海外の多くの国での生産，研究開発の取り組み経験の蓄積が基盤となってさらなる取り組みの拡大である。重要な基盤の一つに経営理念の共有，異文化理解を含むグローバル人材の育成がある。

　私は健全なグローバル経営を担保する経営要素を以下七つの"C"で捉えている。七つの"C"は日本型経営文化の継承と欧米に学んだ文明の受容であり，進化を続ける日本型ハイブリッド経営を生み出している。

①　日本文化の継承に見る"C"

　＊ Credo（Creed），Business Philosophy，Mission

　　信条，経営理念，使命（家是，家訓，店是，店則，店訓，社是，社訓を継承）

　＊ CEO（Chief Executive Officer）　経営者の資質，役割，責任

　＊ Corporate Culture　企業文化，企業風土，家風，社風

　＊ Business Culture and Practices in the Industry　業界風土，取引慣行

②　異文明の受容に見る"C"

　＊ Corporate Governance　コーポレートガバナンス

　＊ Compliance　コンプライアンス，法令順守

　＊ CSR（Corporate Social Responsibility）　企業の社会に対する責任

上述した七つの"C"は経営の実践において補完・補強し合い，企業経営の基盤になっている。日本型ハイブリッド経営に考察される進化の背景に1990年代初めに考察される日本のバブル経済崩壊がある。内外のエコノミスト，経済，経営分野の研究者の多くは日本で発生したバブル経済崩壊後の十余年を「失われた十余年」"The Lost Decades" として捉えているが，私はバブル経済崩壊前後に考察される過剰雇用，過剰生産，過剰債務の三つの過剰，日本の国家財政の大きな赤字，国債等，国の借金は周知のとおり GDP の180％を超えており，世界最大の借金国であり，かたわら，雇用面で日本における非正規雇用の比率が30％を超えており，人々から安心，人生の夢を奪っている。そうした視点ではまさに「失われた十余年」であるが企業経営の「進化」という視点でみると過去十余年はハイブリッド経営に象徴されるとおり「覚醒」と「進化」の十余年，"The Decades of Awareness and Evolution" である。21世紀に見る「和魂洋才」である。

　日本企業の経営に考察される「進化」は例えば株主総会集中日の推移，取締役会改革，外国人による上場企業の株式保有比率の推移等に考察される。

表5-3　株主総会集中日推移

1985	83.0％	1990	93.4％
1995	96.2％	2000	84.1％
2001	79.5％	2004	63.9％
2005	59.8％	2006	55.5％
2007	52.9％	2008	48.1％
2010	42.6％	2011	41.1％
2012	41.6％	2013	42.0％
2014	38.7％	2015	41.3％

（出所）東京証券取引所 Fact Data 2006, 2007，定時株主
総会集中率推移グラフ3月期決算会社（2015）。

　上記した推移で考察されるとおり，情報開示，経営の透明性，経営者の説明責任を回避してきた日本企業の課題が2000年代に入って解決に向かっていることが分かる。

第5章　日本企業の経営に考察されるグローバル・チャレンジ　115

表5-4　取締役会改革推移・取締役数推移企業事例

（カッコ内　社外取締役数）

	1980	1990	1998	2006	2009	2015
ソニー	26(2)	36(2)	10(8)	14(11)	15(12)	12(10)
パナソニック	30(2)	31(2)	31(2)	11(6)	19(2)	17(3)
日立製作所	24(0)	33(0)	30(0)	14(3)	15(2)	12(8)
キヤノン	15(0)	27(0)	25(0)	26〈0〉	25(0)	17(2)
コマツ	24(0)	24(0)	26〈1〉	10(3)	10(3)	10(3)
住友商事	41(0)	45(0)	39(0)	13(0)	12(0)	13(3)

（出所）各社アニュアルレポート，日経会社情報，2008 III・2015 IV 秋号。

　1997年6月に取締役会改革に取り組んだソニーを良き事例として上場企業の多くが従業員の愛社精神，忠誠心に応えてきた伝統的な慈愛の文化（社内昇格・抜擢)から取締役会の有り様を厳しく反省しハイブリッド経営に取り組んでいる。

　伝統的な日本企業の株主軽視の経営を反省し，アニュアルレポートにも見られるとおり，情報開示，経営の透明性に加えて配当重視の取り組みに外国人投資家の日本企業に対する信頼感が着実に深まり，外国人投資家による日本の上場企業の持株比率が増している。外国人投資家による持株比率の増大はガバナンス，コンプライアンス等の更なる強化・改革を促し日本企業のグローバル経営取り組みに良きインパクトを与えている。

表5-5　外国法人等株式保有比率推移

1970	4.9%
1975	3.6%
1980	5.8%
1985	7.0%
1990	4.7%
1995	10.5%
2000	18.8%
2005	26.3%
2010	26.7%
2012	28.0%
2013	30.8%
2014	31.7%

（出所）株式会社東京証券取引所他，2014年度株式分布状況調査の調査結果について（2015年6月18日）。

表5-6　外国法人の株式保有比率推移：企業事例

	1980	1985	1990	1998	2005	2015
ソニー	18%	41.1%	15.9%	45.1%	48.0%	56.6%
パナソニック	4.4	22.4	6.2	20.4	26.5	32.9%
日立製作所	20.7	22.4	11.0	27.3	36.4	45.0%
キヤノン	14.8	34.2	15.8	38.5	51.7	30.9%
コマツ	2.2	8.5	10.8	13.4	33.0	44.1%
住友商事	2.3	7.7	6.6	14.0	34.6	34.3%

（出所）各社アニュアルレポート，日経会社情報，各年度版。

　世界の歴史を大きく変えるこうしたグローバリゼーションの本質を一言で言うとそれは歴史，宗教，伝統，慣習，言語等各民族の「文化」を尊重し，思想，制度，科学・技術等企業，社会の発展の礎となる「文明」の共有である。

　江戸時代末期，佐久間象山（1811—1864）は未来の日本の理想を「東洋の道徳」と「西洋の芸術」を接木することであるとする「至言」を呈示している。（出所：『せいけん録』（象山全集・巻1）信濃毎日新聞社，1934年）。東洋の道徳とは武士道であり，西洋の芸術とは日本人に欠如していた科学的合理的精神である。一言で言えば「和魂洋才」である。人々の成長も企業，国家・社会の発展も「魂」「精神」「心」と「知性」「理性」を接木することに求められる。

　「和魂漢才」「和魂隋才」「和魂洋才」である。新渡戸稲造は1899年に米国で出版した著書『武士道』の副題を The Soul of Japan，「和魂」を掲げている。ドイツの近代資本主義社会構築を導いた Max Weber は著書 "Protestantische Ethik und Der Geist des Kapitalismus" 1905，「プロテスタンティズムの倫理と資本主義の精神」でプロテスタントの倫理，正直，勤勉，節約と資本主義の精神の相互の内面的な親和関係を説いている。ハーバード大学教授の Professor Nancy Koehn は資本主義が直面する社会・環境・政治・経済等さまざまな課題に取り組むために "Please keep in mind that capitalism needs a brain and a soul" を説いている（Harvard Business Review, 23 November 2013）。

　和魂漢才，和魂洋才に取り組んだ聖徳太子（574－622）をはじめ，佐久間象山，澁澤栄一，道元（1200－1253），石田梅岩（1685－1744）他，多くの賢人がいるおかげで今日の日本社会があることを改めて思う。

グローバル時代を迎えて，企業は広く世界で事業を展開しているが，グローバルに事業展開するにあたり，三つの重要な視点を呈示しておきたいと思う。

第1点はCreed（信条），Philosophy（理念），Mission（使命）の共有，普及・浸透。

第2点は経営を担うグローバル人材の育成と人材の多様性である。「事業は人なり」と言われるとおり，事業展開国における人材の採用，育成，登用である。良き事例の一つに住友電工が取り組んでいる「世界共通の人事制度」がある（出所：住友電工グローバル人材マネジメントの推進，プレスリリース2011）。多様性は新しい発想，視点を生み，経営「進化」の源泉である。

第3点は健全な企業風土の醸成とコンプライアンス経営の実践である。

日本，米国，欧州等先進国はさまざまな倫理的課題に直面している。欧米における金融機関，製薬業界の不正，日本における保険業界の不正（保険金不当不払い），建設土木業界をはじめ，さまざまな業界における政官業癒着と談合である。最近見られる不祥事事例の象徴は日本においては東芝による不正会計，ドイツを代表するVolkswagenによる詐欺的不祥事である。Volkswagenの経営を担う新任社長，Mr.Muellerは記者会見に臨み次のように言う。VW brauche keine Ja-Sager, sondern Manager und Techniker, die mit guten Arugumenten fuer ihre Ueberzeugungen und ihre Projekt kaemfen.（VWには"イエスマン"は要らない，取り組むプロジェクトについて経営陣，管理職の納得と確信が得られる十分なる議論と妥協を許さない姿勢である）（VW–Zentralism soll ein Ende haben. FRANKFURTER ALLGEMEINE ZEITUNG 11.DEZEMBER 2015）。

かたわら，企業が事業に取り組む進出国の深刻な倫理的課題，腐敗がある。例えば，新興国の代表国とも言えるロシア，中国，ブラジル，インド等BRICs各国の贈収賄の蔓延である。スイスのIMDは次のように腐敗度のランキングを発表している。

Bribing and Corruption（対象国 57カ国）

45位 ブラジル，47位 インド，51位 中国，56位 ロシア

（出所：IMD World Competitiveness, 2009）

腐敗大国における事業展開にあたり，倫理的に許せないことに加え，企業に

とって法的制裁，信用失墜の最大のリスクである。グローバル時代，世界中の企業が直面している最も深刻な課題であり，法令順守が事業展開における根幹の課題である。

2. 日本企業の経営に考察される「共生」，共同体

企業経営とは Credo = Creed（信条）社会的使命，理念の実践である。

資本主義思想を生み，資本主義の制度構築に取り組んできた先進経済のモデルである米国が抱えている課題は企業の目的は（1）企業の所有者である株主利益の最大化にあるとする "Shareholder Capitalism" と，（2）顧客，従業員，サプライヤー，株主，社会等ステークホルダーのためであるとする "Stakeholder Capitalism" の二つに分かれ，米国における大多数の企業経営者の視点が株主を他のステークホルダーよりも重視していることである。そうした株主重視の視点から，米国型企業経営は利益最優先で取り組み，古代ギリシャの哲学者，アリストテレスが掲げている "Profit follows"，利益は結果である，とする至言を軽視しているのが実態である。正に古代中国の荀子の言う「先義後利」の軽視である。

米国企業に考察されるそうした株主重視経営の背景には経営者の過大な報酬がある。資料により相違は見られるが経営者と従業員の報酬比率は 350 倍，資料によっては 400 〜 500 倍という現実である。まさに上述したとおり，"Greed is good" culture であり，"Winner take all" philosophy である。筆者はそうした米国の欲望資本主義を「米国病」，"Sickness of America" として捉えている。

米英型株主重視経営と対極にあるのが，先義後利，「共生」を企業の使命，経営理念の根幹においている日本企業の取り組みである。歴史的背景の一つに近江商人の商いの理念，「買い手よし，売り手よし，世間よし」＝「三方よし」がある。

「共生」を掲げている日本企業の事例を紹介しておきたいと思う。

400 年の歴史を持つ住友に伝統的に生きている「自利利他公私一如」の事業

精神である。そうした企業文化を背景において住友商事は，例えば2011年発行のアニュアルレポートに"Growing Together"を掲げている。

トヨタ自動車は「豊田綱領」を継承するかたわら，制定した「トヨタ基本理念」を根幹において経営に取り組んでいるが上記二つの理念と並行して歴代の経営者の「理念」を重視して経営に取り組んでいる。歴代経営者の1人，神谷正太郎（トヨタ自動車販売社長）は次のような理念を掲げている。

一にユーザー　　"Users come first"

二にディーラー　"then the dealers"

三にメーカー　　"and lastly, the maker"

トヨタ自動車と並んでグローバルな企業である本田技研は経営理念を次のように掲げている。

ホンダフィロソフィ 三つの喜び　"The Three Joys"

買う喜び　"The Joy of Buying"

売る喜び　"The Joy of Selling"

創る喜び　"The Joy of Creating"

である。

いまひとつ「共生」経営の良き事例にグローバル企業，キヤノンがある。同社のSustainability Report 2015は次のように掲げている。

企業理念「共生」，繁栄と人類の幸福のために貢献すること

そのために企業の成長と発展を果たすこと

キヤノンは創立51年目にあたる1988年，「共生」を企業理念とし，世界中のステークホルダーの皆様とともに歩んでいく姿勢を明確にしました。「共生」とは，文化，習慣，言語，民族などの違いを問わずに，すべての人類が末永く共に生き，共に働いて，幸せに暮らしていける社会をめざすものです。

キヤノンは，「共生」の理念のもと，社会のサステナビリティを追求しています。

また，キヤノンはステークホルダーを位置づけすることなく，次のように明記している。

> 地域社会，他企業，官公庁・自治体，大学・研究機関，NGO・NPO，お客様，株主・投資家，サプライヤー，従業員。

キヤノンが「共生」を企業理念として掲げるにあたり，「共生」の提言者である元キヤノン社長の賀来龍三郎氏が「共生」，"The Path of Kyosei"をタイトルに論文を執筆し，ハーバード大学が出版しているハーバード・ビジネス・レビューに寄稿している。(HARVARD BUSINESS REVIEW, July-August 1997)。

論文のなかで，賀来氏は次のように言う（邦訳は筆者）。

> 多くの人達の質問はどのようにしてグローバル企業は世界の平和と繁栄に取り組み，同時に企業の責任である利益の確保ができるのかである。私の経験からいうと答えは，「共生」である。共生は「相互協力の精神」，"Spirit of cooperation"，人々，組織が共有する「善」に向けて共に一体となって取り組んでいくことである。「共生」実践に取り組んでいる企業は，顧客，サプライヤー，競合相手，政府等と信頼関係を確立することが可能で，環境問題にも取り組むことができる。企業が一体となって取り組むことにより，「共生」は社会，政治，経済の変換の原動力となる。
> キヤノンでは，事業精神の根幹に「共生」をおき，「共生」は過去10年にわたってキヤノンが最も重視してきた根幹の精神である。

いまひとつの事例としてキリンビールがある。キリンビールは"Fostering & Sense of Togetherness and Belonging throughout the Group"を掲げて事業に取り組んでいる。人も組織も信頼関係をベースに「結束」「相互協力」を通じてよりよき社会を構築することができる。

先人に学ぶ事例の一つとして哲学者，和辻哲郎は著書『人間の学としての倫理学』のなかで人の生き方，社会の有り様として「間柄」，"Betweenness"を掲げている。上記のような日本文化のなかで，日本語では人を「人間」と表現しているが中国語では「人」であって「人間」とは言わない。

このように「共生」の現代的表現は日本語，英語ほか言語の相違を問わず様々であるが，共生の歴史的・文化的源流としては推古12年（604年）に聖徳太子が制定した「十七条憲法」第一条にある「和をもって貴しとなす」，第十七条「物事は独断で行ってはならない。必ず衆と論じ合うようにせよ」と今日でいう「稟議」があり，「共生」は1400年の長きにわたって現代に継承されている日本精神であると言える。

近代民主主義のもとに醸成された欧米における人権，自由，平等に考察される「個の文化」は人々の自立心を育むかたわら，私利私欲の文化を生み，欧米とは対照的に長い歴史をとおして醸成された日本人の国民性は「利他心」「共生」文化を育くむ傍ら，自立・自助の文化を欠いている歴史である。土居健郎はそうした日本人の国民性を著書「甘え」の構造，"Dependency Wish"で述べている。（『甘えの構造』弘文堂，1971）。

トヨタ自動車の創業者である息子の豊田喜一郎に「日本も自動車を」と勧めた豊田佐吉はそうした日本人の依存心に象徴される国民性の問題を早くも認識し，スコットランド出身のサムエル・スマイルズの著書 "Self-help"（自助論），"Heaven Helps those who help themselves"（天は自ら助くる者を助く）（Samuel Smiles, Self-Help, Oxford University Press, 1859. 邦訳：中村正直訳『西国立志編』，講談社，1991年）に自立・自助の大切さを学び，豊田自動織機，トヨタ自動車の後継者に伝えている。トヨタ自動車第三代の経営責任者である石田退三は「自分の城は自分で守れ」"Defending One's Own Castle"を掲げて経営に取り組み，今日のトヨタ自動車発展の礎となっている。（「障子をあけてみよ　外は広い」トヨタ自動車，1993年）。

日本企業の経営を支える文化はジェームス・C・アベグレンが著書『日本の経営』（The Japanese Factory, J. C.Abegglen, The Massachusetts Institute of Technology, U.S.A. 1958. 山岡洋一訳，日本経済新聞社，2004年）で述べているとおり，終身雇用，年功序列，企業内組合であり，企業と従業員の「共生」につながる。日本の文化で言えば主君に対する武士の「忠誠心」と武士に対する主君の「慈愛」である。

上述したように日本型ハイブリッド経営が日本企業の成長を支えてきたが，課題もある。課題の一つは日本型企業文化に見る日本人の愛社精神である。愛社精神自体は企業の成長を支える大切な文化であるが，欧米企業に比べて日本企業の場合，愛社精神が「会社のため」という心情倫理の盲目的愛社精神，"Blind Loyalty"に向かう問題がある。「会社のため」という思いが不祥事発生の重要な要因の一つとなっている。

例えば，建設土木業界に考察される政・官・業の癒着，「談合」である。あるいは情報の非対照性を利用して保険業界で発生した保険金不当不払いである。1990年代後半以降，多数の日本企業は倫理・法令順守を重視し，企業行動憲章，Code of Conduct，を制定して不祥事発生防止に取り組んでいるが，予断を許さない日本人の国民性である。

3.「存続」"Survival"

利益追求を優先する資本主義社会において，企業の社会に対する責任が問われている。CSR，"Corporate Social Responsibility"の概念は米国で生まれ，日本をはじめ多くの企業が米国発のCSR概念を学び，受容してきた。Financial Timesは"Responsible companies first duty is survival"，「責任ある企業の第一の責任は生き残ることである」とする記事を掲載しており（July 13, 2010），企業の社会的責任がまず「存続」にあるとすることで日英の視点が一致する。

企業の社会的責任は多々あるが，第1の社会的責任は「生き残ること」「存続」である。長期的視点からは「持続的成長」，"Sustainable Growth"である。企業は生き残ること，存続することにより，
　①　顧客満足を実現することが可能となり，
　②　雇用が守られ，
　③　取引先との良好な関係の維持が可能となり，結果として，
　④　株主に対するリターン，かたわら地域社会を中心に社会に対する責任を果たすことが可能となる。

加えて，

⑤　未来世代に対する責任を果たすことができる。

「存続」Survival，「持続的成長」Sustainable Growth, は概念としては米国に学び，受容してきたが日本の歴史を通じて醸成された日本文化の継承である。長い封建制度の歴史，就く，武士道文化に象徴される武家政治は，一言で言えば「お家の永続性希求」の文化であるが，「同族の繁栄と子孫長久」を掲げる家是，家訓，家憲に考察されるとおり，商人の世界においても共通する文化であり，「お家の文化」は現代の多くの日本企業に継承されている。

世界主要国の長寿企業を比較考察してみると表5-7のような状況である。

歴史を通じて，企業は常に変化と危機に直面する。企業はそうした変化と危機にチャレンジし，鍛えられ，企業経営についての有り様に覚醒し，生き残ることを通じて企業の使命，社会的責任を果たしてきている。第二次世界大戦後，日本企業は次の四つの危機に直面してきた。

表5-7　創業後200年以上の歴史を持つ長寿企業数

ランキング	国名	企業数
1	日本	3,113 社
2	ドイツ	1,563 社
3	フランス	331 社
4	英国	315 社
5	オランダ	292 社
6	オーストリア	255 社
7	イタリア	163 社
8	ロシア	149 社
9	スイス	130 社
10	チェコ	97 社
11	米国	88 社
12	ベルギー	75 社
13	スウェーデン	74 社
14	スペイン	68 社
15	中国	64 社
16	デンマーク	62 社

（出所）後藤俊夫「三代，100年つぶれない会社のルール」プレジデント社，日経ビジネス WEB, 2011 年 6 月 15 日号。

（1）危機 1：1960 年代の「公害」

トヨタ自動車をはじめとする多くの日本企業は 1960 年代に深刻な「公害」問題に直面し，問題の克服に取り組んでいた。その結果，公害を乗り越える新しい先端技術の開発に成功し，商品力を高めてきた良き事例の一つに本田技研がある。本田技研は公害問題に対処するために新しいエンジン，“CVCC”，Compound Vortex Controlled Combustion，を開発し，ホンダのモデル・カーの一つである CIVIC を搭載した。ホンダが開発した新しい技術は米国で制定されたマスキー法，“Musky Law” にも対応することができている。

公害問題にチャレンジしたホンダは結果として 1976 年には 100 万台の車を販売するという成果を挙げている。かたわら，こうした公害に対するホンダのチャレンジは米国の国立アカデミー，“National Academy of Science” から “Car of the Year” No.1 の栄誉を得て，それはその後 3 年間続いた。そして業績面でも結果としてホンダの “CIVIC” は 1980 年 8 月には 200 万台の生産，1982 年 5 月には 300 万台を達成している。危機，“Crisis” はチャレンジ精神に満ちている企業にとってはチャンスであることの良き事例である。

（2）危機 2：1970 年代のニクソン・ショックと石油ショック

1971 年 8 月 13 日，ブレトンウッズ体制は崩壊し，基軸通貨のドルが金との交換を停止し固定相場制の機能がなくなり，主要国は変動相場制へ移行した。その後，1971 年末にスミソニアン体制と呼ばれる固定相場制に復帰した。円の対ドル相場は 16.88％切り上げられて，1 ドル＝308 円となった。かたわら，1973 年に第一次オイル・ショック，1979 年に第二次オイル・ショックが起こり，1970 年代を通じて世界は未曾有の混乱を来したが，燃料効率を飛躍的に高めることが石油ショックを克服する最も重要な課題であった。

トヨタ，ホンダをはじめとする日本の自動車メーカーは燃料効率を高める技術の開発，ハイブリッド車の開発に取り組んだ。新しい技術開発は 1960 年代に直面した公害問題で取り組んだ新たな技術創造が基盤となって成果を生んできている。

新技術の創造がその後の日本企業の技術競争力を強化し，持続的成長の原動力となっている。例えば自動車各社はこうした取り組みを基盤に今日ではトヨタは"アクア"，燃費性能はガソリン1リットル当たり40kmをはじめ，プリウス等，ホンダではフィットハイブリッド，マツダはデミオ，ダイハツではミラーズ等世界最先端の技術を駆使して最高の燃費性能の車を生産し，CO_2削減をはじめ，環境問題対応にも大きく貢献している。

背景には日本の文化の歴史，一言で言えば石田梅岩の石門心学に象徴される商人道，「勤勉・質素・倹約・正直」がある。東洋の島国で天然資源に恵まれない日本はその島国がゆえに他国に比べ，異文化・異文明との接触が稀有で純粋培養された国民性＝ナイーブ，長い封建制の歴史を通じて醸成された忠誠心と勤勉さ，加えて資源に恵まれていなかったことも一因として質素・倹約の精神が醸成され，ニクソンショック，石油ショックに象徴される1970年代の危機を乗り越える新たな価値創造を実現してきたと言える。一言で言えば日本が直面してきた課題を通じて醸成されてきた社会資本，Social capitalである。

(3) 危機3：1990年代初め，日本のバブル経済崩壊

1970 – 1980年代の日本経済は「企業規模が大きくなることが良いことだ」"the bigger, the better"の風潮のもとに企業の使命，経営の品質を軽視した企業経営が風靡した時代である。企業の使命，企業経営の品質を軽視した風潮のなかで，例えば東京証券取引所における上場企業の株価は38,000円台に上昇し，バブル経済崩壊後には10,000円台を割り，多くの株主，機関投資家等利害関係者が多大な損害を被っている。

バブル経済崩壊により，銀行，損害保険会社をはじめとする金融機関は膨大な不良債権を抱え，存亡の危機に直面した。企業は企業を取り巻く危機的状況を認識し，それまでの規模追求の経営を謙虚に反省し，企業経営の有り様を探求した。

良き事例がソニーである。ソニーは米国で生まれたコーポレート・ガバナンス概念をいち早く受容し，取締役会の役割と責任について原点から考え，1997

年に取締役会改革に取り組んだ。1980 - 1990 年代に考察される日本企業の取締役数は 40 名前後で, 企業によっては 60 名を超える膨大な規模であった。かたわら, 外部者視点が求められる社外取締役はゼロという実態である。1997 年 7 月にサンフランシスコで開催された恒例の日米財界人会議はその意味で大変意義深い会議であった。米国財界人は日本企業の取締役数が 40 名前後, 企業の一部には 60 名前後という実態をベースにこのような常軌を逸する膨大な取締役会で如何やって意義のある議論をすることができるのかという質問, である。

　一方, 日本の財界人の米国側に対する質問も取締役会の規模である。1997 年時点で見ると米国上場企業の平均取締役数は 13 名, そのうち, 社外取締役数は 11 名であり, 経営の根幹を担う取締役会に見る日米の相違に参加者は唖然とし, それを契機に日本企業の経営者, エコノミスト, 経営分野の研究者は取締役会の有り様, 規模, 社外取締役の役割, 責任, かたわらそうした取り組みの根幹にあるコーポレートガバナンス概念を学びはじめたのが 21 世紀初頭である。

　そうした背景のもとに 2015 年 6 月 1 日付で金融庁・日本証券取引所が呈示した上場企業に対する Corporate Governance Code であるが, その根幹は企業経営の情報開示, 透明性の意義に加え, ステークホルダーに対する経営者の説明責任である。経営の透明性, 説明責任は経営者に経営の緊張感をもたらし, 企業経営の「健全性」と「存続」の基盤となる。

　お わ り に

「事業は人なり」である。グローバル時代を迎え, 企業の最大の課題はグローバル人材の育成, 登用, 多様性である。期待される人材の素質, 能力は多々あるが, 経団連の調査結果では下記が挙げられている。

①　規制概念にとらわれず, チャレンジ精神を持ち続ける

②　外国語によるコミュニケーション能力

③ 海外との文化，価値観の差に興味・関心を持ち，柔軟に対応する

④ 企業の発展のために，逆境に耐え，粘り強く取り組む

⑤ 当該職種における専門知識

⑥ 個別企業の利益を越え，進出先地域・国の繁栄を考える高い公共心，倫理観

⑦ 日本文化・歴史に関する知識

である。

（出所：特集「グローバル人材の育成に向けて」『経済 Trend』2011 年 9 月号，社団法人日本経済団体連合会）

いまひとつは人材の多様性である。具体的には国籍，性を越えた人材の多様性である。多様性は差別のない社会の構築のかたわら，企業の進化・発展に重要な「創造力」，新しい視点を生み出す。同時にグローバル経済における企業間の競合は企業を鍛え，成長の原動力となる。21 世紀はまさに新しい，良き時代を迎えたと言える。残るは人々，企業のチャレンジである。

参 考 文 献

浅野俊光（1991）『日本の近代化と経営理念』日本経済新聞社。

大塚久雄（1959）『株式会社発生史論』中央公論社。

奥田慈應（1938）『聖徳太子　十七条憲法』（訳注）勝蔓院。

西藤輝他（2010）『日本型ハイブリッド経営』中央経済社。

佐久間象山（1934）『省けん録』（『象山全集』巻 1）信濃毎日新聞社。

土居健郎（1980）『「甘え」の構造』弘文堂。

水尾順一・田中宏司（2004）『CSR マネジメント』生産性出版。

和辻哲郎（1964）『鎖国』（筑摩叢書 22）筑摩書房。

Abegglen, G,C. (1958), *The Japanese Factory*, Ayer Company, Publishers, Inc..

Berle, A.A. and Means, G.C.(2004), *The Modern Corporation & Private Property*, Transaction Publishers, New Brunswick.

Craig, T. (2005), *The Autobiography of Shibusawa Eiichi*, University of Tokyo Press.

Drucker, P.T. (1999), *Management Challenge for the 21st Century*, HarperBusiness.

Monks, A.G, and Minow, N. (1995), *Corporate Governance*, Blackwell Publishers, Oxford. （ビジネス・ブレイン太田昭和訳『コーポレート・ガバナンス』生産性出版，1999 年）。

Morita, A. (1987), *Made in Japan*, Harper Collins Business, London. （下村満子訳『Made in Japan』朝日新聞社，1987 年）。

Nitobe, I. (1998), *Bushido : The Soul of Japan*, Charles E. Tuttle Publishing Company., Inc. Tokyo. (新渡戸稲造著，矢内原忠雄訳『武士道』岩波文庫，1999 年)。

Weber, M. (1920), *Die Protestantische Ethik und Der Geist des Kapitalismus.* (大塚久雄 訳『プロテスタンティズムの倫理と資本主義の精神』岩波書店，1991 年)。

第 6 章

中国進出日本企業における言語使用現状についての分析

申　　　淑　子

はじめに

　近年ビジネスのグローバル化に伴い，企業内作業をグローバルに展開する必要性から英語を社内公用語にする日本企業が増えている。中には社内公用語を英語オンリーにする方針を取る企業もある。それは国際ビジネスコミュニケーションが行われる場が，貿易が主だった昔は企業内の国際部門が海外出張先で，またはファックスや電話で海外の会社とやり取りの時にだけ外国語を使っていたが，今は海外子会社の職場はもちろん日本の本社においても日本語を母国語としない外国籍の社員が増えているからであろう。つまり，社内の様々な場で異文化コミュニケーションが行われるようになったため，使用言語と経営効率の関係が一段と脚光を浴びるようになった。しかし，英語を社内公用語にする動きに対しては，経営戦略の視点からその合理性を主張する賛成論と公益性の視点から日本語，日本文化の衰退を指摘する反対論に議論が分かれ，言語は経営資源として今まで以上に注目を浴び，議論されるようになっている。

　国際経営と言語との関係に関する研究は吉原（1994）にさかのぼることができよう。氏は日本の親会社 427 社のデータをもとに会議の言語使用（日本人が参加する海外子会社での会議と外国人が参加する親会社での会議），子会社に発信する情報の言語，基本共通言語などの面から経営と言語の関係を分析している。

それによると，日本企業は国際経営において日本語中心の経営を行っている。ただ，アンケート調査データ（136 ページ表6-3 参照）をみると，親会社と海外子会社間で行われる電話やファックスによるやり取りでは日本語の占める比重が高いのに対して，会議では母国語を異にする者がいる場合は，親会社においても子会社においても英語が一番よく使われている。同研究は，また日本の企業では重要な国際コミュニケーションは日本語で行われているという事実を明らかにしている。「このような日本語の比重が大きい国際経営において生じる問題を，吉原・岡部・澤木（2001）は『言語コスト』と呼び」[1]，言語コストと言語投資の経営資源モデルを提示して国際経営における英語戦略の重要性を強調する。しかし，このような英語一辺倒には反対の声もある。反対の声にまず則定（2012）があげられよう。氏は「英語を主たるコミュニケーションツールとしながらも，日本語など英語以外の言語に内在する価値観を積極的に取り上げ，それを伸ばす努力をしていくことが肝要である」と国際経営における言語の文化的要素の重要性を指摘している。そして，津田（2011）は社内公用語の英語化の導入は(1)日本語の衰退を招く，(2)英語が使えるかどうかで社内に収入の格差を生む，(3)言語権を侵害するなどのような事態を招きかねないと強く反対している[2]。同じく，日本本社における社内公用語の英語化を日本社会の公益を害する社会的な問題であるとする主張には鳥飼（2010）もある[3]。中原（2016）も，二次データを使って，日本の職場において「英語力に起因する収入格差と就職格差」が広がりつつあることを確認し，企業内の言語管理は経済面での利益を追求すると同時に「日本語と日本文化，ひいては日本人のアイデンティティの保全についても真剣に考えなければならない」とする。このような公益性をめぐる論点に対して小林（2014）は「言語権の問題があるが，現時点の日本で，それが強く意識されることはなく」，英語の社内公用語化には経済的メリットもあるのでそのことが逆に公益へ貢献する可能性もあるとする。

---

1)　高森（2015），64 ページ。
2)　則定（2012），13 ページより再引用。
3)　小林（2014），137-138 ページより再引用。

こうして賛成論と反対論を眺めてみると，これらの研究は言語が使われる具体的な場を指定することなく，そのほとんどが本社の立場から漠然と会社全体を場として捉えている。吉原・岡部・澤木（2001）と中原（2016）は国際経営の場ごとに適切な言語があるとするが，残念ながらこれらの研究にはその現象についての分析が伴っていない。本稿では英語を母語としない国の企業が英語を母語としない国でビジネスを展開する際に社内公用語をどれにするべきかに注目し，中国進出日本企業の国際業務，管理部門でどの言語が使われるかを調べたうえで，その実態から日本企業の国際経営は場ごとにコミュニケーションにもっとも適切な言語があることを明らかにしたい。またその理由について，社会言語学の視点より考察を試みたい。

1. 日本の企業と企業内公用語

使用言語が主題となる企業内公用語の問題には，企業経営で議論されるほかの課題に比べて，数字では説明しきれない文化的要素が多い。本節ではまず本稿における「場」と「効率化」の概念を明らかにしたい。

1-1 「場」の概念について

本章における「場」の説明をする前に，ビジネスコミュニケーションの定義とその中の「場」は何を指しているかについてみてみよう。

まず，グローバル企業の社内公用語の英語化についての研究は社内コミュニケーションを対象にしているが，それは社内で異なる母国語を持つ者同士があるビジネス目的を達成するために行うコミュニケーションであるので国際ビジネスコミュニケーションの研究範疇に属するとみることができよう。日本における国際ビジネスコミュニケーションの研究は日本商業英語学会が今の国際ビジネスコミュニケーション学会の前身であることからもわかるように，商業英語の研究を基礎に行われており，ビジネスコミュニケーションの定義は商業英語に関する中村定義を受けた形で則定と亀田が「『ビジネスの場』と『効果』をキーワードにして」行っている（則定 2014）。それでは，中村定義をみてみ

よう。中村（1959）は「商業の場において一定の現実的効果をあげることを目的とする意思伝達のために英語を用いて行われる動的な言語活動」を「商業英語現象」と呼んでいる[4]。のちに，則定（1993）は「現実としてのビジネス・コミュニケーションは，ビジネスの場において一定の現実的効果をあげることを目的とするコミュニケーションである」と定義する。そして，氏はこの「ビジネスの場」について，伝統的な商業英語研究は「単に抽象的な概念としてのみ捉え，現に英語が用いられる個々の具体的な場の独自性に目を向けることはなかった」ことを指摘し，ビジネスコミュニケーションを「場」と「目的」を基準に細分化する必要性を主張する。たとえば，氏が提唱する国際契約コミュニケーション論は国際契約が「企業外」という場で「利害が対立する両社がコミュニケーションを通して一致点を見出そうとする」目的を持って行われるコミュニケーションであることからその名称が与えられている。つまり，ビジネスコミュニケーションの分類基準の一つとして「場」を取り入れ，各ビジネス分野のコミュニケーションの特性を明確にしようとした。則定（1993）の「場」は，ビジネスの行われる場所が「企業外」，「企業内」のどちらであるかによってコミュニケーションの目的が変わってくることに着目したもので，ビジネスの要素を重視する分類であると言える。ほかに言語使用という視点から行う分類もあり，吉原ら（2001）は日本企業の国際経営において見られる国際コミュニケーション場面として，(1)日本親会社の内部での日本人と外国人の協働，(2)日本親会社と海外子会社の間の情報のやり取り，(3)海外子会社の内部において，現地人と日本人が会議などで議論や相談をするときの三つをあげている[5]。両氏によって，国際ビジネスコミュニケーション研究においてそれまでに「抽象的な概念として捉えられて」いた「場」は実際にビジネスが行われる

---

4) 中村（1959），21 ページ。

5) ただ，吉原ら（2001）は「日本親会社の現場（工業，営業所，オフィス，研究開発部門）では母国語である日本語を使って仕事をし，海外子会社の現場でも現地語を使って仕事をするので将来もこういうところでは基本的な言語として英語が使われることはない」と言って国際コミュニケーションの場面と捉えない。

図6-1　日本企業の国際経営と使用言語

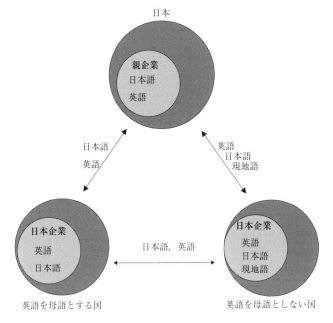

(出所) 筆者作成。

具体的な「場」に還元されている。本章では上に示した吉原の「場」の分類に従い，日本企業が実際に社内の国際業務を行う「場」での使用言語を取り上げる。

図6-1のように日本企業の国際経営で使われる言語は「場」によって異なるが，本章で議論される「場」は中国に進出している日本の企業で日本人と中国人の協働において言語を使ってコミュニケーションをする一つひとつの場面を指す。

1-2　コミュニケーションの効率化について

まず亀田による国際ビジネスコミュニケーションの定義中の「効果」の指す意味を明らかにしたい。亀田 (2003) は「国際ビジネスコミュニケーションという学問分野は国際ビジネスという環境の中での言語現象を扱う」としたうえ

で，「異なる文化や慣習や言語を持つ生身の人間」たちがビジネスの場においてコミュニケーションを行う際にどのような問題が発生し，「どのようなコミュニケーションが企業の利益を上げるという経済目的達成のために効果的であるかを考察する記述的研究を行う」と国際ビジネスコミュニケーションを定義する。コミュニケーションの効果は経済目的の達成という経営の効率に影響を与えると捉えられている。

そして，岡部（2005）は日本の企業の経営において，どの言語でコミュニケーションをするかは経営の効率化と関連があるとする。

本章で言う「効率」もコミュニケーションの効果が経営に影響を与える効率を指す。

2. 言語使用現状についてのアンケート調査

上述の吉原が1994年に行ったアンケート調査のデータからみれば，日本企業のアジア地域にある海外子会社での会議（日本人参加）では英語が使われると回答した企業は48％に達し，日本語と英語と現地語の三つのミックスで使われていると回答した企業は全体の3分の1を占めている。それでは，中国進出日系企業での言語使用の状況はどうであろうか。筆者は吉原（1994）を元に中国の事情を考慮して調査内容を次の四つの部分に修正して中国に進出している大手日本企業の中国法人33社でアンケート調査を行った。

① 親会社との情報の受発信に使われる言語
② 在中国日本子会社での使用言語
③ 日本語で会議を行う時に発生するコミュニケーションの問題
④ 語学トレーニング実施状況

本節では，この順番に従ってアンケート調査結果のデータをみながら中国進出日本企業で言語が実際にどのように使われているか，その実態を明らかにしたい。

2-1 親会社との情報の受発信に使われる言語

表6-1が示すように，中国進出日系企業において，親会社から受信する情報は日本語がもっとも多く使われ，全体の82％を占めている。親会社は主に日本語で中国の子会社に情報を伝達していることがわかる。また，中国の子会社から親会社に情報を発信する時にも日本語が最も多く使われており，全体の88％に達している。

表6-1　親会社との情報の受発信に使われる言語

	受信	発信
日本語	27社(82％)	29社(88％)
英語	4社(12％)	3社(10％)
日本語と英語のミックス	2社(6％)	1社(2％)

（出所）アンケート調査の結果より作成。

2-2 子会社での会議の言語

次は，会議で使われる言語についての調査結果である。表6-2の示すデータからみると，子会社の人だけで開く会議で使われる言語を日本語と答えた企業が46％を占めている。親会社との会議でも日本語の割合がもっと高く，73％にも達している。日本語がもっとも多く使われているということがわかる。次に，調査データの中国語にも注目してもらいたい。子会社の人だけの会議では，4社が中国語と答え，わずか12％しか占めしていないが，日本語と中国語のミックスで使われている企業の11社の33％と合わせると，会議で中国語が使われる割合は半数近くに達する。

表6-2は，吉原（1994）のアジアの調査データとは異なる結果となっている。吉原が行った調査では表6-3が示しているように日本企業の北米，欧州，アジア（中国を含む）の子会社における会議言語に英語が一番多く使われている。しかし，本研究が日本企業の中国子会社を対象に行ったアンケート調査では会議の言語に日本語と中国語が英語より多く使われている。

2-3 使用言語とミスコミュニケーション

シャノンとウィーバーのコミュケーションモデル（1949）によると，情報発

表6-2　子会社での会議の言語

	子会社の会議 （日本人参加）	親会社との会議 （親会社の人が参加，或はテレビ会議）
日本語	15 社（46%）	24 社 （73%）
英語	3 社（9%）	2 社 （6%）
中国語	4 社（12%）	1 社 （3%）
日本語と英語のミックス	0 社（0%）	1 社 （3%）
日本語と中国語のミックス	11 社（33%）	5 社 （15%）

（出所）アンケート調査の結果より作成。

表6-3　海外子会社での会議（日本人参加）の言語

	アジア	北米	欧州
日本語	41 社(13%)	15 社(4%)	6 社(2%)
英語	150 社(48%)	297 社(82%)	208 社(77%)
現地の言葉	15 社(5%)	4 社(1%)	9 社(3%)
三つのミックス	104 社(33%)	45 社(12%)	45 社(17%)
合計（その他ふくむ）	311 社(100%)	362 社(100%)	271 社(100%)

（出所）吉原英樹（1994），3ページより。

信者（information source）が送信する信号と情報受信者（destination）に到達する信号の間にはメッセージ伝達経路上の障害，すなわちノイズ（noise）によりミスコミュニケーションが生じる。つまり，日本企業の中国子会社での社内コミュニケーションにおいても語学力のレベルが低かったり相手の言語の背後の文化に対する理解が不足したりすると，話し手の意志が全部伝わることはなくミスコミュニケーションが生じ，情報伝達の洩れや遅れといった，吉原ら（2004）の言う間接的な「言語コスト」が発生することが考えられる。表6-4は会議での言語が日本語である場合を例に，使用言語に起因するミスコミュニケーション上の問題について聞いたものであるが，子会社のメンバーのみの会議でも親会社のメンバーが参加する会議でもミスコミュニケーションが生じていて，後者のほうがより深刻であることがわかる。このデータからは，日本語を使っている場合も言葉の壁にぶつかり，異なったバックグランド，考え方を持った人たちが意見を戦わせながらイノベーションを起こしていくことができにくい状況にあることがわかる。

第6章　中国進出日本企業における言語使用現状についての分析　137

表6-4　日本語で会議を行う場合

	子会社での会議 （日本人参加）	親会社との会議 （親会社の人参加或はテレビ会議）
情報伝達の漏れ	5社	10社
情報伝達の遅れ	8社	11社
中国人社員は黙ってしまう	5社	9社
会議の質が下がる	4社	8社
日本人中心の経営になる	0社	2社
その他	5社	4社

（出所）アンケート調査の結果より作成。

表6-5　語学トレーニング実施状況

	有	無
中国人スタッフ向けの日本語トレーニング	21社（64%）	12社（36%）
日本人スタッフ向けの中国語トレーニング	17社（52%）	16社（48%）
中日スタッフ向けの英語トレーニング	11社（33%）	22社（67%）

（出所）アンケート調査の結果より作成。

2-4　語学トレーニングの実施状況

　表6-4に見られる使用言語に起因するコミュニケーション上の問題の対応策として企業は表6-5のように言語トレーニングを実施している。どちらの言語も経営資源として捉えられていて，日本企業の中国子会社では英語一辺倒になっていないことがわかる。それだけでなく，今度の調査では新卒を採用する際も日本語をもっと重視すると答えた企業数が28社と英語の5社をはるかに上回っていた。

3. 考　　　察

3-1　言語の難易度と効率化

　本研究はアンケート調査を通して中国進出日系企業では日本の本社との情報の受発信と会議使用言語に日本語と中国語がもっとも多く使われていることを明らかにすることができた。ただ，日本語の使用において情報の洩れや遅れ，また現地社員の発言の減少などの問題が生じていたが，この問題について企業は言語トレーニングを行いながら社員の日本語と中国語のレベルアップを図って対応していた。この結果について，本研究では言語の経済性と両国言語の共

通点の二つの視点より中国に進出している日本企業の言語使用の独自性を明らかにしたい。

　まず，言語には自律的に効率化していく経済性があり（クルマス1993），言語の効率化は認知の面において読み方や文字，文法などの記憶負担を軽減させる方向へ変化していくとされる。すなわち，言語は学習，使用の際に難易度の低い方向へ変化しながら効率化を図る。井上（2011）の「言語の難易度が使用において経済性にかかわる」という主張に従えば，母国語は難易度の最も低い言語であると言えよう。したがって，中国進出日系企業では日本人は日本語を，そして中国人は中国語を使ってコミュニケーションをとったほうが楽である。日本語と中国語に対して，英語は日本人と中国人の両方にとって外国語となるため，企業の共通語としては定着しにくいことが予想される。すなわち，中国に進出している日本企業の共通語として両国の従業員の母国語である日本語と中国語が選ばれる現象は言語の効率化として捉えることができよう。また，ミスコミュニケーションの対応策として第三の言語である英語を社内公用語にするのではなく日本語と中国語の語学トレーニングを行って社員の語学力のレベルアップを図るのも，そのためであるとみることができよう。

　次に，漢字文化圏に属している日本と中国には言語に共通するところが多いこともその理由の一つであろう。まず，中国語と日本語には一部の簡略文字を除いて共通の漢字と似ている漢字が多い。それだけでなく，両国の言語には共通の語彙も多い。中国の南方日報によると，日本の『角川国語辞典』に収録されている6万個余りの漢語のうち，中国からの輸入された語彙は3.3万個あまりに達し，全収録漢語の55％を占めている[6]。また，中国語の中にも日本から輸入された和製漢語が多いとされ，特に社会科学と自然科学の分野には和製漢語がすべての外国語からの訳語の70％を占めると言われている[7]。このように

---

6)　南方日報「『中日韓共用常見808汉字表』近日发布　共寻汉字"基因"助推中日韓友谊」2015.12.03 より筆者訳。

7)　殷菁の「中国における和製漢語の受容」より引用。http://www.akita-u.ac.jp/eduhuman/graduate/abstract_pdf/08-015.pdf（2016年10月17日最終確認）。

両国言語に共通点が多いために日中間では相手の言語の学習と使用において記憶負担が軽減され，漢字文化圏以外の国の人が日本語または中国語を学習・使用することより，難易度が低くなる。

3-2　語学力のレベルと効率化

社内公用語の英語化を導入している楽天の三木谷社長は「楽天が社内公用語とするのは，厳密に言えば，いわゆる『英語』ではない。グロービッシュである。……専門用語と言い回しさえ覚えてしまえば，ビジネス上のコミュニケーションには困らない」とする（三木谷 2012）。

このグロービッシュという概念は 1989 年にネリエールによって提唱されたもので，氏によるとグロービッシュそれ自体は「言語」ではなく，「道具」であり，英語を母国語としない者が国際ビジネスに適応するために生み出した共通語である。ただ周知のとおり，言語は単にコミュニケーションを行うためのツールではなく，言語には文化的背景や話し手個人のアイデンティティなどが反映される。九鬼（1979）によると，言語は「一民族の過去および現在の存在様態の自己表明，歴史を有する特殊の文化の自己開示である」。したがって，ある言語の使用はコミュニケーションを行うという目的のほかにその言語の反映する価値観に従って行動するために，言語の背後の文化を伝承していくことを意味すると言えよう。「非ネイティブのための英語」とされるグロービッシュについて則定（2014）は「英語を簡素化し，英語を母国語としている人にもその学習を強いることを狙い，英語圏の価値観を抜こうとする試み」だとし，グロービッシュは言語をその文化から切り離しているので，理解に支障をもたらしかねないことを指摘している。すなわち，文化の媒介物である言語を駆使してコミュニケーションを行う行為には語学力が一定のレベルに達することが求められるということである。

本研究の調査からもこの点が明らかになった。表 6-4 に示されているとおり中国進出日本企業内において日本語によるコミュニケーションを行う際にミスコミュニケーションが生じている。もし日本人と中国人の両方にとって外国語

である英語を使ってコミュニケーションを取る場合は情報の洩れや遅れといった障害をより多く招くことになると思われる。話し手と聞き手のどちらの母国語でもない英語を使えばメッセージを発信する者と受信する者の英語のレベルが高くなければコミュニケーション効率を悪くしかねない。それに対して，日本語は日本人にとっては母国語であるために難易度が低いことは当然であり，また日本語の達者な中国人を採用すれば難易度は低くなる。ここ数十年来中国では日本語教育が盛んに行われてきている。1976 年に大学入試制度が回復したことと，日本との貿易を行うためには日本語人材が大量に必要だったことにより，中学校と大学での日本語教育が回復され，今に続いているのである。国際交流基金によると，世界で最も日本語学習者が多い国・地域は中国で1,046,490 人に達し，203 カ国における全学習者の26.3％を占めている。これらの人材を日本企業の中国子会社のみではなく，近年は日本の親会社も本社採用で中国の大学で日本語を学んだ卒業生の社員募集を行うほどである。このように中国の労働市場には日本語の話せる人材が多く，中国進出日本企業はそういう人材を採用して日本語を使って社内コミュニケーションを効率的に行うことができる。

　　おわりに

　本章では中国に進出している日本の企業における言語使用状況についてアンケート調査を行い，中国進出日系企業では情報の受発信と会議使用言語に日本語と中国語の使用がもっとも多いという事実が明らかになった。ただ，日本語の使用において情報の洩れや遅れ，また現地社員の発言の減少などの問題が生じていたが，企業は言語トレーニングを行いながら社員の日本語と中国語のレベルアップを図って対応している。本研究はこの結果を社会言語学で注目されている言語の経済性の視点より解釈を行うことによって，企業内共通語化のあり方についての考察を行い，まず中国進出日系企業で日本語と中国語が英語より多く使われる現象は日本語と中国語を母語とする従業員の集まる場であるという点，そして日本語と中国語に漢字などの共通点が多いゆえに，日本語と中

国語のほうが両国従業員にとって外国語となる英語でコミュニケーションを行うより言語の効率化が図れるという点，また中国に日本語の人材が多い点がその理由であると解釈した。

今後の課題として，ミスコミュニケーションの生じる具体的な場面を明らかにする必要がある。インタビューや企業訪問を通して中国進出日本企業の社内コミュニケーションにおいてどのような要素がコミュニケーションを効率的にするかがわかれば，表6-4で見られるミスコミュニケーションを防ぐことができよう。

参 考 文 献

井上史雄（2011）『経済言語学論考―言語・方言・敬語の値打ち―』明治書院，19-25 ページ。

岡部曜子（2005）「日本企業の言語コストと言語ベネフィット：バイリンガル経営の阻害要因の分析を通じて」（『国際ビジネス研究学会年報』11）101-114 ページ。

亀田尚己（2003）『国際ビジネスコミュニケーションの研究』文眞堂，13 ページ。

九鬼周造（1979）『「いき」の構造・他二篇』岩波文庫，12 ページ。

クルマス，フロリアン（諏訪功ほか訳）（1993）『ことばの経済学』大修館書店。

国際交流基金（2013）『海外の日本語教育の現状 概要―2012 年度 日本語教育機関調査より』くろしお出版。

小林一雅（2014）「英語社内公用語化に関する一考察」（『文学・芸術・文化：近畿大学文芸学部論集』第 26 巻第 1 号）125-126 ページ。

高森桃太郎（2015）「日系企業における英語社内公用語化の手順と管理体制―楽天の事例―」（『同志社商学』67）63-78 ページ。

中原功一朗（2016）「日本の職場における英語使用の現状と将来展望」（『関東学院大学経済学部総合学術論叢』60 号）115 ページ。

中村巳喜人（1959）「商業英語学の本質に関する一試論」（『日本商業英語学会研究年報』19）12-26 ページ。

則定隆男（1993）「伝統的商業英語研究に対する批判的考察と国際契約コミュニケーション論の提唱」（『商学論究』第 41 巻第 1 号，関西学院大学商学研究会）39-55 ページ。

則定隆男（2012）「英語の社内公用語化を考える」（『商学論究』第 59 巻第 4 号，関西学院大学商学研究会）1-32 ページ。

則定隆男（2014）「『学習するビジネス英語』から『共に創り上げるビジネス英語』へ」（『同志社商学』65）24-44 ページ。

三木谷浩史（2012）『たかが英語！』講談社。

吉原英樹（1994）「国際経営と言語」（『国民経済雑誌』169，神戸大学経済経営学会）1-19 ページ。

吉原英樹・岡部曜子・澤木聖子（2001）『英語で経営する時代―日本企業の挑戦』

有斐閣選書，160-163 ページ。

吉原英樹・岡部曜子・澤木聖子（2004）「言語コストと言語投資の経営資源モデル」（『神戸大学経済経営研究所 Discussion Paper Series』刊号 J30）。

第 **7** 章

グローバル化時代の日本の中小製造業者における受注戦略

丹　沢　安　治

は じ め に

　中国の経済成長と近年の減速，それに続いて波及している新興国の経済成長と経済的不振は，欧米や日本の多国籍企業にも大きな影響を与えている。これらの影響はもちろん，以前から進行している世界経済のグローバル化によって増幅されている。大手製造業者にあっては，地産地消の追及，ASEAN 諸国への展開，そして国内回帰などさまざまな対応が見られるが，中小製造業者はどう対応すべきだろうか。そしてすでに久しく進行している調達・購買のグローバル化は，伝統的に下請け，系列として存続してきた日本の中小製造業者にたいしても過酷な環境となっているが，日本の中小製造業者はどのように対応すべきであろうか。

　本稿でが，日本の大手自動車メーカー，電機メーカー，機械メーカーによる調達・購買活動が，新興国からの「グローバル調達」を増やしている（機械振興協会 2011，丹沢 2011）なかで，今現在，日本の中小製造業者はどのような受注戦略を描けるのか，考えてみたい。

　もとより日本の大手製造業者による調達・購買戦略のグローバル化は，（1）彼らが中国およびアジアの新興国における低廉な人件費をあてにしてにして生産拠点を求めて進出し（日本貿易振興機構 2010），(2)市場としての中国および新

興国の成長に伴う現地生産の必要性によって地産地消を考慮し（日本貿易振興機構 2010），(3)その結果として中国および新興国における中小現地企業の成長に伴って生じているが，同時に，(4)海外進出した日系中小企業からの調達も多いことはよく知られている（丹沢 2011，32 ページ，日本貿易振興機構 2014，42 ページ）。

　その後，中国の生産コストは上昇し，円安とあいまって製造業の国内回帰の傾向も見られる（The Boston Consulting Group 2014，みずほ総合研究所 2015）。本稿の問題は，このような現状にあって，日本の中小製造業者はどう対応すべきだろうか，というものである。

　以下においては，第 1 に，機械振興協会・経済研究所の平成 22 年度調査研究事業，「電子部品及び機械部品の調達システムと取引関係の変化」にかんして行われたインタビュー調査[1] とアンケート調査「電子部品及び機械部品の調達システムと取引関係の変化」[2]，さらにその後，丹沢によって行われたヒアリング調査にもとづいて，日本の大手自動車メーカー，電機メーカーなどの中小製造業者への「発注者」は，グローバル化した経済にあって，新興国での調達・購買を行いながら，国内の中小製造業者に何を求め，これら国内の「受注者」は，新興国に存在する海外に進出した日系の中小製造業者と経済成長に伴い成長した現地の「競合受注者」に対してどのように対応できるかを示してみよう。

　1-1 においては，日本の中小製造業者がかかわる，受注環境についてレビューし，**1-2** において，この環境において，重要な視点を与えると思われるいく

---

1)　機械振興協会・経済研究所研究員によって 2010 年 7 月から 2011 年 1 月にかけて，27 社に対して行われた。詳しくは同報告書「調査研究の概要」および丹沢が執筆した第 3 章を参照。

2)　2010 年 9 月から 12 月にかけて行われた。対象は発注先 600 社，受注先 1,000 社（静岡県 306 社，愛知県 324 社，大阪府 176 社，兵庫県 102 社，群馬県 92 社），計 1,600 社であった。さらに，本稿では，丹沢による中小企業海外進出コンサルタント，JETRO 新興国進出支援専門家へのインタビュー（2014），マッチングビジネス企業経営者へのインタビュー（2015）を追加した。

つかの理論的背景を紹介したうえで，**1-3** で，本稿におけるリサーチ・クエスチョンを抽出する。さらに第 2 節において，上記インタビュー調査，アンケート調査，丹沢による補完的インタビュー，そして公開されている文献を分析し，発注側の大手製造業者と受注側の中小製造業者の行動に見られる一般的な特性を命題として定式化し，最後に第 3 節においてグローバル化時代の中小製造業者の対応策をまとめてみよう。

1. 先 行 文 献

1-1　日本の中小製造業者の受注をめぐる環境

1-1-1　伝統的な系列と協力会社，下請け企業

日本の大手製造業者の多くが，独立した下請け企業（subcontractor）と長期にわたって緊密な関係を築くことはよく知られている。これらの「ケイレツ」，協力会社は，今日では長期的取引関係を合理的な関係として描き出され，搾取される存在としてではなく，信頼関係にもとづく中間組織として描かれている（西口 2000，Picot, Dietl and Franck 2005）。この取引においては，下請け企業との連携が盛んに行われ，高度な共同作業が行われ，下請け企業には多くの責任がゆだねられる。単位部品製造だけでなく，設計や試作品の試験にも参加する。さらに，生産ラインを取引先の製品専用にしたり，取引先と共同で，特別な用途の機会を開発したりして，その取引以外には使えない特殊資産への投資を行っても，いわゆる機会主義的な行動はみられない（Dyer 1997, ベサンコ，ドラノブ＆シャンリー 2002）。

しかし，図 7-1 にみるように，特に 2013 年のアベノミクス以前の円高時において人件費の差異は大きく（第 23 回調査，2013 年），多くの発注側の大手製造業者が低廉な人件費を求めて中国をはじめとする東アジア諸国に進出した（JETRO 2015）。

さらに表 7-1 が示すように中国，ASEAN 諸国においては，直接投資を呼び込むために，投資優遇措置が設置され，経済特区の設置と優遇税制の適用は一体化して，発注側の大手製造業者の進出を促している。

図 7-1　第 25 回アジア・オセアニア主要都市・地域の投資関連コスト比較
　　　　（2015 年 6 月）

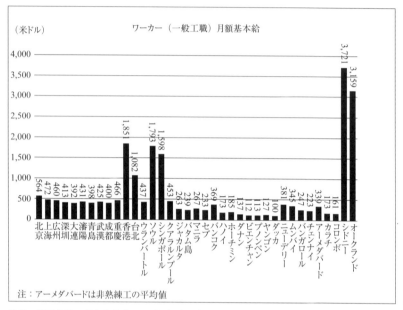

注記：同じ趣旨で行われた第 23 回調査（2013）では，横浜 4,231 米ドル，沖縄 3,547 米ドルとなっている。
（出所）JETRO（2015）．

表 7-1　中国，ASEAN 諸国における経済特区と優遇税制，PWC

国名	経済特区名称	優遇税制
中国	経済特区，経済技術開発区，保税区，輸出加工区など	関税，付加価値税免除
インドネシア	経済統合開発地域，保税地区，自由貿易地域	所得控除，VAT 免除，輸入諸税免除
フィリピン	特別経済区	法人税減免，VAT 免除
マレーシア	自由地域，国際金融地区，奨励地区	法人税減免
ベトナム	奨励投資地域，特別奨励投資地域，経済区，ハイテクパーク，輸出加工区，工業団地	法人税減免，VAT 免除，特別売上税免除，輸出入関税免除
タイ	自由地域，投資開発区	法人所得税減免
シンガポール	経済特区なし	―

（出所）ZEIKEN-2012.7（No.164）pp.53-54 より作成。

図 7-2 所得階層別の経済成長率（実質 GDP 成長率（年率）2003 年〜 2013 年平均）

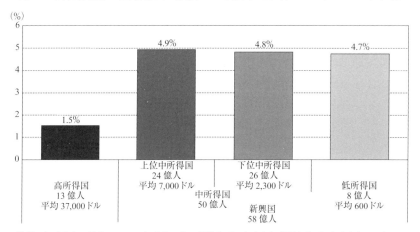

備考：各項目中の数値は、2013 年時点の人口規模及び 1 人当たり所得水準（1 人当たり GNI）。
資料：国連「World Population Prospects: The 2012 Revision」、世界銀行「WDI」から作成。
(出所) 経済産業省「通商白書 2015」30 ページ。

1-1-2 新興国経済の成長

その結果，図 7-2 のように，中国の経済成長のみならず，新興諸国経済の 2003 年から 2013 年の平均成長率（実質 GDP 成長率）を見ると，高所得国の年率 1.5％に対して，新興諸国は，いずれの所得階層も年率 5％近い高成長を実現している（通商白書 2015, 30 ページ）。新興諸国の 1 人当たり所得の平均は，高所得国と比較すれば，その 5 分の 1 以下ではあるが，高所得国を大きく上回る人口規模や高い経済成長率を前提とすると，その市場としての経済的なポテンシャルは大きい。

この市場としての成長に伴って，新興国における地場企業の成長も見られる。たとえば，図 7-3 が示すように，コスト削減のため現地調達率引き上げの重要性が高まっており，日系大手製造業者の現地調達率は中国では調査開始以来最高の 66.2％に達する一方，ASEAN は 41.9％であり，主要国ではベトナムを除き 2010 年と比べほぼ横ばいとなっている。現地調達先の内訳は，「地場企業」の構成比が 56.2％と最も高く，次いで「現地進出日系企業」(37.4％)，「その他外資企業」(6.5％) の順である。なかでもフィリピン，タイでは，調達先

図 7-3　日系大手製造業者の現地調達比率

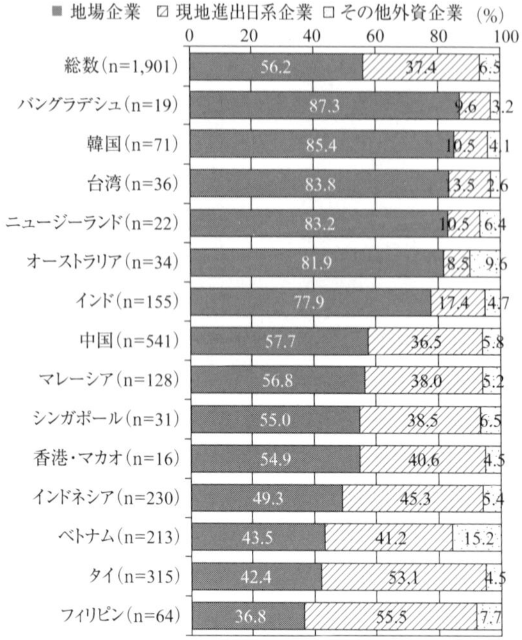

■ 地場企業　▨ 現地進出日系企業　□ その他外資企業　(%)

	地場企業	現地進出日系企業	その他外資企業
総数(n=1,901)	56.2	37.4	6.5
バングラデシュ(n=19)	87.3	9.6	3.2
韓国(n=71)	85.4	10.5	4.1
台湾(n=36)	83.8	13.5	2.6
ニュージーランド(n=22)	83.2	10.5	6.4
オーストラリア(n=34)	81.9	8.5	9.6
インド(n=155)	77.9	17.4	4.7
中国(n=541)	57.7	36.5	5.8
マレーシア(n=128)	56.8	38.0	5.2
シンガポール(n=31)	55.0	38.5	6.5
香港・マカオ(n=16)	54.9	40.6	4.5
インドネシア(n=230)	49.3	45.3	5.4
ベトナム(n=213)	43.5	41.2	15.2
タイ(n=315)	42.4	53.1	4.5
フィリピン(n=64)	36.8	55.5	7.7

（出所）日本貿易振興機構（2014），49 ページ。

としての「現地進出日系企業」の構成比が 5 割を超える（日本貿易振興機構 2014）。

　同時に ASEAN 経済共同体（AEC）が発足することも重要な環境要因であろう。東南アジア諸国連合（ASEAN）は，タイ，インドネシア，シンガポール，フィリピン，マレーシア，ブルネイの先行加盟 6 カ国については，域内経済協力・経済統合を推進し，2010 年 1 月 1 日には関税がほぼ撤廃されていた。さらに 2015 年末に AEC が実現している（石川・清水・助川 2013，3 ページ）。ASEAN が 10 カ国によって AEC を確立すると，中国やインドにも対抗する規模の経済圏になる可能性があるとされ，「2020 年までに物品・サービス・投資・熟練労働力の自由な移動に特徴付けられる単一市場・生産基地を構築する」（同書，4 ページ）。日本企業は 1985 年のプラザ合意以降，円高の進行に伴い，汎用品を中心に ASEAN に第三国向け輸出拠点を設置する動きが活発化してい

た。1990年代半ばにはASEAN各国の域内需要の盛り上がりを受け，それら需要の獲得に向けた投資が活発化した。その後は中国への生産拠点の設立が増加したが，近年は，中国の賃金上昇，反日行動等により投資環境が変化し，日本企業の投資先として再びASEANが注目を集めている（同書，202ページ）。

日本からの部品調達はどのような状態だろうか。図7-4が示すように，いくつかの理由で日本国内からの調達が続いていることが分かる。

日本以外からの調達が困難である理由については，品質・技術面をあげた企業が84.5％。次いで，取引先からの指定材料・部品である，という理由をあげた企業が36.4％あった。精密機械器具に関係する企業は，品質・技術，生産安定性・納期，技術流出防止・知的財産保護と様々な選択肢において，回答割合が高い。

図7-4 日本から調達する理由（日本でしか調達できない原材料・部品について日本以外からの調達が困難である理由）

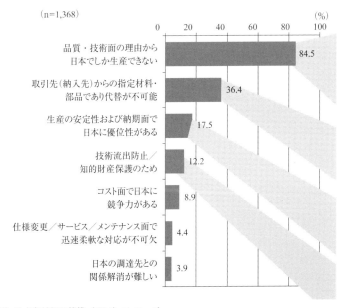

(出所) 日本貿易振興機構（2014），51ページ。

さらに，図7-5で示すように，現地での部品調達を増やす傾向は強く，現地調達先として「地場企業」が重要視される一方，国・地域によって大きな差があるが，「進出日系企業」を重要視する割合は特にASEANにおいて大きい。

それでは，新興国における生産コストの上昇と円安による製造業の国内回帰の状況はどうだろうか。BCG（The Boston Consulting Group）は，2014年に米国の生産コストを100とした場合の各国の生産コストを紹介しているが，図7-6で示されるように，中国の生産コスト優位は今やアメリカに対して5%程度でしかない。ASEANはいまだに人件費にかんして優位性を持つとはいえ，中国に生産拠点を求める趨勢は終わり，彼らの表現によれば，「今や生産拠点は，世界各地域に分散している」（The Boston Consulting Group 2014）。

さらに，2015年に入って，円安の進行により人件費の差はさらに縮小し，海外への投資は減少していないが，いわゆる「製造業の国内回帰」の事例は増加している。直接的な統計データに表れてはいないが，図7-7の示すように，

図7-5　日系企業の現地調達比率

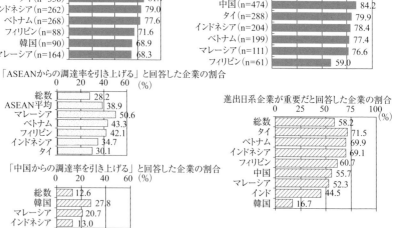

（出所）日本貿易振興機構（2014），52ページ。

話題になることは 2015 年になって急激に増えている（みずほ総合研究所 2015）。

図 7-6　主要輸出国の生産コスト比較
米国の生産コスト＝100 とした場合の，各国の生産コスト（2014 年）

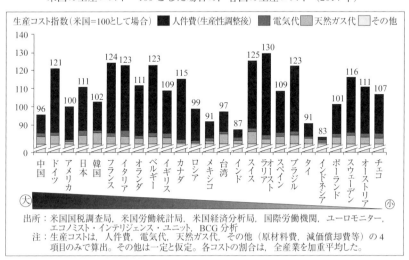

（出所）The Boston Consulting Group（2014）.

図 7-7　国内回帰に関する新聞報道数

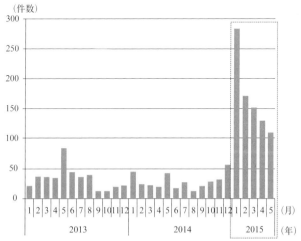

注：「国内回帰」というキーワードを含む記事数。検索対象は国内新聞（地方紙や専門誌を含む）。
資料：日経テレコンにより，みずほ総合研究所作成。
（出所）みずほ総合研究所（2015）。

1-2 関連する理論的な背景

これらレビューを見ると，注目されているテーマは，(1)人件費に代表される生産費用，輸送費用，規模の経済，さらには系列関係，アウトソーシングなどであり，それは組織の経済学と呼ばれる分野で理論的に扱われていることが分かる。また，(2)日本でしか調達されない品目などを対象とするケイパビリティあるいは「資源ベースの見方」が想起される。そして，(3)大手製造業者と中小製造業者との取引関係には大手と中小のパワー関係を扱う資源依存理論が考えられる。これらの理論的背景を略述しておこう。

第1に規模の経済などが引き起こす生産費用の低下や市場インフラの整備が引き起こす取引費用の減少などを扱う，「組織の経済学」（ベサンコ，ドラノブ＆シャンリー 2002）である。規模の経済とは，生産規模の増加とともに平均費用が低下するという，組織の経済学における基本的なコンセプトであるが，基本的であるだけに多くの企業行動の決定要因となっている。また，何らかの財あるいはサービスの購買・調達を市場取引として行うか，それとも当該企業の内部で自製するか，あるいは，系列や長期取引の中間的形態で行うのかという決定は，取引費用にかかわるものである(Coase 1937, Williamosn 1975, 1985)。新興国における人件費の低さは直接的に生産費用を左右するだろうし，それまで行われていた国内での系列会社や協力会社からの調達・購買をやめさせるだろう。しかしもともと国内で行われていた，系列会社や協力会社との取引はまったくの市場取引というよりも，少なくとも欧米流の市場取引よりも取引費用が低い取引形態であったがゆえに選ばれていたことを忘れてはならない。競合する日系中小製造業者あるいは現地の製造業者の生産費用にかかわる優位は，系列会社や協力会社が持つ取引費用と比較され，検討される必要があるだろう。このテーマでは特にサプライヤーとの企業間関係のデザインにかかわる伝統的な取引費用の make or buy の問題にかかわっているのである（Coase 1937, Williamson 1975, 1985, 浅沼 1997）。

第2に取引費用を用いた分析は，取引にかかわる企業が持つ独自のノウハウや能力であるケイパビリティあるいは経営資源が，どのような費用構造の相違

をもたらしているか，問題にしていない。また，規模の経済がもたらす生産費用の低下の比較は，ケイパビリティあるいは経営資源の相違がもたらす費用構造の相違を考慮するものではない。したがって，個々の企業が独自に持つケイパビリティ（Langlois and Robertson 1995），と経営資源を問題にする「資源ベースの見方」（resource-based view of the firm）を考慮に入れる必要があるだろう（Wernerfelt 1984, Barney 1991）。たとえば，多くの日本企業は，「発注者」としても，「受注者」としても，豊富な知的資源を持っているだろうし，また，中小製造業者ですら，「オンリーワン企業」といわれる特殊な技術を持っているかもしれない。このような技術としてのケイパビリティや経営資源の存在は，規模の経済や人件費がもたらす生産費用の低さのみを理由にして，調達・購買の取引を「取りやめられない」ことを意味している。取引費用の経済学は，多くの実証論文による支持を得ているものであるが（Geyskens, Steenkamp and Kumar 2006）個々の企業が同一の費用構造を持っていると仮定し（Langlois and Foss 1999），ケイパビリティや独特の経営資源が取引の際にもたらすジョイントプロフィットを考慮していない（丹沢 2000）。日本国内の中小製造業者の企業が持つ独自の資源が長期的な取引やアライアンスのさいにもたらす優位を考慮する必要があるだろう。

　第3に，中小製造業者にとって大手製造業者は顧客であり，顧客が少数になるほど，また大量の調達・購買を行うほど，両者の間にはパワー関係が生じてくる。「搾取される下請け企業」とまでは言わずとも，このパワー関係がパワーにもとづく VMI（Vendor-Managed inventory）の要求，輸送費の負担などさまざまな費用に還元される優位性を生ぜしめていることは確かである。その意味で，資源依存理論（Resource dependence theory）によると，企業は，取引相手との相互依存関係を相手の自分への依存を増やし，自分の相手への依存を減らすようにデザインしようとする（Pfeffer 1972, Pfeffer and Salancik 1978）。したがって，調達・購買において，大手製造業者と中小製造業者の取引が，市場的に行われるのか，それとも合併や提携によって行われるのかは，パワー関係によって決定されるだろう。依存の度合いが高く，重要なサプライヤーであったり，逆に

重要な買い手であったりすると，合併されることがより多くなる。これらの問題は資源依存理論によって分析される必要があるだろう。

1-3　3つのリサーチ・クエスチョン

以上の先行する文献から，本稿で扱うべき分析の枠組みとして3つのリサーチクエスチョンを抽出できる。

　　リサーチ・クエスチョン1

　　日本の大手「発注企業」は，新興国での調達・購買を行いながら，日本の中小・零細の受注企業に何を求めるか。

　　リサーチ・クエスチョン2

　　国内の「受注企業」は，新興国に現れた「競合受注先」に対してどのように対抗すべきか。

　　リサーチ・クエスチョン3

　　日本の中小・零細の受注企業によるさまざまな新しい試みの中に「有力な対抗策」があるか。

2.　分析：環境変化に対する大手・中小製造業者の対応と7つの命題

2-1　国内発注企業の調達・購買活動

大手製造業者には，グローバル調達が大きな流れという印象があるが，当然，すべての調達・購買がグローバル化されるわけではない。調査において得られた回答には，「以前に比べて」というニュアンスも多かった。また，多くの製造会社は発注者であると同時に受注者でもあり，ごく少数の大手自動車メーカー，大手電機メーカーのみが純粋な発注者となっている。そういった中で，最も顕著に見られたのは，量産品についてはグローバル規模で最適なサプライヤーを探し，スポット品，試作品については地場の中小製造業者を活用する，という回答であった。

「6割程度は，地理的に近接した地場の中小製造業者を利用し，付加価値の低いものは海外から調達し，技術開発の必要のあるものは国内に求める。つま

り国内に調達先を求めるとしたら，（その中小製造業者が）「他社にはない独自の技術ノウハウを持っているかが鍵」という見解もあった。試作品などには独自の技術が表れやすいという点と数をこなせないという点の両者を含むものと考えられる。また，品質要求が高いので，主に国内で調達，海外で調達する場合も海外に進出した日系中小製造業者から調達する，という見解は根強い。

さらに，依然として自社の「購買協力会」（自社への依存度が66.6%以上あるいは10%以上の資本参加をしている企業からなる）からの調達額を4割維持しているという回答もあった。この回答は，グローバル調達とは正反対の「信頼」にもとづく関係がグローバル調達による費用削減を上回るベネフィットを生み出しているという判断にもとづくものだろう。もっとも強力な意見としては（防衛産業に関係し，特殊な事情というべきであるが），（調達先の）協力会社との関係は「リスクシェアリングパートナーとしてともに成長してきた関係なので，将来的にも変わらない」，という回答にみられる（機械振興協会・経済研究所調査2011，丹沢追加インタビュー2014，2015）。

また，国内にはサプライヤーが集積しており，大手製造業者が提案を求めるさいにはコミュニケーションが重要であり，試作型の初期の金型，試作前の段階の金型（開発段階の実験型）まで一括発注が可能であり，「オンリーワン技術を持つ」ことが重要であるという。さらに工程変更などがある場合にも，海外からの調達は困難であることはいうまでもない。

これらの回答をまとめると，業界や，バリューチェーンの中の位置する場所の違いはあるが，どの中小製造業者を重視するかという点から整理すると表7-2のようにまとめられる。

ASEAN等の新興国においては現在もなお人件費が低廉であることは，既述のとおりであり，費用構造の優位性により，新興国における競合受注サイドは強い競争力を持っているといえる。また，直接投資に対する税制上の優遇処置も，減少傾向であるとはいえ，多く見られ，これもまた低コストを実現している。しかしこのことは，「量産品」「付加価値の低い」規模の経済が生かせるものに限られることも重要である。量産品については，品質，納品期限に関する

表7-2　国内発注企業のグローバル調達

重視する 調達先	住み分けのスタンス
海外	●量産品についてはグローバル規模で最適なサプライヤー ●付加価値の低いものは海外から調達
中間	●品質要求が高い場合，主に国内で調達 ●海外で調達する場合も海外に進出した日系企業から調達
国内	●自社の「購買協力会」から調達 ●協力会社との関係は「リスクシェアリングパートナー」として共に成長 ●提案を求めるにはコミュニケーションが容易であることが重要

（出所）筆者作成。

モニタ，交渉のコストも低く，この意味で取引費用も，（国内での調達に比べて）大して違わないレベルであることも重要な要因である。このような費用構造の優位性に加えて，国内人件費の相対的な高さにより，量産品に関しては国内の中小受注企業は競争力を失っているといえよう。したがって，

命題1

調達・購買の対象が量産可能であるほど，国内受注企業の競争力は少なくなっている。

2-2　国内において受注する中小製造業者の対応策

新興国における低廉な人件費とEMS（Electronic Manufacturing Service）企業の規模の経済によって既に量産品については国内の中小製造業者は競争力を失っているが，さらに新興国経済と現地企業の成長，そして円高によって高度な財・サービスについても競争力を失う可能性があるというのが，国内中小製造業者の問題状況であるように思われる。

それに対して，特注品あるいは特注品に仕立てることにより生き残ろうとする可能性がある。すなわち，それは，必要とされる財・サービスの「構想・設計から製品化までのトータルにかかわり，アフターサービスも提供する方向性である。他にも，設計図の段階で取引先から情報を得てカスタマイズされた加工を行うことがこれに含まれる。また，積極的に「提案をして」生き残るため

に，顧客の試作部門，設計部門により食い込む必要性を感じているという回答
も，量産品との住み分けを目指した方向性といえるだろう。提供する財・サー
ビスに共同開発的な要素を持たせ，一貫して提案型開発を行うというのが趣旨
である。

やはり量産品を回避する方向で次に考えられるのが，独自の技術を持つこと
であろう。代表的な技術を持つこと，技術力で負けないものを作る点に注力す
ることである。高い技術力という点では，他にQ.C.D.の管理能力，顧客情報・
動向を早く感知，顧客の依頼にきめ細かく対応する，があげられる。蓄積され
た独自のノウハウ，職人技，特別の商品ジャンルなど独自の技術を持つという
オンリーワン技術による競争優位の維持を目的とすることも多い。

また，ある程度規模のある中小製造業者ならば，顧客である大手製造業者と
ともに，あるいはその要請に応じて海外に進出し，税制上の優遇，低廉な人件
費を利用して受注を維持することもできる。受注を維持するためには，海外生
産を行うしかないが，しかし単独で進出して，工場を設立するのは困難なの
で，土地，設備を大手製造業者が用意することを要望するケースもある。単独
で海外に進出する規模がないところでは，共同出資をして，合弁で海外進出し
て，海外でミニ・クラスターとして再現するという構想を持つところもある。

最後に，継続的に取引をしてきたというこれまでの経緯から，信頼関係が築
かれているとし，それによって受注を続けているとする企業もあった。なかで
も，資本が34％入っているので，新規発注分については，設計段階から関与
する場合がそれである。

提案型の開発に伴う取引形態は，どのような理由で成立するだろうか。組織
の経済学のツールから検討してみよう。まず提案型である限り，その内容は量
産型とはいえないだろう。同じ種類の製品を大量に作るといっても，いわゆ
る，標準化されたスタンダードとは相反するものである。その意味で生産費用
的にはコスト高要因となっているだろう。しかし，取引費用という点では，お
互いに特殊な資産への投資を行い，相手に対して機会主義的な振る舞いがしに
くくなっている点でモニタリングコストは少ないといえるだろう。また，対面

型の取引であれば，コミュニケーションは密接に行われており，探索コストという点でも取引費用は節約されているといえるだろう。また，「資源ベースの見方」からみると，日本の企業にあるこれまでの技術，ノウハウの蓄積を利用しているし，また，アフタサービスなどのノウハウという点で，これまでにある資源を利用しているという点で優位性を実現しているといえる。資源依存的な視点からはイーブンな参加がみられるので，影響要因となっていないだろう。

命題2
国内中小製造業者は，開発提携を行うことによって，複数の工程に同時にかかわる取引をデザインし，海外の競合するサプライヤーが持つ，単一の工程に特化し，規模の経済を生かす優位性を無効にしようとする。

独自の技術を確立することは，オンリーワン技術を持つということであり，「資源ベースの見方」によってもっとも正当化できる対応策である。生産費用的には大きく劣位になるだろうし，取引費用的にも機会主義的な脅威を生み出し，メリットは多くない。しかし，独自であるほど，顧客である大手製造業者の依存を生み出すとすれば，パワーとなって優位性をもたらすであろう。規模的な限界はあるが，中小製造業者であれば，有効な対応策であるといえよう。

命題3
独自の技術を確立すれば，その資源に依存する発注者である大手製造業者に対するパワーを持ち，競合するサプライヤーに対して優位性を持つ。

それに対して，海外に進出するという対応策は，比較的規模の大きい中小製造業者に採用されるだろう。規模的に大きければ，海外進出のためのさまざまな経営資源を持っているだろうし，また必要であれば，入手できるだろう。そ

の意味で，ミニクラスター，日本の中小製造業者向けの工業団地のデザインなど付属的な対応策が考えられる。海外での生産拠点の形成によって，人件費に端を発する生産費用上の優位を得られるだろうし，日系の大手製造業者との取引であれば，コミュニケーションに端を発する取引費用も，現地企業と比較すれば，かなりの優位を期待できるだろう。

命題4

比較的規模の大きい大手の中小製造業者など経営資源が豊富であれば自ら海外に進出し，低廉な人件費，税制上の優遇を活用できる。限界的な規模の中小製造業者は，共同体での進出を考えられる。

最後に，これまでの取引によって蓄積された信頼関係を生かすという対応策はどうだろうか。生産費用的には全く優位をもたらすとはいえないことはいうまでもない。むしろ信頼は容易にしがらみに転換することを忘れてはならないだろう。ただこの取引形態が継続するのは，知的財産の意味でかなり特殊な財，たとえば，防衛関係の製品であるとか，特殊な取引においては，有力な取引形態であるとはいえるのである。

命題5

知的財産の流出に留意しなければならない特殊なケースにおいては，相変わらず信頼関係の形成をベースにした受発注関係が維持される。

2-3　中小製造業者のための海外進出・受注支援ビジネスの展開

さらにデータの中には，大手，中小の製造業者の枠に収まらないサービスがみられた。たとえば，JETRO は「新興国進出個別支援サービス」として約200人の中小製造業者の海外進出，海外との取引を支援するための専門家を用意している。中小製造業者には人材的な限界もあり，大手製造業者が海外に行ってしまったときに支援が必要とされる。総合商社出身者が約3割を占め，現地で

の原材料調達ルートの紹介，現地政府との交渉，海外進出，海外との取引にかかわる情報の流れについて支援する。この制度をデザインすることで，取引費用が削減されていることはいうまでもない（丹沢追加インタビュー2014，2015）。

命題6

行政機関は，中小製造業者の海外進出を支援するための制度をデザインすることで，探索，コミュニケーション，モニタリングなど取引費用を削減できる。

しかし，大手製造業者にとって，中小製造業者が，あまりにも規模で中小であるがゆえに取引相手として見出すことができないという困難を克服する支援サービスは，むしろ民間において普及しつつある。たとえば，中小製造業者，約17,000社を会員とし，図7-8のようなデータベースを持つ株式会社NCネットワークは，大手製造業者から受注を受け，自らのデータベースからそのケイパビリティに合った中小製造業者を選択し，自分では品質保証を負担するという形で大手製造業者との間の仲介するというビジネスを展開している。同社は，複数の中小企業者たちの参加するプラットフォームをデザインすることに加えて，品質保証を引き受けることで発注者にとっての取引費用を削減している（丹沢インタビュー2015）。

さらに，同社はベトナムでは，現地ローカル企業が大手製造業者の要求品質に答えられないか，または必要な技術を有していないという事情から，各地域に所在する日系中小企業のデータベースを作成し，プラットフォームを提供していることも注目される（同インタビュー2015）。

命題7

中小製造業を対象とした企業が受注者と発注者を仲介するプラットフォームビジネスを展開すべきである。

図7-8 株式会社NCネットワークが持つデータベース

加工分類検索	その他の検索	

▶設計(97) ▶材料(75) ▶試作開発・少量生産(122)

▶金型製作(82) ▶量産(193) ▶表面処理(86)

▶組み立て・検査(55) ▶部品製造(89)

▶自動車部品製造(12) ▶製品製造(149)

※ 図は一部であり，数字はその業務を行う中小製造業者の数。
(出所) (株) NC ネットワークのホームページ (https://www.nc-net.or.jp) より作成。

　これらの回答とインタビューをまとめると，中小製造業者には大手製造業者におけるよりもずっと多様な対応策が試みられていることがわかる。それはおそらくこれまでに蓄積した技術，ノウハウ，信頼関係など多様な理由によるものと思われるが，対応策別に整理すると表7-3のようになる（機械振興協会・経済研究所調査 2011，前掲インタビュー 2014, 2015）

　以上の分析から，今日の環境変化に対応する大手製造業者，中小製造業者の対応の行動から，表7-4のような命題が見出された。

3. 検　　討

　以上の命題から，大手製造業者には，海外に進出した日系企業からの調達，新興国において成長した現地企業からの調達という2つのグローバル調達が存在し，それぞれの優位性が明らかになった。さらに中小製造業者の分析からは，「従来の系列企業との取引，協力会社との取引，下請け企業としての取引」という区分ではなく，開発提携を目指した対応策，独自の技術を目指すという対応策，海外への進出を考慮すべきであることが分かった。このような国内外における日本の中小製造業者の受注戦略は，図7-9のように表現できる。

　これによって，大手製造業者は，海外でのグローバル調達のメリットを利用

表7-3 受注企業に見られる対応策

対応策のタイプ	具体的な対応策
提案型の開発	●「構想・設計から製品化までのトータルにかかわり，アフターフォローも提供する。積極的に「提案をして」生き残るために，顧客の試作部門，設計部門により食い込む。 ●カスタム対応を重視する，つまり少量生産に対応したり，短納期に対応する。
独自の技術を持つ	●独自の技術を持つ。蓄積された独自のノウハウ，職人技，特別の商品ジャンルを持つ。 ● Q.C.D. の管理能力，顧客情報・動向を早く感知と顧客依頼に小回りができる。
海外に進出する	●海外に進出し，税制上の優遇，低廉な人件費を利用する。 ●中小製造業者向け工業団地に入居し，現地の日系大手製造業者と取引。 ●公的支援を得て海外進出する。 ●国内外のプラットフォームビジネスを利用する。
これまでの信頼関係を生かす	●資本関係を持ち，設計段階から関与する。 ●長年の取引による経験と信頼関係の蓄積を生かす。

（出所）筆者作成。

表7-4 大手メーカー，中小メーカーの対応と7つの命題

命題1	調達・購買の対象が量産可能であるほど，国内中小製造業者の競争力は少なくなっている。
命題2	国内中小製造業者は，開発提携を行うことによって，複数の工程に同時にかかわる取引をデザインし，海外の競合する受注企業が持つ，単一の工程に特化し，規模の経済を生かす優位性を無効にしようとする。
命題3	独自の技術を確立すれば，その資源に依存する大手製造業者に対するパワーを持つ。
命題4	比較的規模の大きい大手の中小製造業など経営資源が豊富であれば自ら海外に進出し，低廉な人件費，税制上の優遇を活用できる。限界的な規模の中小製造業者は，共同体での進出を考える。
命題5	知的財産の流出に留意しなければならない特殊なケースにおいては，相変わらず信頼関係の形成をベースにした取引関係が維持される。
命題6	行政機関は，中小製造業者の海外進出を支援するための制度をデザインすることで，探索，コミュニケーション，モニタリングなど取引費用を削減できる。
命題7	中小製造業を対象とした企業が受注者と発注者を仲介するプラットフォームビジネスを展開すべきである。

（出所）筆者作成。

図 7-9　国内外における日本の中小製造業者の受注戦略

	新興国調達・購買市場	発注企業	国内調達・購買市場
グローバル化時代という環境特性	1. 新興国経済・市場の成長 2. 低廉な人件費 3. 税制上の優遇策 4.ASEAN経済共同体の発足		1.ケイレツ、協力会社の伝統 2.高い国内人件費 3.独自の高い技術を持つ 4.信頼関係の蓄積
実行されている受発注取引	1. 量産品を中心に新興国における競合受注企業（OE）（命題1） 国外中小受注企業 2.中小向け工業団地に進出した日系受注企業からの調達（RD）（OE）（RBV）（命題4、6） 3.行政機関の支援による海外進出（OE）（命題7）		国内中小受注企業 1.開発提携（OE、RBV）（命題2） 2.独自技術開発（RBV）（命題3） 3.特殊な製品と信頼関係の継続（RD）（RBV）（命題5） 4.国内で仲介ビジネスの利用（OE）（命題6）

3 つの理論的背景：1. 組織の経済学（生産費用・取引費用）（OE），2. ケイパビリティ「資源ベースの見方」（RBV），3. 資源依存理論（パワー関係）（RD）
（出所）筆者作成。

しながら，国内では，複数の工程にまたがるがゆえに海外の受注者には対応できない共同での開発による部品の調達・購買を行うというように，すみ分けることが進められよう。

　また，国内中小製造業者には開発提携を軸として独自の技術，製品を開発していくことが勧められる。さらに行政当局によってこういった独自の技術，製品の開発を行うプラットフォームが形成されれば，より堅固な優位性を実現できるだろう。また，行政機関による海外進出支援を利用することで，海外での日系企業の発注に応えられるだろう。

お　わ　り　に

　大手製造業者は，量産品のグローバル調達のメリットを利用しながら，国内では，仲介ビジネスを利用しながら，中小製造業者から複数の工程にまたがるがゆえに海外の受注者には対応できない共同での開発による部品の調達・購買を行う。国内の中小製造業者には開発提携を軸として独自の技術，製品を開発

し，さらに自ら，あるいは行政当局によって独自の技術，製品の開発を行うプラットフォームを利用することが望まれる。また，海外進出支援を利用して，海外での日系大手製造業者の発注に応えるという受注戦略が有効だろう。

しかし，提案された生き残り策は，大別して，（1）円安と国内回帰の波に乗り，これまでの信頼関係にもとづき，提携と独自技術を開発し，部分的にマッチングビジネスを利用する，という対応策と，（2）支援を受けながら海外進出し，中小製造業者向け工業団地に入居し，日系企業からの受注に期待するというものに分かれた。これらの対応策にどのような問題点があるか，その対応策をさらに検討を加えたい。

参 考 文 献

浅沼万里（1997）『日本の企業組織 革新的適応のメカニズム─長期取引関係の構造と機能』東洋経済新報社，379 ページ。

池田正孝（1999）「特集 再編成下の自動車部品産業とサバイバルを目指す中小部品メーカー」（『月刊自動車部品』50 (11)，1999-11，自動車部品出版）4-11 ページ。

丹沢安治（2000）『新制度派経済学による組織研究の基礎─制度の発生とコントロールへのアプローチ』白桃書房。

丹沢安治（2006）「ライン河上流のバイオ・クラスターにおけるガバナンス構造─コーシアン・イノベーションとイノベーション・ミックスの視点から」（『三田商学』第 49 巻，慶應義塾大学商学会）。

西口敏弘（2000）『戦略的アウトソーシングの進化』東京大学出版会。

福田佳之（2010）「技術で勝って事業で負けることは日本のものづくりの必然か」，（『経営センサー』121）11-18 ページ。

ベサンコ, D, ドラノブ, D＆シャンリー, M（奥村昭博・大林厚臣訳）（2002）『戦略の経済学』ダイヤモンド社。

本篠聡（2006）「日系，外資，中国系で異なる調達戦略」（Automotive Technology, 2006, winter）pp.178-184.

【報告書】

機械振興協会・経済研究所（2011）「電子部品及び機械部品の調達システムと取引関係の変化」平成 22 年度調査研究事業委員会調査（丹沢安治委員長）。

経済産業省（2015）「第 44 回海外事業活動基本調査経済産業省（報告書：2014 年 7 月調査）」。

経済産業省通商政策局（2015）『平成 22 年版通商白書』（2015 年 8 月）。

丹沢安治（2011）「部品調達の現状と変化の方向」（『グローバル時代を生き抜くベトナム拠点』日本 IE 協会）。

The Boston Consulting Group（2014）「主要 25 カ国の生産コスト比較」。

JETRO（2015）『第25回アジア・オセアニア主要都市・地域の投資関連コスト比較』（2015年6月）。

【雑誌記事】

日経エレクトロニクス（2011）「どこまで広がるのか社員100万人の『鴻海』圏」（『日経エレクトロニクス』2011.1.10），73-82ページ。

日経ビジネス（2010）「生産・購買に新たな波動：一国一城の限界破る」（『日経ビジネス』2010年3月29日）。

日本貿易振興機構（2010）「在アジア・オセアニア日系企業活動実態調査（2010年度調査）」海外調査部アジア大洋州課・中国北アジア課。

みずほ総合研究所（2015）「製造業の国内回帰シリーズ①」。

【新聞記事】

日経産業新聞「海外特許　日本とドイツで6割」2000年12月7日付。

日本経済新聞「EMS」2009年5月14日付。

日本経済新聞「米特許資産規模　キヤノン2位に」2010年8月17日付。

日本経済新聞「中小・部品の海外調達拡大」2010年8月25日付。

日本経済新聞「海外拠点が6割調達パナソニック」2010年11月06日付。

日本経済新聞「部品の海外調達積極化」2010年12月03日付。

日本経済新聞「産業素材空洞化の衝撃」2011年01月06日付。

Alchian, A. A. (1950), "Uncertainty, Evolution and Economic Theory", *Journal of Political Economy*, Vol.58, pp.211-221.

Barney, J. B. (1991), "Firm resources and sustainable competitive advantage", *Journal of Management*, 17 (1), pp. 99-120.

Coase, R.H. (1937), "The Nature of the Firm", in : *Economica N.S.*, Vol.4, 1937, pp.386-405.（宮沢健一・後藤晃・藤垣芳文訳『企業の本質「企業，市場，法」』東洋経済新報社，1992年，39-63ページ）。

Dew, N. (2006), "Institutional entrepreneurship A Coasian perspective", *ENTREPRENEURSHIP AND INNOVATION*, February 2006, pp.13-22.

Dyer, J.H. (1997), "EFFECTIVE INTERFIRM COLLABORATION: HOW FIRMS MINIMIZE TRANSACTION COSTS AND MAXIMIZE TRANSACTION VALUE", *SMJ*, Aug 1997.

Geyskens, Steenkamp and Kumar (2006), "Make, Buy, or Ally: A Transaction Cost Theory, MetaAnalysis", *Academy of Management Journal*, 2006, Vol.49, No.3, pp.519-543.

Langlois, R.N. and Foss, N.J. (1999), "Capabilities and Governance: The Rebirth of Production in the Theory of Economic Organization", *KYKLOS*, vol.52, 1999 Fasc.2. pp.201-218.

Pfeffer, J. (1972), "Merger as a response to organizational interdependence", *Administrative Science Quarterly*, 17: pp.382-392.

Pfeffer, J. and Salancik, G. (1978), *The external control of organizations*, New York: Harper & Row.

Picot, A., Dietl, H. and Franck, E. (2005), *Organisation: Eine ökonomische Perspektive*. 4. akutalisierte und erweiterte Auflage, 2005, Schäffer-Poeschel Verlag.（丹沢安治・榊原

研互・田川克生・小山明宏・渡辺敏雄・宮崎徹訳『新制度派経済学による組織入門（第4版）』白桃書房，2007年）。

Togashi, K. (2003), "Globalization or Hollowing out? : The Restructuring of Japanese Manufacturing Industries and the Transformation of Spatial Systems in the 1990s", *Annals of Japan Association of Economic Geographers*, Vol. 49, 2003, pp.119-141.

Wernerfelt, B.A. (1984), "Resource-based View of the Firm", *Strategic Management Journal*, Vol.5, pp.171-180.

Williamson, O. E. (1975), *Markets and Hierarchies: Analysis and Antitrust Implications. A Study in the Economics of Internal Organization*, New York (Free Press). （浅沼万里・岩崎晃訳『市場と企業組織』日本評論社, 1980年）。

Williamson, O. (1985), *The Economic Institutions of Capitalism: Firms, Markets Relational Contracting*, New York: Free Press.

第 8 章

アセアンにおける日本企業の事業戦略とマネジメント
コントロールの課題について
――ベトナム現地日本法人の事例を基礎にした考察――

浅 田 孝 幸

は じ め に

　組織革新とマネジメントコントロール（MC）は密接不可分である。しかし，組織革新（イノベーション）論の多くは，コントロール問題との関係を意識しないで展開されているケースが多く，とりわけ，近年の議論の例としては，米国のベンチャー企業を取り上げて，短期間での目覚ましい成長がリアルに多数観察されるようになり，グローバルな資本市場経由で巨額な資金調達とそれの資本市場・財市場からの投資効果が世界レベルで喧伝されている。しかし，米国を中心にしたイノベーションの実現には，要素技術研究，製品開発，商品生産，販売・マーケティングの各プロセスを従来以上に，そのプロセスがマネジメント単位別に市場化され，それぞれが，自在に主体別のガバナンスに応じて資本市場と関係する金融仲介ネットワークで結びつく現実がある。このことは，ネットワークガバナンスのモラルハザード問題を先鋭化し，従来ある，階層組織でのコーポレイトガバナンスと異なる，ネットワークガバナンスの責任境界の不透明化あるいは，変質による課題を生み出している可能性があるだろう。もちろん，逆説的な意味で，日本での資本市場と日本企業のイノベーションについては，依然として，大企業中心のイノベーションと企業グループ別の

自前主義での事業開発が，産業競争力の基礎であり，英米企業でのイノベーションにおける大企業とベンチャーとの共創なり，資本市場を介したネットワークによるイノベーションの実現スピードと比べて，アイデア創出からビジネス実現までの期間において，決定的な時間差が招来している。ここでの議論は，以上のような現状理解を前提にしながら，一方で，アセアンにおける日本企業についての事例研究をベースに，グローバルな事業のネットワーク化とそこで起こっている新しい事業モデルのアイデアとその課題から，マネジメントコントロールの新たな意義について検討したい。

そこで，本稿の課題は，ネットワーク型の事業統治を前提にして，マネジメント・コントロールシステムの課題，あるいは事業管理の課題を，管理会計・戦略管理についての新たな研究課題として提案するところにある。

1. 問題提起と先行研究からの考察

組織間マネジメントが，管理会計，組織論などでの興味をひくテーマになって久しい（例えば，日本で発刊された文献で，組織間の話題の多くは SCM（supply chain management）に関するもので，1990 年あたりから多数に上る。その一部は，巻末文献参照）。

管理会計では，資本系列による組織的経営や垂直的組織から水平的組織的への戦略的組織展開とそれに対応する管理会計手法などが，1990 年代のテーマになった。また，日米貿易協議においても，日本の系列構造が，大きな日米間の摩擦の元凶として議論され，それの解体と新たな仕組みが模索されたこともあった。しかし，現状の日本の大企業経営においては，情報ネットワークの急速な進歩は，これまでの縦型構造の大規模組織の解体を生み，自動車産業でも，GM 型の事業部制の解体とプッシュ型生産方式から，市場の動向に基礎をおいたプル方式が一般化し，トヨタ型の改善を基礎にした柔構造をもつネットワーク型の組織は，ごく当然の前提にされていると言えるだろう。

なお，ここでいうトヨタのネットワーク構造とは，会計管理からみれば，事業部などの分権的組織で，利益単位マネジメントを中心にした事業単位構成と

第8章 アセアンにおける日本企業の事業戦略とマネジメントコントロールの課題について 169

は別種のものであり，コストマネジメントと収益・利益マネジメントが，組織
責任単位としては，分離されたものと言われている。すなわち，レイヤー構造
をもつ，部品生産企業から，最終組立ラインをもつ，トヨタの製品別事業所
に，統合された部品群が複数のレイヤー構造を通じて，最終的に完成品組立ラ
インに集中され，本社の製品別コストセンターで完成品化されている。一方
で，収益・利益管理は，トヨタ本社の営業本部を通じて集計された最終的売上
高と，そこまでの価値連鎖全体で積み上げられた製品グループ・種類別（系列
別）の製造コストが，マッチングされて，製品系列別の損益管理が貫徹する仕
組みである。

　上記のような，製造過程・販売過程のマッチングを前提にした集約管理と，
水平的な生産過程内部のネットワーク構造は，それ自体として，大きな柔軟性
と統合性という内部構造と規模のメリットを発揮する仕組みとして機能してい
ると思われる。しかし，その柔軟な生産システムを支えるためのイノベーショ
ンの仕組みについては，人偏のつく自動化ということばで示唆されているよう
に，企画・改善・維持の仕組みが非常に大きな経営的貢献を達成するドライバ
ーになっている。この企画・改善は，継続的な製品品質・機能・コストの向上
を目的としているものであるが，それ以上に，近年に注目されてきているの
は，イノベーションのシステム化である。延岡，クスマノ（Nobeoka and Cusmamo
1997）などにより，製品開発・企画についての組織的仕組みについては，マル
ティプロジェクト戦略というコンセプトが，その概要として提案された。

　このマルティプロジェクト戦略は，組織論的には，複数の製品開発プロジェ
クトが並行開発されることで，タイミングよい新製品市場投入と組織的効率性
のバランスを維持しようとするものであり，製品開発オプションを常に一定程
度維持することが，開発リスクの低減をしながら同時に生産規模の単なる拡大
ではなく，市場での営業成果への効果性をバランスされるものであった。その
考え方は，競争的チーム組織と共通した支援組織からなる組織的開発マネジメ
ント体制から生み出されたということで，ある種の組織革新につながってい
る。

自動車開発の現場における革新的生産構造とそのプロセスの生成は，最近のドイツにおける IOT モデルなどへも展開されていると言えるだろう。しかし，この流れにつながる発展系の 1 つは，ボーイング，エアバスに見られる大規模な開発・製造ネットワーク構造であろう。エアバス 330，340 などの開発において，エアバス社は，多国籍企業であるがゆえの生産分業での国際化による多国籍での雇用確保と集中的な企画・開発とのバランスを EU 全体で展開してきた。それは，製品・製造システムの集中立地型から，クラスター型分散立地に大きく変貌をとげている。同様に，ボーイングにおいても，最終的組立・開発機能と中核部品の製造・組立は，グローバルに分散しかつ最終的にボーイング本社において組立される生産基盤を基礎においている。このことは，名古屋，シアトル，カリフォルニア・ベイエリア，イリノイ・シカゴ，などの拠点間のネットワークによる部品生産とそれぞれのクラスターでの技術集積による集中，ならびにネットワーク構造の一層の進化・発展を刺激した生産システムを生み出してきたと言えるだろう。

日本側でのボーイング社向けの基幹的な部品生産の対応状況を見ても，名古屋を中心とする航空機産業としての集積は，自動車・航空機・高速鉄道車両などの高度な輸送機器システムの開発拠点としての一層の集積を生んでいる。同様に，欧州におけるミュンヘン，フランクフルト，ツールーズ，マドリッド，英国のポーツマス等の沿岸地域での，航空機産業集積によるクラスター形成により，この産業に関連した技術的進化と産業としてのネットワークの深化を生み出していると推測される。

2. ファイナンス論の組織革新へのインパクト

債権の商品化と資本市場のグローバル化は，さまざまな金融商品を生み出した。商品のリスク分散化とその種類の多様化は，製品メーカーにおいても，これまでのようにすべてのリスクをとった起業家的製品開発，マーケティング・生産・販売，保守という価値連鎖から，開発過程に投入される資金量と将来の実現価値との関係を計量化し，債権化することで，さまざまな金融商品を生ん

でいる。とりわけ，エアバスに見られるような，持株会社を基礎にした，新プログラム開発に対応した投資案件の各国別にあるクラスター間への配分・割り当てを前提にして，資本市場での直接金融による資本公募と各国別の事業会社における，部品開発・生産との連携は，投資リスク，開発リスク，生産リスク，営業リスクなどのさまざまな製品市場までの段階での事業リスクを分散するものである。かかる一連の価値連鎖の流れは，リース事業会社による，一括製品購入と旅客運航会社への航空機レンタルビジネスを巻き込み，空輸産業の全体のサービス・ビジネス化を一層促進した。すなわち，航空機の研究・開発・生産・運航・オペレーション管理の流れで，この産業全体の開発からサービスまでのコストを，価値連鎖に対応した投資リスク・操業リスクとして，エアバス社以外の主要なメーカー・投資金融会社へと分散し，大きな事業創造と産業としての国際的なネットワーク化の流れを作ることに成功した。結果的に民間旅客航空機業界では，投資リスクを回避して，変動費化した固定費を前提に，ネットワークの規模と拠点間の運航効率の改善が，収益ドライバーの重要な競争優位性要因になっている。

　もちろん，このような固定費の変動費化は，航空機開発・製造会社の収益率の大きな拡大こそ期待できないが，これまでの一発投資的な開発ベンチャー型のビジネスではなく，国際的な旅行ビジネスの拡大に対応して，比較的安定的に次世代航空機の開発・生産・旅客運航事業の拡大に対しても貢献していると言えるだろう。

3．空間経営学の生成とそのインパクト

　HRM（human resource management）のフロンティアとしての人的資源の見方は，それまでの労務管理パラダイムから大きく変わったとされている[1]。例えば，表8-1にあるように，人的資源管理のパラダイムでは，労働者－経営者の関係から，企業－顧客の関係で人的資源をとらえるべきだとする。その見方か

---

1)　上林ほか（2014），6ページ，図表序-1 参照。

ら，主な管理手法は，戦略に合わせた，統合された人材選抜，パフォーマンスに連動した評価であり，職務設計は，分業ではなく，チームワークである。このパラダイムの転換は，いくつかの要因が考えられるが，そのうちの主要なものとして，「1970 年代，80 年代を中心に議論された人材の現地化の研究に基づいている。日本企業は，欧米企業に比べ，海外小会社において多くの日本人海外派遣者を管理職に登用し，経営を行う傾向があることが国内外の研究者により指摘された」(210 頁) と記述されており，それをうけて当該著者によれば，「近年，日本企業の海外進出は拡大している。2000 年以降，日本企業の海外現地法人数，製造業の海外生産比率，そして海外現地法人の売上高比率は，リーマンショックの影響をうけたものの上昇傾向にある。設計は日本，デザインはイタリア，生産は中国，アジア，販売はアメリカというように，国境を超えたプロジェクトや経営活動も増している。」[2] という。

　産業集積としてのクラスター[3] は，そのようなグローバルレベルでの技術・産業の集積を生んでおり，これまでの企業城下町という視点でなく，その産業のコアコンピタンスとしての能力蓄積が，基礎研究・技術開発・製品開発など

---

2)　上林ほか (2014)，第 15 章，211 ページ。

3)　クラスターの概念については，石倉ほか (2001) の，第一章「クラスターとはある特定の分野に属し，相互に関連した企業と機関から成る地理的に近接した集団である。集団の結びつきは，共通点と補完性にある。」(12 ページ)。詳しい解説には，ポーター (1998)，立地の競争優位の源泉 (ダイヤモンドモデル) の考え方，が基礎であるが，同様な概念は古くからあるが，現代的な意義を再構成することが，重要であり，金井 (同掲書 (2001),46-47 ページ) によれば，ポーター理論の意義を受けて，この理論・概念の意義として 4 つのポイントを挙げている。「第 1 にグローバル化といった環境変化のなかで，産業の地域的集中の要因として土地，天然資源などの伝統的な生産要素の比較優位を強調する既存の産業集積論に対して，科学技術インフラ，先進的な顧客ニーズや埋め込み型の知識 (embedded Knowledge) と呼ぶ新しい生産要素の重要性」。「第 2 に，伝統的産業集積論が企業の集積に集中しているの対して，クラスター概念はたんに企業のみならず大学，研究機関，金融機関，地方自治体などの多様な組織を包含しているという特徴がある」。「第 3 に，集積の効果としての費用の最小化を強調する伝統的集積論に対してクラスター論では，イノベーションの意義を指摘している」。「第 4 として，クラスター理論においては，集積内における競争の意義は，明確に示している点」。「クラスター内での展開される激しい競争が地域の競争優位に不可欠であることを明示していること」。

の一連の過程が，地域に埋め込まれていることに意義がある。

　この議論をうけて，アセアンにおける最近の産業集積を俯瞰すると，マレーシアの家電，タイの自動車・オートバイ，ベトナムの電気・電子部品，台湾の電子機器など，最終的な製造・販売の生産企業の本社立地だけでみるのでなく，価値連鎖のプロセスの集積が大きな経済発展と産業興隆を促し，ひいては，国を超えた地域単位の発展を支えている状況が生まれている。

　ポーター（M. Porter）の枠組みでは，事業環境は，4つの相互関連した要素のシステムであり，その要素とは，投入要因（インプット），その企業とその対抗者を含む環境，アウトプットへの需要条件，それに，その企業なり産業を支援する産業の存在である。

　このクラスターの条件にアセアンの状況は次の点でやや異なるとも思われる。しかし，タイの自動車産業，マレーシアの家電産業，シンガポールの金融産業・サービス産業などの集積は，地域国家間の連携を基礎にして，グローバルな経済協定に近い状況による取引コストの低減と人的資源コストの低さから，国別に異なる産業創出を促していると言えるだろう。もっとも，イノベーションを起こす中核である，外資企業・多国籍企業は，必ずしも，最新の技術を移転するということでなく，グローバル市場に販路をもつ製品の一部について，アセアンに生産集中しており，その大きな理由の1つは，上記のコスト要因であり，かつ市場へのアクセス要因である点では，大きな質的な変化が最初の要因とは必ずしも言えない点にも注意する必要があるだろう。

4．クラスターとしてのアセアンでの産業集積の意義

　今回のベトナムにおける，日本企業の事業についての調査では，大手の電機・電子関係のメーカー3社の事業部門下の現地製造会社の調査を行った。その狙いは以下のとおりである。ここでは，日本大手製造業の現地法人A社でのインタビューをもとに，産業集積のもつ，現代的な意義と課題を検討していこう。

（1）現状について：御社の事業グループでの位置づけとこれまでの歴史的経過（活動開始から，現在までの大きな発展段階について）をお教えください。

○ 1995 年に設立され，パソコン用の表面実装ボード製造工場としてスタートした。当初は，プリント基板の実装から始まり，2 年後に，PWB（プリント配線板製造工程）ができ，1999 年から PCBA（プリント配線板組立工程）も作り，その後。2007 年から情報端末なども製造しており，現在の自動車の制御用のさまざまな電子ボードを製造して現在に至っている。最大 3,500 人の従業員規模になったが，現在は，2,000 人規模であり，3 直の生産体制をとっている。この事業所のマザー工場は，日本国内の事業部であり，その後，内容的には，組織再編成を繰り返しており，当初は，ハードディスク事業部の傘下であったが，現在は，プロダクト推進本部に所属する事業所として位置づけされている。

（2）これまでの御社の大きな事業展開・ビジネスの展開と日本本社との関係についてお教えください。とりわけ，御社の現状での本社との関係は，これまでの経過（上記の(1)）からみて，どのように理解されていますか。とりわけ，ガバナンス（経営権）については，どうみておられますか。

○現在までの流れとしては，半導体事業本部，パソコン等製品事業本部，ハードディスク事業本部などの製品別事業部制で進められてきた。しかし，現在では，製品別からの従来の事業部にあたるものは，子会社化されており，それぞれ，SE（system engineering）事業本部，プロダクト推進本部，開発本部，などの形式で再編されており，多くの当該事業部は，子会社化によって，直接の機能は，自主採算管理を大きな条件にして運営されており，国内，国外に関係なく，再編されている。このために，企業統治は，個々の子会社においても，採算性を非常に強化された運営方法になっていると言える。

（3）現在の事業内容（主要な製品・半製品を前提）で，御社のグループ全体のサプライチェーン（原料購買，中間品製造，最終品製造，出荷・サービス，上記の関

第8章 アセアンにおける日本企業の事業戦略とマネジメントコントロールの課題について 175

係での財務活動でのポイントはいかに）のどのあたりの位置づけですか。これはこの10年間でかなり変化してきましたか，また，よくなったと思われる点を挙げればどこでしょうか。

○上記のように採算性の管理は，もの作りの事業については，非常に厳しくなっており，SCMでの原料購入においては，QCDの管理が厳しくなされていることから，購買担当の役割は，重要であり，アセアン地域における購買についても，コスト競争力のある原材料の購買が，重要で，グループ全体からみて，生産の垂直統合が大きな組織的特徴であったが，現在は，小会社ベースでコストを重視した市場購買も重視されている。

　一方で，ベトナム政府の最低賃金政策の関係で，毎年度10％の基本賃金のアップがなされており，この3〜4年前から，成長率が，2桁から1桁（5〜6％）落ちており，これが，企業経営に大きなコストアップ要因になっている。しかも，最低賃金のみでなく，中堅社員も，同じ程度の待遇改善を要求するようになっており，組合との交渉が厳しい状態であり，ストライキもあった。このことから，今後の事業として成長に見合った，付加価値製品・部品の移管や導入が，現状での業績を残すためには，必要条件となっている。それが，車載搭載基板ボードの生産である。これのための機器は，すでに日本から移管されているものもあり，これまでの製造内容の中心であった電子基板ボード（スマートフォン，タブレット）から大きく変えつつある。ただ，この賃金水準の横並び的な上昇に危惧しているのが，経営者の一般的感想ではないだろうか。

　（4）資金・ファイナンスについては，どの企業，どの事業部や部門に依存されておりますか。また，その活動は，かなり自由度（顧客からの回収・決裁への関与程度，資金留保の可否，投資権限と規模，材料・労務費の支払いとそれに関連する短期借入権限など）がありますか。また，課題は何ですか。

○投資しないと成長しないのが，この電気・電子業界の本来の姿である。しかし，現在は多くの製造のための資産が，日本にあった事業部からの移管などで現地に設置されており，人件費のセーブが，かなり意義をもつ生産システムに

なっている。そのため，設備は維持・管理がこれまでどおりにされているという点では，優れたメンテナンスになっているが，メッキ工程などの設備は，最新のものに更新すべきである。しかし，それを必要とする程の成長が見込めないというのも現実である。やはり，投資するだけの成長領域へのシフトが重要であり，そのためには，車載機器の半導体などへの設備投資がより必要だと考えている。しかし，そのための資金は，独立採算の範囲で可能ではなく，投資資金としては，かなり大きな金額がかかる。そのような設備投資の必要性が，現在の技術レベルでも，部品のシフトからの結果として起こっている。したがって，そのための新規投資に必要な規模の資金調達は，事業部の範囲では難しいと言えるだろう。

　事業本部は，（1990年代あたり）これまでのような製品・製造別（ストレージ，携帯，サーバー）で設置されていた時代でなく，営業本部，SE本部，モノ作り本部，半導体本部，開発本部などのモノ区分からサービス区分に変わり，物作りについては，それをまとめた事業本部に製造拠点は集約されている。したがって，事業別に資金がプールできるとしても，製造拠点同士の同質的競争となっており，容易に投資資金が回ってこないようにみえる。明らかに，本社は，物作り系から，SE系，MKG系に移り，コア事業として残っている事業本部は，半導体など戦略性の高い事業本部などを中心に特化していると言えるだろう。

　(5) アセアンのビジネスは今後ますます，伸びる可能性が高いとされておりますが，御社の当地での事業成長に関連して，どのような戦略を想定されておられますか。この成長は，今後も続きますか。また，事業内での課題をあげるとすれば，何になりますか。

○アセアンには，サムソンも製造拠点をおき，R&D拠点も一部置くようになっている。またわが社の得意であった，大型コンピューターなどの一品ものは，相変わらず当社は頑張っているが，全社への収益への貢献はほとんど無い。むしろ，投資家からのは，収益構造を高める製品・サービスへのシフトが

強く求められており，それに対応するだけの戦略が明瞭でない。私見ではあるが，その代表的候補は，車載電子機器であると思う。理由は，ライフサイクルが5年と長いので，平均給与が毎年10％上がるベトナムでも，現在の最低賃金，月収20,000円からの上昇への対応はある程度可能である。しかし，残業（最大200 – 300時間／年）も個人に拒否権があり，個人に強制できない，組合にも拒否されるなど，労働問題は当地でもかなり深刻であり，装置産業的な内容での対応は困難が予想されるので，サイクルタイムが長く，労働集約的にも安定する事業への転換が，ベトナムでの事業としては，今後においては必要だろう。

（6）産業クラスター（ある財の製造において，QCDなどで，他の地域の競合企業に対して，競争優位性をもつ企業が集積して存在する地域あるいは地域間を指す）という言葉がよく聞かれるようになりました。アセアンでは，化学産業，自動車産業，食品産業，電機・機械産業，サービス産業などが，産業クラスターとして今後も大きな伸びが期待されているようです。御社からみた場合に，どの産業に属するとお考えですか。また，御社の産業に特有なルール，慣行などありましたら教えてください。

○産業ネットワークとしては，現在のPCボードの生産は，ここで，製造して台湾，中国，北米，タイのメーカー（主としてパソコン・スマートフォンメーカー）に納めている。産業クラスターとしては，さらに，フィリピンなどにも展開されており，サムソン（学卒の能力水準が高いと推察される）はすでに，製造から開発拠点として，ベトナムを使うようである。また，EPA（economie partnership agreement, 経済連携協定）の協定により域内では，関税が掛からないことから，製造材料・資源の輸入は，優遇されている。しかし，労働集約産業としてのボードメーカーとしては，賃金上昇が一律である限り，労務費の問題が最大の課題である。今後は，ILOなどの国際機関を含めて，労働規制のあり方が問題になると言えるだろう。ある程度，生産性に見合った賃金率を決める方式など，社会主義国においても，すこし前の中国での生産性の課題がいまここでは，起

178

きている。

　(7) 現在の東南アジアにおける TPP などの国際交易条件の一括引き下げは，御社の分野では，どう進むと想定されていますか。また，この件では，事業グループ間で，価値連鎖の見方や顧客関係に変化がある可能性はどの程度でしょうか。

○確かに，関税などでは，優遇されてきたが，生産性の上昇を起こすためには，固定資産に依存した経営システムの事業から，労働生産性の上昇で，賃金アップをカバーできる事業の誘致が重要であり，それはすでに述べたところの，車載機器などの高付加価値をもっている電子部品産業など，安定的で高品質で勝負できる事業への展開が，賃金アップをカバーできる数少ない施策だと思われる。その意味で，隘路がメッキ装置など固定設備にある事業は，撤退ないしは，他の企業等への移管などが選択肢ではないだろうか。

　以上のようなヒアリング結果から現状のベトナム事業について推察すると，労働品質は悪くないことから，一定程度の労働集約的な事業会社としての存立は当分確保されると言えるだろう。しかし，産業集積としてのメリットは，結論的には，労務費の相対的安さと労働品質の信頼性に意義があり，成長が現状の延長線で続くとした場合には，価値連鎖のなかで，ベトナムでの電子・電気事業会社は，付加価値を高める事業部会社にプロセス的に成長するか，それとも，労務費の上昇を吸収できるアセアンの次の立地に移る決断をする局面になると言えるだろう。ただし，日本の事業会社の現地化における意義の１つは，コストセンターでなく，事業部としての存立，すなわち自前の利益による再投資を確保できる戦略性を付与されてくるのであれば，ガバナンスを含めて人的資源管理型のマネジメントの高度化が，今後，課題になると言えるだろう。

　たしかに，Ｂ社（電子機器のケーブル・配線の製造小会社）ならびに，Ｃ社（同じ業種で，ワイヤーハーネスなどの自動車用ケーブル製造小会社）での聞き取り調査からは，事業会社としての成長には，ある程度，自信をもっており，成長に必

第 8 章　アセアンにおける日本企業の事業戦略とマネジメントコントロールの課題について　179

要な原資の確保を前提にして，規模拡張投資，追加的製品種類の取り込みを視
野に入れていることが，推測された。

　このようなことから，事業規模の拡大ならびに，事業集積の質を上げていく
可能性は，事業グループ全体との関係で，現地小会社のミッションの違いで，
大きく異なることが，推測できる。

　以上の質疑内容の結果から推察すると，当該事業の属する上位の法人は，事
業本部制が全社的に採用されていることから，グループ全体が事業本部制を採
用しているなかで，特定の事業グループのなかの製造機能担当子会社（100％子
会社）ということになる。その基本戦略は，労働集約的にコストパフォーマン
スにその意義を見出している。もっとも，品質，出荷実績においても，事業本
部の要求に対応できる内容であることから，原料輸入・加工品輸出という価値
連鎖の一部として，特定の事業グループ内で重要な部品製造機能を担当してい

表 8-1　人事労務管理と人的資源管理の対比

次　　元	人的労務管理	人的資源管理
戦略的側面		
鍵となる関係	労働者－経営者	企業－顧客
イニシアティブ	断片的	統合化
事業計画との整合	小さい	大きい
意思決定の速さ	遅い	速い
ライン管理		
管理の役割	業務処理が中心	常に変革・革新を目指す
主要な管理者	人事労務・労使関係の専門家	経営トップ，部門長，ラインの各管理者
求められる管理技能	交渉	支援
主要な管理手法		
選抜	企業全体目標から分離されて行われ，重要度が低い	企業の全体目標と統合されて行われ，重要度が高い
報酬	職務評価：多数の固定的なグレード	パフォーマンスと連動：グレード
組織的状況	労使対立を前提とした交渉	固定はほとんどなし
コミュニケーション	限定的な流れ・間接的分業	労使協調を前提とした調和
職務設計	最小限の教育訓練投資，学習	増大した流れ・直接的チームワーク
人員の訓練・育成	機会なし	大きな教育訓練投資，「学習する組織」

（出所）上林ほか（2014），6 ページから引用（Bratton and Gold 2003，p.25）.

ることになる。しかし，事業本部のミッションの広がりや本部組織の改組などの条件により，現地小会社の位置づけは，全社の企業戦略により今後とも変化する可能性のあることも示唆されていると言えるだろう。

5. クラスター経済圏と事業本部制について

ベトナム経済は，規模はまだ依然として小さく，国内消費のための生産基地という意義でなく，アジアのなかでの製造プロセスの一部を担当する，コストセンターとしての事業会社というレベルだろう。したがって，再投資・継続的成長への循環を生み出す過程に入るには，しばらく，時間がかかると推察される。しかし，アセアン全体の地域経済圏としての成長は，すでに，多くの研究者等が指摘するとおり，タイ，マレーシア，インドネシア，それに，ミャンマー，ラオスなど，地域中核拠点形成としてのシンガポールを先頭に，雁行的な成長を描く軌道に進んでいるとも言える。そのトレンドの中心にあるシンガポール，には多くの海外法人が，地域本社を設置し，（日本法人ではトヨタ，エプソン，ダイキンなど）地域内での資金還流と成長エンジンとしての地域内経済成長との循環がすすめば，日本法人のなかにも，日本に事業本部をおく時期を終えて，シンガポールなどの地域中核本社の設立，日本外での余剰資金創出，クラスター内での再投資，一層の事業部成長，資金のクラスター内での循環，といった，日本を介さない循環が起こる可能性は高くなると言える。

ただし，このような流れになるための課題となりうるのは，事業本部やグループ全体を俯瞰する本社機能を日本におかないことや，資金の環流先が日本から外れるなど，企業の成長と日本経済の成長とが，トレードオフになるという課題がすでに起こっている可能性もあるようにみえる。以上から，事業戦略をマネジメントするうえで，アセアン域内での市場と各国家の成長は，日本，中国，アメリカ等の市場を見据えた輸出拠点としての位置づけから，域内消費者の全体数の拡大を起点として，事業部あるいは，製造事業子会社の役割・規模などの単純な成長から，質的な事業会社の成長を促すまでにそれほど，時間はかからないと言えるだろう。今後の日本発多国籍企業の発展・進化は，新たな

第8章　アセアンにおける日本企業の事業戦略とマネジメントコントロールの課題について　181

段階を迎えるまでそれほど，時間はかからないようにみえる。

おわりに

　ケースの説明，ならびに，日本の製造業におけるベトナムでの事業活動の内容と活動のプロセスからみると，日本の現地法人A社は，グローバル経営の視点で，事業本部を核に，経営を展開しており，現地の事業小会社は，C社のようなケースでみられるように，自立的な成長をえがくだけの資金確保をできる事業部もある反面，他の例をみると，事業小会社の機能としては，コストセンターとしての価値連鎖のサブプロセスを担当しているミッションが一般的なようにみえる。このことから，費用要素のなかで，労務費の上昇をカバーできる，収益マネジメントができるくらいの開発・MKG機能をもちうる事業会社への権限確保なり権限拡張が今後一般的になるか，これには，アセアンの各国が，雁行的な成長を維持し，それぞれの国家の繁栄と共存を前提にできるのであれば，アジアのなかで，それぞれの事業会社の存立基盤は，一層拡大していくとも言えるだろうし，それに対応した本社のマネジメント戦略，すなわち，戦略的にクラスター単位での事業会社のミッションの拡大なり変更を行うことや，アジア内での地域連携を基礎においたクラスター単位での進化・成長を促す戦略的管理単位のマネジメントが，今後ますます必要になるだろう。

参 考 文 献

浅田孝幸編（2005）『企業間の戦略管理会計』同文館出版。
浅田孝幸編著（2006）『産業再生と企業経営』大阪大学出版会。
浅田孝幸・伊藤嘉博編著（2011）『体系現代会計学　戦略管理会計』中央経済社。
石倉洋子・藤田昌久・前田昇・金井一頼・山崎朗（2001）『日本の産業クラスター戦略：地域における競争優位の確立』有斐閣。
金井一頼（2001）「第2章 クラスター理論の検討と再捕成―経営学の視点から―」石倉ほか前掲書，43-73ページ。
河田信（1996）『プロダクト管理会計：生産システムと会計システムの新しい枠組み』中央経済社。
上林憲雄・平野光俊・森田雅也編著（2014）『現代人的資源管理』中央経済社。
関下稔（2006）『多国籍企業の海外小会社と企業間提携』文真堂。
チャプマン，クリストファー編著（澤邊紀生・堀井悟志監訳）（2008）『戦略をコン

トロールする：管理会計の可能性』中央経済社。

張淑梅（2004）『企業間パートナーシップの経営』中央経済社。

中村達哉（2010）『法と経済学：企業組織論に係る分析手法の研究』白桃書房。

永池克明（2008）『グローバル経営の新潮流とアジア』九州大学出版会。

藤本隆宏・西口敏宏・伊藤秀史（1998）『リーティングス　アプライヤー・システム　新しい企業間関係を創る』有斐閣。

Bachamann, Reihard and Arjen Van Witteloostuijin (2009), "Analysing Inter-organizational Relationships in the Context of Their natinala Business Systems", *European Societies*, Vol. 11, No.1, 2009, pp.49-76.

Bratton, John and Jeftrey Gold (2003), *Human Rosource Management: Theory and Praotice*, Palgrave Macmillan.

Dietrich, Michael (1994), *Transaction Cost Economics and Beyond*, Routlage.

Nobeoka, Kentaro and Cusumano, Michael A. (1997), "Multiproject and Sales Growth: the benefits of rapid design transfer in new product development,",vol,18, No,3, *Strategic Management Journal*.

Monden, Y. and Minagawa, Y. eds. (2016), *Lean Management of Global Supply Chain*, World Scinetific.

Porter, M.E. (1998), *Clusters and Competiton: New Agenda for Companies, Government and Institutions, On Competition*, Harvard and Business school press.

Tinguely, Xavier (2013), *The New Geography of Innovation, Clusters, Competitiveness and Theory*, Palgrabe Macmillan.

Williams, C.A., and Peer Zumbansen ed.(2012), *The Embedded Firm-Corporate Governance, Labor, and Finance Capitalism*, Cambridge University Press.

第 9 章

リスク社会とリスクリテラシーの強化
——自然災害リスクを題材にした検討——

後 藤 茂 之

は じ め に

リスク社会[1]は，常に変化している。たとえば，地震におけるエネルギー
の蓄積，バブル状況の変化，科学技術の進展による新たなリスクの発生（ex.
気候変動等）など，さまざまな変化が生じている。「将来は誰にも正確に予測で
きない。」と言われるように，リスク管理の巧拙は，その対象とするリスクに
対するわれわれのリスクリテラシーに負っている。

将来を正確に予測することはできないため，リスクをゼロにすることはでき
ない。しかし，リスクをより的確に理解し，その管理を高度化することでリス
クによりよく対処することは可能である。

本論では，不確実性の要素が大きい自然災害リスクを例にとり，リスク社会
への適切な対処とリスクリテラシーとの関係について検討する。

---

1) ウルリッヒ・ベック（Beck, U.）は，リスクに囲まれた現代社会を「リスク社会」
と命名し，次の特徴をあげている。地理的・場所的な境界がなく，グローバル化し
ている点。その原因や因果性を突き止めることが困難である点（ベック（1998）『危
険社会』，原著は 1986 年刊行）。

1. リスクへのアプローチ法

「リスク」という用語は，われわれの日常生活の中で一般的に使われるようになっているが，あらためてリスクを，経済学と社会学の観点から整理してみたい。

1-1 経済学の考え方

経済学では，経済主体が将来事象に対して合理的に期待を形成して意思決定を行うことを前提としていることから，生起確率が計測できる事象を「リスク」と呼び，不確実性との区別を行っている。ここでは，個々の将来事象の変動性（ランダム性）の問題と，個々の事象を集合的に扱った場合の確率の予測可能性の問題（リスクと不確実性の区別の問題）を区別して考える必要がある。

たとえば企業がその活動を開始する前に，将来起こりうるシナリオを予測し，それを前提に立てた経営目標を達成するために事業計画を立てることとなるが，具体的な対策を打とうとすればするほど，具体的な将来のシナリオを想定しなければならない。しかし，過去に起こった事象から将来のシナリオを想定したとしても，今後起こりうる可能性をすべて捕捉することは不可能である。その意味でも，われわれが想定したシナリオが実現する保証はない。これは，将来の事象がランダムに発生し，どのような具体的なシナリオがいつ起こるかを正確に予測できないといった「変動性」を内在しているからである。

しかしある特定の状況下，今後の事態の進展が，かなりの確率で読めるケースがないわけではない。たとえば，ある市場が少数のプレーヤーによって寡占状態にあり，特定のプレーヤーの行動パターンによってマーケティング環境が決定づけられる場合や，ある商品に対する顧客のニーズが明確になっている場合などにおいては，変動性の主要なドライバーを特定しやすいことから，比較的近い未来については，かなり具体的な予測を行いうるケースも考えられるわけである。しかし，このような状況はむしろ特殊である。しかも中期的な時間軸では，主要なドライバーも多様で時間とともに変化するため，将来のシナリ

オを具体的に言い当てることは困難である。

このように，われわれにとって，将来どのような具体的シナリオが発現する
かは，不確実と考えられる。そこで，アプローチを変え，将来は無数のシナリ
オの可能性の集団と捉え，そのような確率空間の中のどのシナリオが，近未来
に発生するかは分からないが，その平均的シナリオや，ある確率で，起こりう
る最悪の事態をあらかじめ覚悟して事にあたる，といったアプローチは可能と
なる。つまり，将来の事象の可能性を集合的に捉えた場合，その変動性に対
し，ある条件下の変動幅が得られれば，それを意思決定に活用することが有用
となり，これが今日のリスク管理の基礎になっている。

フランク・ナイト（Knight, F.H.）[2]は，不確実な状況を3つに大別した。第1
のタイプは，「先験的確率」で，たとえば「2つのサイコロを同時に投げると
き，目の和が7になる確率」のように数学的確率で表されうる状況である。

第2は，「統計的確率」であり，「ある時点における40歳日本人男性の平均
寿命」のように，経験データから作られた確率で表される状況である。第1と
第2は，ともに，「測量可能な不確実性（Measurable uncertainty）」であり，これ
を経済学では「リスク」と呼んでいる。リスクについては，グループ化（Con-
solidation）とその負担の特定化・専門化（Specialization）によって，不確実性を
取り除くことができる，と説明される。

具体的には多くの関連するデータが存在し，そのデータを利用することによ
り，多くの試行を繰り返したときのその事象が生じる比率を計算することによ
り，当該事象の持つ期待値や標準偏差（期待値からの乖離）を知ることができ，
意思決定者は，その事象に対する知識不足からくる不確実性を減らすことがで
きる。しかし，この場合でも，変動性は排除できないため，将来の個別事象の
具体的シナリオを確実に見通すことはできない。

これに対して，第3のタイプは，統計・確率論にもとづき測定できない「測
量不可能な不確実性（Unmeasurable uncertainty）」であり，これを，「真の不確実

---

2) Knight, F.H. (1921).

性」と呼んでいる。このタイプの不確実性に対して人は現実の意思決定において，主観的な「推定」ないし「判断」に頼ることとなる。

今日の企業のリスク管理では，企業価値が期待したレベルからどの程度乖離する可能性があるかをあらかじめ予測し，それを資本で事前に担保しておくことによって，万一そのような事態が発生したとしても事業継続には問題がない，いわゆる財務健全性を確保できるという安心感のもとで事業運営を遂行しようとする。これは，不確実性を確率論，統計学的に計測し，「リスクの大きさ」＝「企業価値の低下の可能性」と捉え，それに見合った資産を担保することで財務健全性を確保しようとしている。

企業が活動する以上リスクをゼロにすることはできないので，実際の意思決定においては許容すべきリスクの水準（閾値）がどこにあるかを明確にすることとなる。その基準は意思決定主体が主観的に設定するが，以下の要素を判断基準にすることが多い。

①起こり得る最悪の事態（ストレス事象）

　金融危機や巨大な自然災害の発生などによる企業価値の破壊的な低下

②法律，商慣習，広く認められた倫理などに違反する行為

　違法行為，不正行為，契約不履行，風評被害など

③許容できる最大損失など（リスク許容限度）

　ロスカットルールの基準額，収益によって吸収可能か，自己資本によって吸収可能かなど

④ある一定確率で生じる最大損失など（最大可能損失）

　VaR（Value at Risk）[3]，EaR（Eanning at Risk）[4] などによるリスク量の把握

---

3) 資産・負債を一定期間保有した場合に，一定の確率で発生しうる変動を過去の一定の観測期間のデータにもとづき統計的手法を使って推定するものである。

4) ある事業体または事業単位における会計上の利益の変化に対してある分布を推定し，特定の期間における変動を測定するものである。

1-2　社会学の考え方

　次にリスクを社会学的枠組みから捉え直すことにより，リスクをより多面的に描写した代表的な2人の社会学者のアプローチから整理する。

　(1)　ウルリッヒ・ベック（Beck,U.）は，リスクに囲まれた現代社会を「リスク社会」と命名し，3つの特徴を指摘している。つまり，

　　　・地理的・場所的な境界がなく，グローバル化している点

　　　・その原因や因果性を突き止めることが困難である点

　　　・民間企業の保険や国家による補償が困難な点

である。そのうえで，産業社会がもたらす負の側面（環境汚染や放射線被爆，遺伝子組換など）への対処をおろそかにした結果生じたリスクの存在に着目した[5]。

　このリスクのことを，人間の行為とは関係なく降りかかる「自然的リスク（Natural risk）」に対する概念として，人間の手が加わった「人為的リスク（Manufactured risk）」[6]と呼んでいる。つまり，科学技術による便益向上の裏にはリスクがある，といった視点を強調した。そして現代は，原子力発電所事故や鳥インフルエンザなど，時代が進むに従って保険制度などによってカバーできないほどの大規模なリスクが次々に増え，それらが時に連鎖し，リスクが波及す

---

5)　ベック（1998）。

6)　人類は，病気や老いなどの個人の力ではどうしようもない生物学的な問題や，自然災害をもたらす自然そのものに対して恐れ，不安を感じていた。このような古典的なリスクをコントロールしようとして，人類は科学技術を進化させ，近代が誕生した。後期近代において，近代そのものが生み出した科学技術や社会制度が発生させるリスクが，人類を脅かすといった事態が発生し，ベックはそれを再帰的近代と呼び，その再帰的近代がもたらした新しいリスクが充満した社会をリスク社会（Risk society）と呼んでいる。たとえば，年金制度は，老後の生活を経済的に安定させるために構築されたはずの社会保障システムであったが，現在ではずさんな運営から破綻する可能性が国民に不安を与えている。また，食糧の安定供給のために開発された技術である遺伝子組み換え食品や，クローン技術が現代の消費者に新たな不安を与えている。石油や石炭等の資源の枯渇や争奪戦が安全保障上の問題とならないよう，エネルギーの安定供給のために活用されてきた原子力発電は，福島第一の事故を考えると，その甚大な社会への影響と不安を顕在化させることとなる。ベックは，現代のリスクは，個人的で，普遍的，平等で不可視な特徴を持つと指摘する。

る。これは，社会の「富の分配」とは異なる，「リスクの分配」として認識されるべき問題である，と警鐘を鳴らした。さらに，「現代的リスクは，環境汚染，薬害，コンピュータウイルスなど直接に知覚できないもの（「非知のリスク」）に向かっている」と指摘している。

なお，この非知の概念は，その後さらに整理がなされ，確実な科学的知識になっているもの，科学的知識にはなっていないが，どの部分が非知であるかが明らかになっている「特定化される非知」と，その区別もできていない「特定化されていない非知」を区別することによって，科学的知識の限界や盲点を洗い出し，制度的対処の必要性を検討するさいの効果的なコミュニケーションの視点を提供している。

（2）ニクラス・ルーマン（Luhmann, N.）[7]は，リスクを「危険」や「安全」に対比させるのではなく，社会システム自体の持つ生命システムとしての働き[8]に着目し，リスクはこの構造の隙間やきしみから偶発的な出来事によって付随して起こるものと考えた。そして近代社会は，自由で自立し主体的に意思決定できる個人を前提にした個人化の進行が，価値観の多様化と，同時に社会連帯の重要性を提起している。豊かな社会では生活の自由さや快適さを確保する欲求が高まり，これが侵されることに対す不安意識から安全・安心に敏感になる。

そして，ルーマンは，未来の損害の可能性について，自らが参画した「決定」の帰結とみなされる場合と，自分以外の誰かや何か（社会システムも含む）によって決められた結果，自分に降りかかってくる場合（自分自身のコントロールの及ばない原因に帰属される場合）とを区別する。ルーマンは，前者のケース

---

7) ルーマン（2007），小松（2003）。

8) この生命システム（オートポイエーシス）は，とくに免疫的なシステムの謎を解くための概念として考え出された。つまり，生命が「非自己」を活用しつつ自己組織化を遂げながら，それでもシステムとしての「自己」を環境の内外で保持している。そこには「自己を再生産するための自己準拠」や「自己による自己再帰」の仕組みがある。生命は自分自身についての「自己言及」をしながらもそこに生じる自己矛盾（コンフリクト）をたくみに超越する仕組みを持っている，という特徴がある。

を「リスク」と後者の場合を「危険（Gefahr）」と呼び区別した[9]。

　そして，伝統的なリスクは，自ら下した意思決定を通して利益獲得を目指すことと引き換えに，被る損害もまた自ら引き受けざるをえないという関係になるが，たとえば環境問題などのような新しいリスクの場合には，その将来的な健康被害の可能性に関して知らない（非知）ため，コミュニケーションが重要なテーマとなることを指摘する。

　ラブキャナル事件[10]のように，健康被害の影響が特定できない中で，社会的な立場のいかんによって，その結論が別様な形で現れる，というような状況

---

9)　たとえば，建物が地震に弱い作りになっていることを知っていて引っ越すこともできたのにあえてそこにとどまり，ありうべき損害が自分の決定に帰属できる（自己帰属）なら，それは「リスク」である。他方，建物の倒壊によって被るさまざまな損害を，地震が起こったという「自然」の出来事に帰する（外部帰属）のなら，未来における建物の倒壊の可能性は「危険」ということになる。ルーマンは，このようにリスクと危険の概念を区別することによって，一義的には，能動的に自分の選択によって関わる場合の危険性（リスク）と，受動的に，自らの自由意思や選択によらずに関わってしまわざるをえない場合（危険）を区別する。しかしながら，この概念を使うことにより，さらに深く，有効な観察（あるいはコミュニケーション）が可能になる点に重きを置いている。たとえば，古い家屋が建ち並ぶ歩道を，屋根瓦が落ちてくる可能性を十分知りつつも，あえてジョギングをする場合，別の歩道を選択すれば怪我はしえないと思いつつも（その意味で怪我を自分自身の選択に帰属されうることを十分認識しつつも），その怪我の可能性を，当該家屋の家主による屋根瓦の管理不行届きに帰属させ，「危険」として観察する（あるいはコミュニケーションする）ことは充分ありうる。あるいは逆に，自分としては突然の「不運」（危険）のつもりでいても，その後のコミュニケーションの過程の中で，社会的に「それはあなたの選択のせいである」というかたちで，「リスク」として構成されるなどという事態も半ば日常茶飯事である。したがって，リスク／危険の区別は，単に能動的か／受動的かということではなく，（社会的な）観察の様式の相違である，と考えている（小松 2003，31–34 ページ）。

10)　1979 年に米国のニューヨーク州ナイアガラ・フォールズ市のラブ・キャナルで起きた，廃棄物による環境汚染事件である。ラブ・キャナルの住民と以前の住民がフーカー社とナイアガラ・フォールズ市を訴えた。当時の法制下では，企業責任を問うことは難しかったが，同様に過去に投棄された有害物質による土壌・地下汚染が相次いで発覚したため，米国は 1980 年，直接関与したかどうかにかかわらず，過去の汚染についても企業の浄化責任を問うことができる「スーパーファンド法（包括的環境対処補償責任法）」を制定した。本事件は同法成立のきっかけとなったものである。

を考察するさい，非知に関しリスクなのか危険なのか，というルーマンの提示する視点は，リスクコミュニケーションにおけるコンセンサスの形成を検討するさいに有用となる。

2. 自然災害リスクの事例検討

自然災害によって建築物や施設などの物的損失が発生したとする。そして工場が操業停止になれば経済は打撃を受け，事業損失や従業員の生命の喪失などが広範囲に及ぶ。また，社会生活に欠かせない道路，鉄道，上下水道，電力，通信等のようなネットワーク状のライフライン施設が破壊されると都市は機能停止となり，生活は困窮する。さらに物だけでなく，人命喪失，負傷，あるいは家族や家を失ったことに起因する心の病，自信喪失などさまざまな社会的影響も大きい。このように，自然災害は，少なくとも経済学的，社会学的視点から，その影響を検証する必要がある。

加えて自然災害リスクの発生構造は複雑で，現時点でもデータ，学術的知見とも十分とはいえず，不確実性を含んでいる。

ここでは，最近起こった2つの自然災害，東日本大震災とタイの洪水を例にとって，不確実な要素を多く含んだリスクに対し，いかに対処すべきであるかを考察する。

まず東日本大震災を例にとり，不確実性と意思決定に関する基本事項を検証した上で，防災の視点から留意点を整理する。続いて，タイの洪水を取り上げ，東日本大震災で導出した事項もふまえて検討したうえで，リスクリテラシーの向上の観点から提言したい。

2-1　東日本大震災

2011年3月11日14時46分に発生した東日本大震災は，三陸沖を震源とする海溝型地震とそれに伴う巨大な津波によって引き起こされた震災であった。その特徴は次のとおり整理できる。①地震，津波被害ばかりではなく，原子力発電所事故などを引き起こした複合災害となったこと。②政府の地震調査研究

推進本部の予想を大きく上回る地震と津波が現実に発生したこと。③多重防護により事故は防げると喧伝されていた原子力発電所の安全神話が崩壊した[11]こと。

本地震がなぜ想定外と言われる事態に至ったのかという点に着目し，リスク評価の視点から，その問題点を検証する。

「リスクは繰り返す」と言われる。また「リスクは変化する」とも言われる。東日本大震災の状況は，少なくとも中央防災会議などの機関によっても，想定されていなかった。しかし，より長い歴史の中で捉えると，遠い昔の痕跡が堆積物の調査から明らかになっている。ここに非常に難しい問題がある。現実のわれわれの思考は，一定の時間軸を意識し，かつその時点の社会の価値観，技術水準や経済状況をふまえて判断されることが多い。通常は，この現実的感覚を反映した枠組みのもと，意思決定し行動していることが多い。しかし，リスクの不確実性を念頭に置くと，その一般的フレームワークで判断していいものと，いけないものが存在するではないか。特に今回のように国民経済・社会に多大なインパクトな及ぼす自然災害への対処においては，「災害は忘れたときにやってくる」[12]という名言があるが，あらためて再整理してみるべきであろう。

---

11) 原子力発電所事故に関しては，3つの調査報告書が提出されたが，いまだ原子炉建屋において詳細な調査ができないこともあり，情報が不足し，十分な考察が困難である。したがって，本論における検討対象は，地震を起因とした一連の災害とし，原子力発電所事故は直接の対象からはずす。

12) 最近われわれが経験したものの中で，自然災害とはその特性が異なるが，リスクマネジメントとしては，共通点を持ったものに，われわれの経済行動，投資行動が引き起こすバブルがある。これは，純粋に人の集団行動の結果現象であるが，リスクへの対処の視点からみると，ファットテイルのリスクとしての共通点が見出される。
　バブルとは，資産価格がそのファンダメンタル価格から上方に乖離し継続的な高騰が続き，それがいきすぎると，その後は一転して資産価格がそのファンダメンタル価格を下回り急激に暴落する（下落のオーバーシュート）現象のことをいう。新規参入者による需要の拡大が，なんらかのきっかけで停止したとき，これまでの順スパイラルが止まり，逆スパイラルに転じ，急激な暴落へとつながりバブル崩壊に至るとともに関係者に莫大な経済損失を与える。
　ケネス・S・ロゴフ，カーメン・M・ラインハート（Rogoff, K.S. & Reinhart, C.M.）

2-1-1 「想定外」という意味の裏にあるもの

鎌田（2013）は，地震災害に関して3つの想定外を指摘する[13]。要約すると，第1は，政府の地震調査委員会では，以前は，今後30年以内に起こる確率の高い大地震を長期予測として発表していたが，東日本大震災は，数百年から1,000年に1度というものであった。この発表のみを鵜呑みにした対応を取るなら，たとえば，1,000年に1度の地震であったとしても現実には想定外の巨大地震が明日発生する可能性が否定できない状況の中で，対応が不十分になる恐れがある。

第2は，これまでの詳細な地質調査によっても地下に埋もれた活断層の過去の活動状況を確認することが困難で，まだ十分確認されていない活断層によって生じる直下型地震を否定できないという事実である。現在まで，日本では，2,000本ほどの活断層が調査されてきたが，過去に繰り返し活動したことが分かっている断層は，100本ほどしかない。

第3に，岩盤のどこが割れるか，またいつ割れるかを予測できないことである。この状況は，たとえば，1本の割りばしを両手で持って，力を加えて折る場合を想定する。徐々に力を加えていくといつかは折るが，どこで，いつ折れるかを予測するのは困難である，といった指摘である。

畑村（2011）によると，人がなにかを企画したり，計画したりといった「考えをつくる」ときは，まず自分の考える範囲を決める。この境界を設定し，考えの枠を決めることが「想定」という意味であり，「未曾有」とは「歴史上いまだかつてない」というような意味で使う言葉である。それゆえ，「想定外」や「未曾有」が安易に使われると，曖昧さの中に物事の本質をすべて隠してしまい，危険に対してきちんと備えることができなくなってしまう恐れがある，

は，金融危機の長期データベースを公開し，過去の多数の金融危機は驚くほど似通っており，これはいつか来た道だと指摘しているが，そのたびに，「今回は違う」，という言葉が繰り返されてきた（今回は違うシンドローム），と説明する（ロゴフ＆ラインハート 2011）。

13) 鎌田（2013），82-89ページ。

と説明する。そして，人の記憶の減衰は図9-1のように整理され，今回の大震災を1,200年のスパンで考えると，「いまだかつてないこと」でも「きわめて珍しいこと」でもない。一般の人々からみたら確かに未曾有だが，地震や津波の専門家ならこの規模の災害が起こることは当然考えておかなければならなかった[14]，と警告する。

2-1-2 思考の二重過程

われわれの脳の中では，2つの異なるシステムが並存する，と考えられている。この二重過程モデルは，システム1の思考（System 1 thinking）と，システム2の思考である。（図9-2参照。）システム2の思考は，「分析的・系統的システム」であり，われわれの意識下の活動として捉えることができるから，その思考プロセスは常識的に説明づけられる。一方，システム1の思考は，「ヒューリスティクス処理システム」と呼ばれ，経験則にもとづく直観的な処理，いわば無意識の脳の活動によって処理されており，必ずしもそのプロセスの全容が解明されているわけではない。

システム1の思考による便宜的な方法（ヒューリスティクス）の研究によると，人はなるべく節約的に行動しようとする。ゆっくりと考えて最適な解を求めるよりも，ヒューリスティクスを使い迅速に決断する方が素早く行動に移す

図9-1　記憶の減衰の法則性

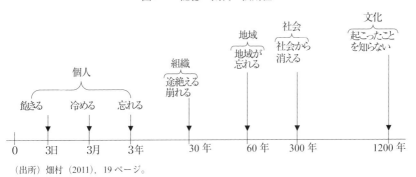

（出所）畑村（2011），19ページ。

14）畑村（2011）。

ことができ成果をあげる確率が高くなることも多く，実際に多用されている。しかし，客観的な正しい評価とは大きく隔たる危険もあるという意味で，「バイアス（偏り）」の介在が懸念されてもいる。

2-1-3 脳の働きとメタ認知の必要

無意識下におけるわれわれの脳の働きを考えてみたい。たとえば，われわれの目は常に自分の鼻を視覚として捉えているはずである。しかし，通常は，われわれの視野の中に鼻の存在を意識しない。これは，脳がそのように意識させないように認識していることの結果である。ある意味，視野に入っている意識の世界は，実はある虚構の世界である，ともいえるわけである。

そうであるなら，「常識的に考えて，合理的である」，といった自然な感覚は，場合によっては疑ってみる必要がありそうである。少なくとも未知の事象に対しては，バイアスの罠に陥らないためにも，これまでの常識的判断を疑い，課題の本質をあらためて分析してみるといったように，客観的な認知（メ

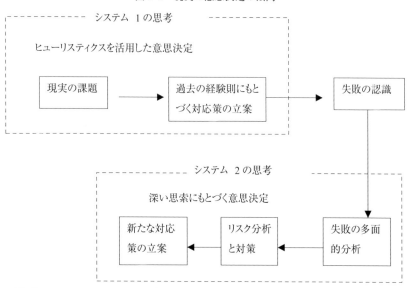

図9-2 現実の意思決定の傾向

(出所)Stanovich, K.E. and West, R.F. (2000), pp.645–665, カーネマン (2011), Finkelstein, S., Whitehead, J. and Campbell, A. (2008) を参考に筆者が作成。

タ認知）を意図的に養っていく必要がある。

（1）リスク評価における課題

一般に災害の大きさを「ハザード」×「脆弱性」で評価する。ハザードは災害を引き起こす外部の力であり，地震動や津波がこれにあたる。脆弱性としては耐震性の低い建物，インフラへの過度な依存などが想定される。

自然災害リスク評価モデルの構造をこの考え方にもとづき検証してみたい。

これまで，米国の地震，ハリケーン，欧州の強風，日本の台風，地震などの代表的な自然災害についてモデル開発が進められてきた。1988 年のハリケーン・ギルバート，1989 年のハリケーン・ヒューゴとロマプリータ地震などの発生後，1980 年代後半以降に，現在存在する代表的な 3 つのモデル開発会社が立ち上がっている。その後，1992 年のハリケーン・アンドリューといった巨大災害発生のたびにモデルは改良されて今日に至っている。

モデルを用いた確率論的アプローチは，一定の前提のもとで，損害を推定できることや，たとえば台風の経路がずれた場合の予測分析も可能なことから，保険会社，格付け会社，規制当局などが予想損失を評価するさいの有用な手段として活用するようになった。その後，1990 年代半ば頃からは，債権のリスクを評価したい投資家がキャット・ボンドといった金融商品の評価にも活用するようになり，金融市場においてもモデルが普及することとなった。

自然災害リスク分析モデルは，複雑な物理現象を表現するものであり，その信頼性も，地震や台風などの複雑な自然物理現象や，建物などの財物への影響の理解に大きく依存し，これらがいまだすべて解明されているわけではない。しかし，観測技術やコンピュータ計算技術の進歩にも助けられ，関連情報や知識を蓄積する中で精緻されてきた。

現在，自然災害リスク分析モデルは，自然災害の外因の強度を評価するハザードモジュールと，各イベントの各地点における物理的損害を評価する脆弱性モジュールで構成されている。そのうえで，各種実務的評価の条件（たとえば，保険引受条件）のもとで評価するためのファイナンシャル・モジュールが用意されている。

196

しかし，仮に合理的なモデルであったとしても，地震のように，極めて稀な
イベント（たとえば巨大地震は，500 ～ 2,000 年に 1 度，といった頻度で発生する）
は，利用できるデータが十分存在しないといった限界もあり，さらに精緻化す
べく努力が重ねられている。たとえば，日本の地震で史料上最古のものは，日
本書紀に記録された約 1,600 年前に発生した 1 件の地震のみであることからも
分かるように当該危険の再現期間からみたデータ不足は明らかである。

(2) リスク処理上の課題

a. リスク制御・防災上の課題

東日本大震災の前に中央防災会議が明治三陸モデルで想定していた被害は，
マグニチュード（M）8.6 の地震で，浸水面積は約 270 平方キロメートル。死
者行方不明者は約 2,700 人，建物全壊は約 9,400 棟であった。実際の東日本大
震災では，M 9.0 の地震が発生[15]した。その結果引き起こされた津波で浸水
面積は約 561 平方キロメートルと 2 倍以上に広がり，死者行方不明者は約 2 万
人で約 7.4 倍，全壊建物では 11 万 3,300 棟で想定の約 12 倍という甚大な被害
をもたらした。

b. 対策における安全神話という罠

津波対策はこれまで，①将来の地震津波の被害を想定し，その結果を地域の
防災計画作りに生かす，②津波の被害を軽減する，という二本柱で進められて
きた。

前者については，政府の中央防災会議が，過去に発生した地震の可能性を考
慮し，発生の確率や切迫性の高さを見積もりながら地震動や津波の高さを推計
してきた。それを発生時間帯や季節，風速など異なる複数の場面に当てはめ，
人の命や建物などの被害を想定する方式であった。これを前提に，地域ごとに
防災計画を立て，いざという場合に救出や，救援などの具体案を練ることにな
っていた。実際には，直近の最大被害を基準に防災対策を立てることが多い，

---

15) 20 世紀以降起きた巨大地震としては，1960 年のチリ（M9.5），1964 年の米アラス
   カ（M9.2），2004 年のインドネシア・スマトラ（M9.1）に次ぎ，1952 年のカムチャ
   ッカ（M9.0）と並ぶ世界 4 番目の大きさであった。

といわれている。いわば一応の目安にもとづく対策であるにもかかわらず，一度対策が打たれると，絶対安心という「安全神話」が生まれる恐れがある。

このような安全神話が生まれる背景について，マックス・H・ベイザーマン（Bazerman,M.H.），ドン・A・ムーア（Moore,D.A.）[16]は，個人レベルでの行動変容を妨げる要因には，現状への満足，リスク回避の心理，革新的行動がもたらす不確かな結果よりも既知の行動がもたらす確かな結果の方を好ましく感じることなどが理由と考えられるとし，その理由を3点あげている。要約すると次のとおりである。

第1に，たいていの人は長年にわたって，自分の直観による認知方略に信頼を置いてきたので，変化を望むことは過去の方略に欠陥があったことを認めることになり，それを認知することは心理的な動揺を引き起こす。それゆえ，人は自分の判断に欠陥があるという当惑する事実を直視したくない。

第2に，ある程度職業上の成功を収めた人は，自分の過去に下した多くの意思決定に対して正の評価を受けてきたと考えられる。人間は正の報酬を得られる行動を継続する傾向がある。

第3に，人間は自己の認知の一貫性と秩序を維持すべく努力する。成功したマネジャーにとって「私の意思決定プロセスには根本的な誤りがある」という認識は自己の成功についての自覚と齟齬をきたす。

c．防災・避難行為に介在する罠

災害心理学という領域がある。大災害や事故，戦争，テロなどに巻き込まれた被災者の心理や行動を観察し，そこに典型的とみられる特徴を整理する研究からスタートした。これら災害心理学の研究の成果は，災害時の人の避難行動・被災者の心理療法・災害時のリスク軽減の研究に有益な成果を提供している。広瀬弘忠は，次のとおり指摘する。

「災害の制御というと，……二つの側面がある。

第一は，災害因に働きをかけて未然にその発生を予防したり，インパク

16）　ベイザーマン＆ムーア（2011），312-313ページ。

トを軽減したりすることである。地震や火山の噴火，台風の襲来などを回避したり，そのエネルギーを緩和したりすることは，いままでのところ不可能で，これは遠い将来の課題である。現状では，この面での災害の制御は無理である。

　第二は，災害因の発生は回避できないとした時に，災害因と災害との間に介入して，人間社会にもたらされる破壊の規模を最小化する防災・減災の手段があるかないか，ということである。もし，たとえば災害因の発生を事前に予知して非難することができれば，被害を最小限に抑えることができる。……災害の大きさと制御可能性の有無との組合せから……五つの反応タイプ（過剰反応・諦め・費用便益反応・がまん・無関心）を説明している」[17]。

　また，現実にリスクを適切に評価することの難しさを，防災を考える際の罠として指摘する。

　「防災の第一のジレンマは，災害がいつ，どこで，どのようにしてやって来るのかわからないということ，つまり災害を完全に予知・予測すること

図 9-3　社会や個人の災害への反応タイプ

制御 ＼ 規模		災害の大きさ（被害規模）		
		大	小	閾下
被害の制御可能性	有	過剰反応（パニック）	費用便益反応	無関心
	無	諦め	がまん	

（出所）広瀬（2004），35 ページ。

---

17)　広瀬（2004），33-35 ページ。5 つの反応タイプは図 9-3 を参照のこと。

はできないということから来ている。……どこに向けて，いつ撃つべきかがわからないため，災害に備えるには，フェイルセーフを考えて過剰に投資しなければならないのである。

　第二のジレンマは，第一のそれとも関連するのだが，防災投資の効果が目にみえるかたちでとらえられないことである。災害への事前対応をした場合に，それをしなかったらどうなったかは，わからない。単に，推量の域をでないのである。実験をする場合のように，他の条件は一定にしておいて，ある防災行動を伴った群と，伴わなかった群の結果を比較するというわけにはいかないのである」[18]。

次に，避難する側に介在する罠について考えてみる。

社会心理学では，津波情報と避難行動の関係について，災害情報のダブルバインドという視点を指摘する[19]。たとえば市役所から発令された津波避難情報について考えてみる。この情報の中には，避難行動を阻む次の隠されたメッセージがあり，避難行動を阻害しているという。①避難は勧告が出てからやるものであるという，情報待ちの姿勢を容認する。②役所には，情報を発信する役割があり，住民は，それを受け避難を実行するのが役割であるという，過保護と過依存の関係性を強める。③情報は，避難マニュアルの通り出されており，疑いの余地はないという押し付けを強要する。④避難勧告に従わずに被災した場合，自己責任の原則に従って，責任は住民にあるという考え方を期待する。

---

18)　広瀬・前掲書，61 ページ。
19)　鎌田は，避難指示のメッセージには，裏に隠れたメッセージ（メタ・メッセージと呼ぶ）が存在し，この表と裏のメッセージが二律背反によって機能不全を起こしお互いを束縛する現象（ダブルバインド）が生じる場合がある，と指摘する。緊急地震速報が出て実際に揺れを感じないことを経験すると，緊急速報の空振りが生じ，いわゆる狼少年状態が生じ，地震への警戒が薄れてしまう。その結果，専門家に空振りを恐れ，緊急速報の見逃しを回避するという本来の機能を果たせなくなる恐れが生ずる。一方，専門家の情報をいつでも正しい判断だと市民が過依存する関係も危険な状況であり，いずれも自然災害に対して脆弱な社会を作ってしまう，と指摘している（鎌田 2013，198-201 ページ）。

自然災害に直面し，判断を誤り，その行動を誤ると，最悪の場合は命を失う。そうならないため，情報に対する上記の課題を理解しておく必要がある。そして適切な非難行動を検討するさいに，次の「不足」を意識しておくことは重要である。

①津波防波堤などによるハード防災の限界の広報不足，②情報依存型になるといったことも含め，津波警報などのソフト防災の限界の広報不足，③直後の救援作業の地域的な粗密など広域津波災害に対する知識不足，④津波の襲来による突然の地下空間や地下鉄に浸水が危険性など都市型津波災害への想像力不足，⑤地震により市街地で発生した火災や漏洩した石油類の津波による拡散といった延焼危険性に対する理解不足，など。

（3）リスク財務

自然災害に対する代表的なリスク財務手段は，保険である。しかしながら，自然災害リスクの特性は，保険制度を運営するための条件を必ずしも十分満たしていない。その理由は次のとおりである。

保険は，大数の法則[20]にもとづき成り立つビジネスである。しかし地震を含む自然災害の特徴は，低頻度で高損害である。一度発生すると，その被害は広範囲に及ぶ可能性が高く，リスクが集積し，大数の法則の前提である個々の保険事故は独立に発生するという条件を満たさない。そのため，損害保険会社の収支を大きく変動させる要因となる。これが一般に，損害保険会社が地震・津波・噴火，台風・洪水・高潮を免責としている理由である。

また，保険技術的にも，地震は，たとえば過去500年で，350回以上の被害地震が発生しているものの，1年あたりの平均発生件数は1回にも満たない。しかし，実際には多い年は6回の被害地震が認められる。このように地震損害

---

20) 大数の法則とは，個々にみれば偶然と思われる事象も，大量観察すればそこに一定の法則がみられるという原理であり，保険は，それを下地にして，同種のリスクを有する集団を構成し，その集団内での相互扶助として運用するため，収支相当の原則を成り立たせたうえで運営している業務である。つまり，個々の保険事故が独立に発生するという前提があって保険は成り立つ制度である。

の発生頻度を予測するのは短期的には不可能であり，さらに損害額の大きさは，地震の発生場所，規模，時期，時刻，その時の気象条件等によって大きく変化する。また，日本経済の発展とともに都市の巨体化，財物の高価格化などから，とても，1年契約の損害保険を商品化する状況にない。そのような背景から，1966年に民間保険会社が地震保険を引き受けた後，日本地震再保険株式会社が再保険で引き受け，さらに政府が再保険を引き受けるという現在の仕組みができた。

(4) 危機管理

リスクが発現し，重大な事件・事故に至った場合，その損失を最小限に食い止めるために緊急に対応する必要がある。このための管理を危機管理（Crisis Management）[21]と呼ぶが，リスクマネジメントの一領域として位置づけられている。

危機管理には，つねに最悪の事態を想定し，危機が発生しないように予防・防止のための計画が立案され，訓練される，「クライシス・コントロール」と，万一，危機（非常事態）が発生した場合，人的および経済的な損失を最小限に食い止めるための「クライシス・マネジメント」がある。つまり，前者は主導的（イニシアティブ）または能動的（アクティブ）な意味があり，後者は，受動的（パッシブ）な意味がある[22]。

一般に，緊急事態においては，錯綜する数多くの情報の中で，危機対応を行わなければならない。通常，入手された情報と求められる各方面からの要請とが重なり，情報整理が困難となり，予想不可能な状況に直面し意思決定が困難となる。

また危機の状態が急速に変化すること，緊急事態に対応すべき機関（関係当

---

21) 危機管理という用語は元来国家の安全保障との関連で使われてきたが，その後経営学に導入された。危機管理について統一的定義は存在しないが，ここでは「より切迫した重大リスクへの対応」として，緊急事態の回避，危機発生時対応に特化した活動と定義しておきたい。

22) 大泉（2002），44ページ。

局）が，相互に混乱をきたし，指揮系統が混乱する。こうした状況においては危機に適切に対応しきれず，対応の遅れと誤りをもたらす恐れがある。それゆえ，責任者はこのような事態においては，あらかじめ権限委譲を受け，迅速かつ順応性のある意思決定が可能な体制を確保しておかなければならない。

2-2　タイの洪水

次にタイの洪水について，東日本大震災とは異なる視点から検討してみたい。

2-2-1　事例の概要と背景[23]

2011年7月頃から12月にかけて東南アジア各国で台風，熱帯低気圧による豪雨が続いた結果，タイでは例年に比べ40％以上の降雨量となったと言われている。また，北部の主要なダムが許容降水量を越え，決壊を恐れてダムから放水したことも災いして，大規模な洪水被害が発生した。国土を縦断するチャオプラヤ川の水量が増えて堤防が決壊し，800人を超す死者が出た。76の地域のうち65地域，1,200万人に悪影響が出たと言われている。

タイには多くの日系企業が進出しているが，計7つの工業団地が浸水した。11月末に工業団地から水は引いたが，その後も調達先の工場の復旧，倉庫・輸送手段の復旧などに時間がかかり，たとえばタイ日系自動車メーカーは，1ヵ月を超える生産の停止を余儀なくされた。この洪水により日系450社を含む約730社が被災し，工場の操業中断を余儀なくされた。このように本洪水は，グローバルサプライチェーンにおける事業継続計画（BCP）や全世界規模での生産体制に多大なインパクトを及ぼした[24]。アジア開発銀行は，経済損失は450億ドルに達したと報告している。

タイの雨季は，例年5月頃から始まり，11月頃に終わる。この頃には北部の農業地帯では河川氾濫，洪水が発生する。ただ例年は，2ヵ月くらいで収束

23）　インターリスク総研（2012）を参考にした。
24）　タイ洪水後のサプライチェーンへの影響や，それを踏まえたBCP改善の考察については，根本（2014）を参照。

するが，本件では約4カ月続いた。また，例年であれば，2回くらいしか来ない台風が5回も襲来した。この大量の降雨が大規模洪水の原因となった。

　地面に降った雨水は最初は地面に吸収される。ところが雨水を吸収しきって飽和状態になった地面はそれ以上雨水を吸収できなくなるため，それ以降の降雨はすべて地表にあふれてくる。チャオプラヤ川は，巨大な灌漑用水の運搬路であり，洪水時にはもともと上流域であふれるのが前提である。同川の流域面積は利根川の10倍あり，氾濫面積は利根川の最上流から河口までのすべての流域面積に匹敵するという。

　タイの稲作は2.5期作である。そのうえ，広い農地においては灌漑用水は十分でなく，チャオプラヤ川流域では，灌漑用水路の水をすべて使い切っても足りないので排水路はない。氾濫の水をもって農業に使うという，チグリス・ユーフラテスに代表される古代文明で行われていた農業の姿が残っており，水イコール米という考え方が幅広く定着している。したがって，タイのダムは，灌漑用水確保の目的で雨季に最大限貯め込み，乾季にそれを利用するためのものである。タイの4つのダムは事前放流だけで1ないし2カ月以上を要してしまい，それを見越した事前洪水制御のための使用には困難もあるという。

　ただ，実際には工業団体のある下流で氾濫が始まった時点からダムの放流を少なくして制限しているので，結果的に洪水制御されている。今回も氾濫総量の数十パーセントはダムにより制御されていたこととなる。

2-2-2　リスク管理の視点からみた意思決定上の課題

　水害への対処は，堤防やダムなどによって水流をコントロールすることと，高台に住むなどの方法で洪水による被害を避けるのが一般的である。日本においても，河川の流域の沖積平野に居住が集中していたため，近世以降の対策は，堤防やダムといった施設による水害防止に主眼が置かれてきた。ただ留意しなければならない点は，この対策によって，洪水に対する絶対的な安全性が保障されるわけではないことである。100年もしくは200年に1回といった計画降水をもとに算出された計画降水量に耐えられるにすぎず，さらに近年の地球温暖化の影響による降水量の増加を考えると，河川の安全度は低下しつつあ

ると考えるのが妥当であろう。

　国境をまたぐ国際河川が多く存在する欧州でも，気候変動や無秩序な開発による洪水被害の増大に対する欧州全体の関心の高まりから，2007年10月に成立した「洪水リスクの評価と管理に関するＥＵ枠組み指令」は，洪水被害を「リスク」として把握し，「リスク評価」「リスク管理」「リスクコミュニケーション」というリスク管理の枠組みにのっとった対策をとってきた[25]。

　法制が整備されたとしても，実際のその運用，現実の対応の的確性は担保されるものではない。タイの洪水に際して，これを防災の観点から統治する立場にあった政府関係者の意思決定に着目してみたい。タイにおいては，雨季において，灌漑用水としてのチャオプラヤ川流域の面積確保という意思決定が必要である。同時に，工業団体のある下流での氾濫抑止を想定して灌漑用水確保のために貯めているダムの水を事前放流し，上流ダムの貯水量に余裕を持たせ，予想外の降雨に備えるという意思決定も必要である。両者の判断におけるトレードオフの調整は，難しい意思決定であったと推察する。

　特に，タイにおいては，この時期いつも多かれ少なかれ同様の事態に直面するわけで，このような一見なじみのある状況における対処は，例年の自然な感覚となってしまい，「リスクに気づかないバイアス」やかつて対処できた経験が，「オーバーコンペンセーションによるバイアス」につながる可能性もある。さらに今回のタイの洪水では，農業への影響と工業への影響の板挟みから，「認知的不協和のバイアス」の影響を受けていた可能性もある。

25）　ＥＵ法においては，リスク論の枠組みの活用は，化学物質規制などの環境規制の分野などで用いられてきた。指令という性格上，加盟各国政府に対する国内法などによる対応の要求ということになる。「リスク評価」において，加盟国は，地形図や過去の洪水の記録などの既存の情報にもとづいて，洪水リスクに関する予備的な評価を実施し，「洪水ハザードマップ」および「洪水リスクマップ」を作成しなければならない。「リスク管理」の段階として，マップにもとづき「洪水リスク管理計画」を策定しなければならない。「リスク・コミュニケーション」では，洪水リスク情報への公衆のアクセスの保障や，計画への関係者の参加が重視されている（高橋・渡辺2011，159-160ページ）。

膨大な情報が一気に流れ込んでくる自然災害の渦中では，自分が知らないことを脳が「知っている」と思い込んでしまう事態も起こりやすくなる。事例は異なるが，ハリケーン・カトリーナにおける高潮と堤防決壊の有無の判断について，アンドリュー・キャンベル，ジョー・ホワイトヘッド，シドニー・フィンケルスタインが分析している[26]。タイの洪水における当事者も同様の状況に立たされた可能性があるので，要約・引用する。

国土安全保障省のHSOC（同省オペレーション・センター）のトップ，マシュー・ブロデリック准将は，ハリケーン・カトリーナでニューオリンズの堤防が決壊した場合，ジョージ・ブッシュ大統領（当時）やその他政府要人に警告するという重要な役割を担っていた。ところが，2005年8月29日の月曜日，堤防が決壊したという報告が多数あがっていたにもかかわらず，彼は「堤防は持ちこたえているらしい」と報告したあと家路についたという。

人間の脳は，「パターン認識」によって現状を分析し，記憶の中にある「感情タグ」によって，それに反応あるいは無視することを決める傾向があるという。パターン認識とは，脳の30もの異なる部位から発せられる情報を統合する複雑なプロセスである。見知らぬ状況に遭遇すると，人は過去の経験や判断にもとづいて推論する。しかし，パターン認識がわれわれを間違った方向に導くこともある。一見なじみのある状況に対処しているとき，自分が知らないことを脳が「知っている」と思い込んでしまうこともある。

マシュー・ブロデリックは，ベトナムやその他多くの軍事作戦で司令部の仕事に携わり，またHSOCのリーダーとしてこれまでの台風でも尽力してきた。

このような経験から，大事件にまつわる初期報告は誤っている場合が多いことを知っていた。つまり，信頼できる筋からの「現地情報」を待ってから行動を起こすことが得策なのである。しかし，不運なことに，ブロデリックは，ハリケーンが海抜下の街を直撃するという事態を経験したことがなかった。

8月29日夜半までに，すなわちカトリーナがニューオリンズに上陸して12

---

26) キャンベル，ホワイトヘッド，フィンケルスタイン（2009）。

時間の間に，彼は広範囲の浸水と堤防決壊の報告を 17 件も受け取っていた。その一方，まったく逆の情報も入っていた。陸軍工兵隊は「堤防決壊の事実はない」と報告しており，夕方の CNN ニュースでは，市民たちが「嵐が過ぎ去った」と，フレンチクォーターにあるバーボンストリートでお祭り騒ぎをしている姿を報じていた。

　ブロデリックはそのパターン認識によって，後者の情報こそ自分の探している現地情報であると思った。それゆえその晩，帰宅する前に，翌日その事実を確かめる必要があるとはいえ，「堤防は決壊していない」という状況報告を送ったのである。このようにパターン探究の弊害が，過去に起こったことと目の前の事態はまったく同じではないという事実の認識を弱めてしまう恐れがある。

2-2-3　今後への教訓

　東日本大震災と同様，タイの洪水の事例も，当時，事前に予想していた事態を超えるものであった。一般に深刻な事態や事故の発生の後の対応は，危機管理上の問題である。

　緊急事態管理の意思決定者は，一般に不確実性と錯綜する情報の中で，危機対応計画の運用を行わなければならない。緊急事態の規模にもよるが，入手された情報と求められる各方面からの要請とが重なり，意思決定上の混乱を引き起こす。

　この点に関し，大泉光一 (2002) の次の指摘があてはまる。

　　　「緊急事態において直面する問題の本質は，部分的に理解されることが多い。……これは危機の状態が急速に変化するためである。……こうした状況においては危機に対応しきれず，対応の遅れと誤りをもたらす。……流動性のある状況の中で求められることは，広範囲な要請に対し，適切な対応ができるような意思決定を可能にするプロセスを明確にし，それに基づいて行動することが必要である。組織的な決定を有効にしていくためにも緊急事態対応センターの位置付けが非常に重要となる」[27]。

　緊急事態に的確に対応するためにも，事前のストレステスト，訓練が必要で

あり，そのプロセスにおいて，バイアスに乱されない検討が必要な点は，東日本大震災の項でも述べたとおりである。

タイ政府は，2012年の洪水期を乗り切るため，幹線道路のかさ上げや水門増設，運河の浚渫工事を急いだ。また，首都西部の水門を開いて大量の水を流し，運河の排水能力を試す実験も行った。しかしながら，2013年には一転して干魃被害に直面した。タイの農業，協同組合省は，その被害は，約180億バーツ（当時約510億円）に達する見込み，と当時報道されている。

ダム運営の戦略を治水マスタープランの一部として練ることは防災の手段として重要である。また，本件において想定外の損失を被った保険業界は，その引き受け条件を厳格にし，保険キャパシティは著しく低下した。政府は洪水によって生じた損失に対する保険カバーの確保のため，政府による自然災害保険制度[28]を創設した。今回の教訓をふまえた対策が実施されている。

タイの洪水の事例においては，同国における洪水が，その防止による工業団地の保護と，洪水を見越した灌漑用水確保による農業の保護といったトレードオフの関係にある中での意思決定であるという特殊性を無視するわけにはいかない。このような事態への対処においては，ストレステストにもとづく影響度分析と，対応について国民的コンセンサスをいかに形成するかという課題の解決が必要となる。

---

27) 大泉（2002），222ページ。

28) これは，洪水のみならず，自然災害を対象とした政府再保険制度である。日本の地震再保険制度と類似している。巨大リスクを担保するためには，高額の保険料を徴収した上で高額の準備金を積み立てておく必要がある。しかし，保険監督上の理由や保険需要の関係などから，そのような保険料の徴収が困難であるなら通常の形で保険の成立が困難となる。そのような背景から，1966年に日本の地震再保険制度ができた。地震保険の創設にあたっては，理科年表の過去500年の地震の記録が基礎になって純率が算定されている。アメリカにおいては，National Flood Insurance Program（NFIP）という保険制度がある。1968年に制定された法律を元に公正されており，度重なる改訂をし現在に至っている。カバー内容は日本の地震保険と似たように補償に上限が設定されている。

3. 事例検討をふまえたリスク管理向上の視点

3-1 教訓の整理

リスクに対しいかに合理的に対処するかを研究するのが，学問としてのリスク管理論である。自然災害は，経済学的側面，社会学的側面の両面に影響を及ぼす。ここでは，自然災害による直接の物理的被害にいかに対処するかについては，経済学的アプローチを，避難を含む防災をいかに考えるかについては，社会学的アプローチを採って検討してみたい。

まず経済学的アプローチであるが，これは経済学の期待効用理論にもとづき，経済合理性にもとづく意思決定に立脚している。しかし，理論的前提と現実の意思決定の前提との間に乖離が生じる。

その乖離とはなにか。たとえば，規範的枠組みの中で扱われるのは狭義のリスク（「既知のリスク」と呼んでおく）である。しかし現実の世界には広義のリスク（「未知の既知リスク」「未知の未知リスク」と呼んでおく）が存在する。すなわち不確実性が介在する。それゆえ，期待効用理論で想定しているようにすべての事象は明らかになっていない。「学術的知見とデータの不足によるリスク評価モデルの限界」「環境変化に伴うリスクの変質と新たなリスクの登場」，「意思決定のバイアスによる判断上のリスクの介在」といった新たな論点を現実の意思決定では考慮しなければならない。これによる影響を整理すると，図 9-4 のとおりとなる。

次に，防災について考えてみたい。ここでは，自然的リスクのみではなく，人為的リスクについても検討が必要である。社会システムとして設定されたものをどのように評価するかを考えてみる必要がある。たとえば防災計画もその一例である。

東日本大震災後に中央防災会議におかれた「東北地方太平洋沖地震を教訓とした地震・津波対策に関する専門調査会」の活動の中で，防災に対する考え方が抜本的に見直された。この内容は，2011 年 9 月 28 日の最終報告の中で明示されている。

第9章 リスク社会とリスクリテラシーの強化　209

図9-4　リスク管理の規範的枠組みと現実

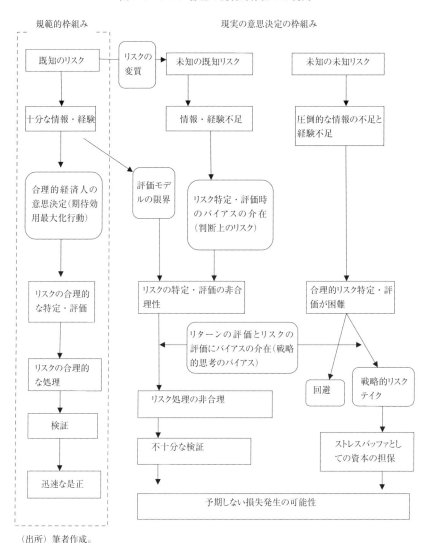

（出所）筆者作成。

報告書ではまず，今回の東日本大震災が，過去数百年間の資料では確認のできない日本海溝の複数の震源域が連動したものだったことを指摘し，「過去数百年間に経験してきた地震・津波を前提に，日本海溝の地震・津波を想定した従前の想定手法」には限界があったことを認め，従前の想定手法では，「過去に繰り返し発生し，近い将来同様の地震が発生する可能性が高く，切迫性が高い地震・津波」を対象にした。具体的には，過去数百年間の最大級の地震のうち，切迫性の高い地震について，これまで記録されている震度と津波高などを再現できる震源モデルを考え，これを「次に起きる最大級の地震」として想定した。その場合，過去に発生していても，震度や津波高を再現できない地震は発生の角度が低いとみなし，想定の対象外にしてきた。今回でいえば，貞観地震（869年）がそれにあたる。報告書は，こうして震源モデルを再現できない地震についても検討し，「確からしさが低くても，地震・津波被害が圧倒的に大きかったと考えられる歴史地震については，十分考慮する必要がある」と結論づけた。そして，「自然現象は大きな不確実性を伴うものであり，想定には一定の限界があることを十分周知することが必要」と述べ，「地震は予測できる」という従来の姿勢を戒めた。そのうえで，報告書は，従来の手法に加え，古文書や津波堆積物などを広く調査し，「あらゆる可能性を考慮した最大クラスの巨大な地震・津波を検討していくべきである」と述べた。さらに，防災対策を検討するにあたって，施設整備が現実的に困難でも，ためらうことなく地震・津波を想定すべきだとしている。

　防災の失敗が人為的リスクの側面を有するのは，不確実性に対するリスク評価におけるスタンスによって防災の考え方を変えてしまうからである。実際本報告書の後，2012年1月30日に消防審議会が，消防本部，消防団，自主防災組織などの充実による消防防災体制の整備を目指す「東日本大震災をふまえた今後の消防防災体制のあり方について」を答申している。また，2012年3月には，内閣府の検討会が，東海，東南海，南海地震が，東日本大震災の巨大地震であった場合，M 9.1という想定のもと，それに伴う津波予測を発表した。高知県黒潮町で34.4メートルという最大の津波が予測された結果に日本中が

第9章　リスク社会とリスクリテラシーの強化　211

衝撃を受けた。さらに，2013年5月に出された内閣府の有識者検討会の報告
では，南海トラフ巨大地震について，地震の予知は困難とし，都道府県の枠を
超えた広域の防災対策を提言した。防災のスタンスが大きく変化し，予知や予
測に頼る防災の限界を確認し，事前の備えにより，減災に重きを置くスタンス
に移行した。

　防災効果の正しい認識は，実際の避難行動に大きな影響を及ぼすこととな
る。明治，昭和と2度の三陸大津波に襲われた岩手県宮古市では，1958年，
総延長1,350メートル，海面から高さ10メートルという大規模な防波堤が完
成した。1969年には家屋と海の間に防潮堤が作られ，2010年には，さらに海
側に総延長2,433メートルの防潮堤が作られた。しかし，東日本大震災の津波
で，この防潮堤は破壊された。

　また，釜石市ではギネスブックに載るような世界一の巨大な堤防を作った
が，今回の災害で崩壊された。しかしながら，この堤防があったため，津波の
到達を遅らせたのは事実で，そのことによって多くの人命を救ったこととな
る。その一方で，堤防を過信するあまり，逃げずに犠牲になった人も大勢いた
のも事実である。つまり，防災施設の提供する安全効果は，ある想定レベルで
捉えるべきである。

　地震調査研究推進本部の調査観測計画にもとづいて，2012年までに，全国
で110の断層帯で調査が行われた。活断層の位置，活動履歴，地震発生確率な
どを調べて，長期評価として発表している。活断層帯の地下では，一般に数千
年に1度の頻度で大地震が起こって岩盤がずれる。われわれがわれわれの時間
軸で，「歴史的に地震がなかったからここでは地震が起こらない」というのは
地震自体の時間軸から判断すると，非常に危険な常識だともいえる。

3-2　意思決定上のバイアス補正（debiasing）の必要

　首都直下地震を起こす可能性がある東京都西部の立川で2013年2月に，地
震学者が横ずれの跡をみつけ，想定以上に大きな揺れになる恐れがある，と発
表した。だが，その後，土木関係者から痕跡はコンクリートではないかと指摘

され，追加調査で誤認が確認された。このような調査が不十分なまま誤認して発表するといった事態を回避するためにも，地震に関する確認には，分野の違う複数の専門家がチェックすることが不可欠となる。社会への影響の大きさ，人命や財産に大きくかかわる事態だけに，初歩的なミスということでは片づけられない。しかし一方で，地震には常に不確実性が伴うのも事実である。自然災害リスクのように，現代の科学をもってしても絶対的な正確性が保証されない領域においては，その特定・評価においては，多面的な検証により，バイアスを補正する努力が必要である。また何を目的にしたリスクの特定・評価であるかを明確にした論議も不可欠となる。費用対効果を念頭においた経済学的アプローチにもとづいた議論なのか，人命や生活の安全・安心等を重視した防災・減災を念頭に置いた社会学的アプローチにもとづいた議論なのか，を明確にする必要がある。そして，そのようなプロセスを経たとしても残存する不確実性をどのように取り扱うかについて，情報を発信する側，それを受け取る側，双方にあらためてリスクリテラシーが求められることとなる[29]。

　なぜなら自然災害リスクの有する不確実性をどのように取り扱うかはその目的によって異なるからである。つまり，中央防災会議がスタンスを変えたように，ストレス状況をあらかじめ予測して万全な防災対策を打つという目的に照らして考えるなら，蓋然性を強く意識しすぎると，厳しいストレスは示しえないため，対策の検討自体が緩やかなものとなってしまう。目的に応じたリスク評価，不確実性の取り扱いが重要となる。

　さらに実際の防災計画を論議するさいには次の点にも留意する必要がある。アイアン・ミトロフ（Mitroff,I.I.）（2001）が，「すべての危機は実際に生じるかなり前から，"初期警戒信号"を繰り返し発し，危機が起こる可能性を告げる」[30]といった指摘を，危機管理の観点から行っている。ミトロフは，企業は人間と同様，重要な危機に対する自らの弱みを否定する，さまざまな防衛メカ

29）　リスクマネジメント・プロセスにおける認知バイアスへの対処については，後藤（2011）を参照。

30）　ミトロフ（2001），24 ページ。

ニズム（初期警戒信号を受信した後，なにゆえ効果的な危機管理を行わないかを正当化する心理的障害）の存在を警告する。表9-1に示された防衛メカニズムは，心理的には認知的不協和のバイアス[31]の1つであるが，歪んだ意思決定の要因となる。

3-3 ストレステストの実効性と復元力の確保

福島第一原発の津波に対する安全対策は，極端にいえば，想定内の状況における安全，安心への対応であった。今回の想定外の事例をふまえた教訓は，次のとおり整理できる。

まず，自然災害を相手としている場合，リスク評価，分析技術は，完全ではないことの認識が重要である。現時点のナレッジを集大成したモデルを使ってリスク評価したとしても想定外を意識しなければならない。「想定外への対応」においてはストレステスト[32]が有効である。

不確実性が高まっている社会では，過去の個別事象を後追いするだけでは健

表9-1：企業文化と危機管理の関係（組織の防衛メカニズム）

タイプ	解釈／例
否定	危機は他社には起こるが，我が社は大丈夫。
不承認	危機は起こるが我が社への影響は小さい。
理想化	危機は立派な企業には起こらない。
誇大妄想	我が社は強大であるから危機を防げる。
転嫁	もし危険が起こるとしたら，だれかが悪いか，もしくは何者かが我が社を陥れようとしている。
理屈	危機が起こる確率は非常に小さいから，危機を心配する必要はない。危機を真剣に考える前に，その発生の確率と帰結を正確に測定するべきである。
仕切り	危機は我が社全体に影響を与えることはない。なぜなら各部門はそれぞれ独立しているから。

（出所）ミトロフ（2001），75ページ。

---

31) 自分の悪いイメージ（心理的苦痛）を避けるため，信条を変化させ，過去の自分の行動を正当化しようとすること。
32) ストレステストとは，外から一定の負荷がかかったときに耐えられるかどうか，あるいはどこまでの負荷に耐えられるのかを調べるリスクマネジメントの手法である。

全性は確保できない。フォワードルッキングで客観的，ダイナミックで包括的なストレスシナリオを作成し，その影響度を分析した上で対策を打つ必要がある。そのためには，先行き5年間程度の予測，再現性のあるリスクについては，時間依存性を勘案して蓋然性を評価する必要がある。また，自社のポートフォリオのウィークスポットをつくシナリオを作成する必要がある[33]。

前述のとおり，不確実性が高まっている社会では，予期せぬリスクが発現すること自体は，避けられない。それゆえ，そのような事態が起こった場合の復元力のある（resilient）経営を意識しなければならない。

企業経営においては，自分の資本で抱え切れるリスクか否かの確認を明確にしたうえで，リスク処理をするという基本を徹底させることとなる。保有リスクの不確実性に対応する資本を，倒産回避，復元力確保のために確保しておかなければならない。

3-4　統合的リスク管理（Enterprise Risk Management: ERM）の高度化

企業経営において，戦略とリスクの統合管理は，経営管理の中心に位置づけられている。特に，「リスク」と「不確実性」の峻別は，合理的意思決定には欠かせない視点である。

十分なデータが存在しない場合，確率論的なアプローチによる意思決定は，大きな不確実性を内包することとなる。不確実性が意識されるリスクに直面した場合，われわれは通常，少ないながらも過去の類似のケースをよりどころとすることが多い[34]。または，類似事例はなくとも，このような状況に直面し

33）　金融危機の教訓で再認識された「ストレステスト」の実効性について再検討する必要がある。大山編著（2012），59-70ページが参考になる。

34）　ギルボア＆シュマイドラー（2005）は，確率空間が描けない状況に対する意思決定を「事例ベース意思決定理論（A Theory of Case—Based Decisions: CBDT）」としてモデル化した。彼らは，ステイト（確率事象）もオッズ（発生頻度）も明確でない状況を仕組みのみえない不確実性という意味で，「構造的不確実性（Structural ignorance）」と呼んだ。そして「類似性を利用する」あるいは「真似る」という手段を使った意思決定を，彼らは数学的に定式化した。（ギルボア＆シュマイドラー 2005）

た経験豊富な人物の洞察力に頼り，想像力を働かせ，仮想のシミュレーションを実施したうえで対処することとなろう。

　ここであらためて適切な不確実性へのアプローチについて整理しておきたい。まずリスクの諸概念を十分意識しておく必要がある。整理すると表9-2のとおりである。

　リスクに適切に対処するためには，その対象となるリスクの特性を十分理解したうえで，なにを目的にした対処であるかを検討する必要がある。そのためには，現在活用しているリスク管理ツールの効用と限界についても十分認識する必要がある。また，ツールの弱点については，補完ツールを活用することが重要となる。この考え方は，企業のリスク管理の中で使われている。表9-3に一例をあげておきたい。

4．リスクリテラシー強化の視点

　より動態的な視野でリスクや不確実性を対象にしたとき，われわれの利用できる学術的知見は限定的であり，不確実性の存在を意識する必要がある。つまり，経済・社会・自然・技術といった変化に伴いリスクも変化するし，不確実性も増す。また，そのように動態的な視野に立ったとき，意思決定の時間軸も現実の意思決定で使うものより，長くとる必要も生じる。

　このような課題に直面すると，まさに科学者が迷路の中を探索する問題解決者と譬えられるように，興味深い現象をみつけ出し，そこから意義のある問題を明確な形で切り取り，現象やデータの中に潜む法則をみつけ出し，いくつかの現象を体系的に分析する理論を作り，理論から導かれる帰結を仮説として立て，それを検証する，といった地道なプロセスを回し続け，不確実性の理解を深めていかなければならない。そして，直面した現実への対処には，不確実性の共有と具体的スタンスについて，コミュニケーションによるコンセンサスを形成しなければならない。同時に，将来への柔軟性を確保しながら対処していく必要がある。このようなリスクリテラシーの強化について，今後取り組むべき方向性につき整理してみたい。

表9-2：リスク諸概念の整理

社会科学上の分類	経済学上の分類	リスク認知にもとづく分類
確実な科学的知識	ナイトのリスク	恐ろしさ因子，未知性因子といった尺度に変化はないが，社会学上の分類の違いによって，その主観的判断内容は異なる。
特定化される非知	ナイトの真の不確実性	同上
特定化されない非知	ナイトの真の不確実性	同上

（出所）筆者作成。

表9-3：リスクマネジメント手法の体系化

リスクに対する経営管理の視点	リスクの特定と評価		対象とするリスクの類型	リスク処理上の留意点
	定性アプローチの手段	定量アプローチの手段		
バックワードルッキングなアプローチ	リスクレジスター管理[35]	VaR による統合リスク管理	既知のリスク（ナイトのリスク）	リスク制御とリスク財務の最適組合わせにより，財務の健全性と資本効率を確保し戦略を推進する。
フォワードルッキングなアプローチ	リスクレジスター管理ストレステスト		未知のリスク（ナイトの不確実性の要素を持つリスク）	リスク処理に限界があることを認識した上で，資本力の範囲内で未知リスクを保有する。
動態的リスクに対するアプローチ	エマージングリスクモニタリング[36]		未知のリスク（ナイトの不確実性）	リスクの変化を観察し，リスクと資本の関係をアップデートする。

（出所）筆者作成。

---

35) ビジネスにかかわるリスク事象を，発生頻度，損害強度の観点から評価し，重要な影響を及ぼすものを特定・列挙し，どのようにリスクコントロールすべきかを洗い出すための一覧表を「リスクレジスター」と呼んでいる。洗い出された課題については，リスク管理取組計画といった形でまとめられ，期中に実施されることとなる。

36) 新たなリスク（エマージングリスク）とは，実務では，「現在は存在しないか，あるいは認識されていないものの，環境の変化によって顕在化する可能性が高まっているリスク」と定義され，たとえば，次のような事象が対象とされている。重要性が高いが，発生頻度が低い事象，グローバル規模で発生し，大規模に影響を及ぼす事象，予想が困難であり，通常の想定を超えた範囲で発生する稀少な事象，特定の当事者だけでコントロールすることが困難な事象，一企業だけでなく，地域的な国境や産業，活動分野を超えて影響をもたらす事象など。

4-1 リスクコミュニケーションとコンセンサス形成

リスクはその実態が目にみえないため，関係者がリスクに対し行動を起こす場合，関係者と情報交換を行い，リスクに対する認識を揃え，お互いがどのように行動するべきかについて情報を共有する必要がある。このため，リスクに関するコミュニケーションが関係者間で重要となる。

リスクコミュニケーション[37]の定義は，1989年の全米研究評議会（National Research Council）によるものが代表的である。そこでは，「リスクコミュニケーションとは，個人，集団，機関の間における情報や意見のやりとりの相互作用的過程である。それは，リスクの性質についての多様なメッセージと，その他のリスクメッセージやリスクマネジメントのための法律や制度に対する，関心，意見，反応を表すメッセージを含む」，とされている。すなわち，リスクメッセージは一方的なものであり，リスクコミュニケーションは双方向のものである，とされている。

リスクの科学的評価と一般の人々の安心・安全にもとづく認識とは異なる。その認識にバイアスがかかることも多い。それゆえ，一般の人にも分かりやすく伝える，いわば，直感と客観的事実・科学的思考の橋渡しをしながら，双方向のコミュニケーションを進め相互理解を深めていく必要がある[38]。

リスクコミュニケーションは，経営を取り巻くすべての関係者との間で行う必要がある。これを欠くと，リスクが発現したさい，関係者を驚かせ，企業の

37）　もともとこの概念は，米国で化学工場を新設するさい，どのような事故が発生する可能性があるか，周辺の自治体や市民への影響はどのようなものか。万一事故が発生したさい，どのようにその情報を知らせ，二次的災害を防止するかなど，リスクに関する種々の情報を企業と地域住民，自治体等の関係者で共有したうえで工場を建設するといった中で発達してきた歴史がある。

38）　西澤（2013）は，次のとおり説明している。「リスクコミュニケーションする際の重要なポイントは，「安全情報の伝達」にとどまるのではなく，その先の目的を達成していくことにより，「信頼の構築」を得る，ということなのです。また，リスクコミュニケーションは論理（ロジック）に基づきますが，しかし，感情とのバランスも考えながら進めます。ですから，常に論理と感情の微妙なラインを行ったり来たりするものなのです。」（西澤2013，100-101ページ）。

信頼を失墜し，ブランド価値を大きく低下させることとなる。企業は普段から次の努力を払わなければならない。

- リスクの発見と特定のための情報収集
- 関係者との間の理解不足や誤解の解消
- 関係者へ被害が及ぶ可能性がある場合の回避，低減活動　など

　安全や安心を求める社会の価値観は時代とともに変化している。20世紀が安全を求める世紀だったのに対し，21世紀は安全，安心を追求する世紀と整理されている。つまり，21世紀は，科学技術にもとづく安全にとどまらず，主観的な安心を感じられる社会の形成を求めている。第1節で整理した社会学的視点を重視したリスクコミュニケーションが必要である。

　社会的なつながりは，国内外でますます多面的で密接になっている。たとえば，自然災害に対する防災対応において最善を尽くすためには，関係する行政，企業，消費者が一体となった活動が必要である。そこには相互に連携して関係者が信頼関係を構築する必要がある[39]。そのさい，企業側では規制はあくまでも最低限の守るべき基準と考え規制の範囲を超えた自主的取り組みが必要であり，住民や外部専門家の知見を借りる必要がある。また，未知の要素を払拭できないリスクについては，住民側も現在利用しているサービスにも不確実性を含んでいるという事実を理解したうえで，対応策を検討する必要がある。

　この点は，より生活に身近な問題を通して考えてみると分かりやすい。たとえば，一般に，十分な安全決定を行うために必要とされる調査と情報を多くの

---

39)　最近の世界の金融危機，政府債務危機，高齢化に伴う財政問題に共通する要因は，政府や銀行などのコミットメント，約束能力の欠如が露呈し，信任が崩壊した，とする論評がある。金融危機の分析では，資産バブルの崩壊により銀行の自己資本が毀損すると，銀行のコミットメント能力の限界が顕在化し，貸し出しのための資金調達ができなくなって信用収縮が進む。銀行のコミットメント能力の欠如が危機増幅の本質的な要因だとの解釈もなされている。コミットメント能力の欠如は，社会保障制度，特に公的年金制度など世代間の再配分に深く関連している。また，原子力発電の継続の可否など，超長期のコミットメント問題が本質的に関係する政策課題は多い。

会社や個人が持っているより，行政が持っている方が，重複コストが回避され効率的であると考えられる。しかし，事はそれほど単純ではない。まず事故を含む多くの状況において，人の生命の喪失に対して価値を評価しなければならず，そこに画一されたものは存在しない。また，典型的な企業を対象として設定された規制が，すべての企業に対して最適なものとは限らない。このように，コストと効果についても多面性が内在しており，単純な評価によるコンセンサスは難しい。

　さらに国際的なリスク事象を取り扱う場合は，各国の人々が有する文化や価値観の違い[40]についても配意する必要がある。これらを乗り越えてコンセンサスを得るためには，その違いを意識したコミュニケーションが必要となる。そのさいの留意点を4点列挙してみた。

(1) リスク評価の理解の問題・・・リスクを確率的に定量化する努力が払われてきた。一般に「発生頻度×損害強度」という形で定量化されるが，その場合，高頻度で影響の小さい事象と低頻度で影響の大きい事象は類似の大きさのリスクと評価される。しかし，それを受け取ったわれわれにとっては，前者については経験を積む機会が多いため，それを理解したり判断するのは比較的容易であるが，後者の場合は理解する側にその基盤となる経験や情報が少ないためその認知・対処が困難になる。この両者をつなぐための種々の試みがなされてきている。たとえば，類似あるいはなじみのあるリスクと比較するという形で，理解を容易にする工夫も試みられる。そこではある望ましくない共通の事

---

40)　社会人類学では，「文化」は考え方，感じ方，行動の仕方のパターンを総称するものである。世界には約 3,000 の文化があると言われている。ホフステードは，IBM の各国の支社で働く人々を対象に価値観の違いに関する調査を行った。価値観に関する質問に対する回答を統計的に分析した結果，どこの国の IBM 社員にも共通する問題があることが分かったと同時に，異なる領域も確認した。その1つとして，「不確実性への対処の仕方（不確実性の回避：Uncertainty avoidance)」をあげている。そして，法律と規則のおかげで，他の人々が不確実な行動をとることが避けられているが，不確実性を回避しようとする文化では，あいまいな状況が嫌われる。そのような文化では，何が起こるかを明確に予測でき解釈できる構造が，組織や制度や人間関係に求められている，と指摘している（ホフステード 1995，116-123 ページ）。

象（影響の評価点 = エンドポイント，ex. 人の死亡）に対する生起確率を対比する
などの方法である。また，死は，人間誰しもが避けたいと願うことで，万人に
支持されるエンドポイントの1つであるが，死亡率は長期間をとれば誰も確実
に1となるので，若いうちの死亡と高齢での死亡を区別し，「損失余命」とい
う形で表現したり，健康な1日と不快な症状のある状態を区別して「生活の
質」を加味して，死亡は0，完全な健康は1とし，不快な状態はその程度に応
じて0～1の間の値で評価するといった工夫もされている[41]。

(2) リスク認知と評価のギャップ・・・定量化されたリスク評価を受け取るわれわれが，それを自分なりに理解・認知しようとする際，関連する情報を利用
したり，自分にとって馴染みのあるリスクか否か，自分にとってどの程度の影
響があるのか，リスクの裏にある便益の存在や，自分自身どの程度これをコン
トロールできるのかなどの要素をふまえることとなろう。ここに，確率論的な
評価とは別のリスク認知に伴うバイアスの介在が影響する。これを理解するに
は，我々の日常生活に近い，食品の安全性に関わるリスクコミュニケーション
を考えれば明らかである。よく起こりうる事例としては，自然由来の物質は安
全であるが，合成化学物質は危険だという考えである。天然物質であろうが，
合成物質であろうが，人の健康に悪影響を及ぼす可能性には区別がないはずで
あるが，そのようなギャップは起こりやすい。

(3) 時間軸（Time horizon）の問題・・・現実にはわれわれは，現在の状態が続
く，あるいは現在の傾向が続く，そして過去に起きた現象が繰り返すというよ
うな経験的なものに頼って将来を予想することが多い。経済学では，割引率と
いう概念を導入して将来と現在を扱ってきた。一般に将来予測を理論的に扱お
うとするときには，何らかの仮定を置くのが常である。将来にわたり非定常に
変化していくような枠組みの将来予測を考える場合は，数値解に頼らざるをえ
ず，結果は誤差を含まざるをえない。

(4) リスクコミュニケーションの合目的性・・・リスクに対し組織として対処

---

41) 益永編（2013），序章，3-7ページ。

第9章　リスク社会とリスクリテラシーの強化　221

するためには，組織のコンセンサスが必要である。リスク認知がさまざまである組織構成員の共有を図るためには，有効なリスクコミュニケーションが必要である。だが，現実には，コミュニケーションの目的の明確化と，目的にかなう方法による実施は難しい。なぜなら，われわれの知識は決して完全ではないし，価値観や経験も異なる。限られたセンセーショナルな情報にもとづき取り返しのつかない決断をしてしまう，といった拙速な決断は慎まなければならない。そうかといって問題がはっきりしてから対策に移れば，不確実性を伴う課題の行動を遅らせ手後れとなる。この問題の解決には，関係者間における信頼感の醸成が重要となる。よく知られている事象に関する統計データにもとづく分析については一般に理解が得やすい。しかし，これまでにない新しい事象のリスク，原因と影響の関係が不明確なリスクについては，信頼ある評価自体を共有することが困難になる。ポール・スロビック（Slovic, P.）[42] が指摘しているように，未知のもの，影響が恐ろしく破滅的なものに対し，人々は過度に恐れる傾向がある。リスク評価の最初の段階から関係者が共同して作業する必要もあるだろうし，リスク評価を行う者は，その評価に絶対はないことを認めるべきだし，関係者間では，そういう中でも1つの合理的な判断をしなければならないといった共通認識を創り出す努力も必要となろう。

4-2　不確実性へのリスクリテラシーの強化

　不確実性の代表的な事例として，気候変動をふまえた自然災害リスク，放射性物質の処理といったように，世代間をまたがるような時間軸で検討しなければならない事象に対するリスクリテラシー強化の視点について，整理したい。

　4-2-1　リスク評価における時間的要素

　リスクは時間の経過とともに変化する。特に発生に再現性があるリスクの場合，この点の考慮が不可欠となる。たとえば，地震は海溝や活断層にエネルギーが一定期間蓄積され，放出される過程で発生する。そのような場合，物理的

---

42)　Slovic, P.(1987), p.236, pp.280-285.

再現期間をふまえ直前の発生年からの時間の経過を考慮して発生頻度を評価するために，評価モデルの中に時間依存性を組み込むことができる。ただ，これは，静態的な中での時間の考慮である。気候変動に代表されるような地球全体の動態的変化を考慮に入れた途端，われわれは，情報・データ・知見の不足を認識することになる。そして，有用なデータを統計的に処理しリスクカーブを導出して，リスク量を計測し管理するといった，伝統的なリスク管理の枠組みが適用できなくなる。

当面の対処としては，主観的確率を前提にその後のデータにもとづき補正していく確率処理をしていくベイズアプローチを利用したり，ストレスシナリオにもとづく評価も考えられる[43]。しかし，事後データが蓄積され，長時間をかけ適切に補正されるまでは，不確実性は高いと認識せざるをえない。

4-2-2　意思決定の視点

われわれの意思決定もまた一定の時間軸を前提にしている。たとえば，リスク評価においては，保有リスクを変更しうるまでの期間を前提（保有期間）にして VaR を計測する。短期間の保有を前提としているリスクの場合，たとえばトレーディング取引に関連する市場リスクなど，その保有期間は一般に短期となる。

企業はその業績を会計基準にもとづき計算し，それを開示する。4半期，1年単位での業務遂行の結果が報告される。企業の事業計画は年次計画と中期経営計画（3-4年）が策定されることが多い。リスク保有期間が1年を超える場合も，このような経営管理の枠組みをふまえ，少なくとも1年単位で事業ポートフォリオを修正しうることから，リスク計測においては1年を保有期間としている。このように，リスク計測と経営管理上の時間軸は相互に関連している。しかしここで注意を要する点は，時間軸を前提にした物の見方に慣れてし

43）　たとえば，オペレーショナル・リスクの計測を考えてみたい。期待値回りのデータの多くは収集可能であるが，信頼水準 99.5％ といったテイル領域のデータを収集するのは困難である。そのような場合，ストレスシナリオを収集して評価するアプローチが考えられる。

第9章　リスク社会とリスクリテラシーの強化　223

まうと，リスクが本来有する時間的要素を無視してしまい，不合理な判断を下してしまう恐れもある。たとえば，前述の地震の再現期間と経過年数に伴う発生確率の高まりといったリスクの変化や切迫度を無視してしまうようなケースである。

　一方，動態的な視界で眺めた場合，たとえば温暖化に関しても，気象はカオスの性質を持っていること，地球の歴史をみれば氷期―間氷期サイクルなどの自律的な気候変動が起きていることなどから，「長期の予測は不可能ではないか？」といった問題が提起されている[44]。技術的な問題として，われわれは，気候システムのすべてのプロセスを知らない。事象を部分的に取り出し，残りの部分は境界条件として扱えるような問題の場合には，すべてを知るということは科学の進展とともに可能となろうが，地球温暖化問題のようにトータルシステムの振る舞いが求められている場合には，われわれの知見は限られている。

　われわれの自然に関する知識は，どこまで行っても完全になることはない。したがって，完全な知識を得てから行動に移ろうというパラダイムは，地球温暖化問題には成り立たない。問題がはっきりしたときには，すでに事態は元に戻らない。その間に発生した犠牲を覚悟しなければならない。科学的に解明さ

---

44)　気候モデルを考えてみる。大気や海洋は流体であり，この運動を記述する方程式はナビエ―ストークスの式と呼ばれている。また，熱力学の第1法則や質量の保存則と呼ばれる方程式がある。これらを，地球表面上に格子点をとって計算する方法も実施されている。そして天気予報などで検証が行われ，その有効性は確立されている。しかしながら，気候はこのような空気や水の運動だけではない。そこにさまざまな地球科学的現象が存在する。雲ができ，雨が降り，木々はそよぎ，海には波が立ち，氷ができたりする。また，大気汚染や火山の爆発などの現象もある。これらの地球科学的現象は，究極的にはモデルによって表現されるべきものである。しかし，プロセスが複雑で解明が不十分であることや，スケールが多様で格子点の変数だけでは表現できないことなどから，何らかの仮定を用いてその効果をモデルに取り込むことになる。この取り込み方が各モデルにおいて異なるため，モデルの基本構造は同じでも，結果がバラつく。このような複数のモデルの信頼度を判断するため，現在の気候をより正確に再現できるモデルの方が信頼できるという立場の者と，現在の気候モデルの実力は，将来の予測を行うに足る精度はないという立場の者がいる。

れていないという理由で対策を遅らせることがあってはならない。

一方，拙速に決断することも慎むべきである。限られたセンセーショナルな情報にもとづき，取り返しのつかない決断をしてしまう例も多いからである。

長寿命放射性物質による対策も同様の問題を含んでいる。事故時の緊急対応における急ごしらえから生ずる問題が顕在化するまでに，中期的な対策を実施していかなければならない。ただ，環境汚染にかかわる事故固有の問題は，被災地域の住民の心身にかかわる問題，復興の問題，隣接地域にも関連する問題など，多岐にわたる社会問題に対して，いかにコンセンサスを得つつ，緊急対応，短期的対応，中・長期的対応，超長期的対応が体系的かつ安心・安全に実施されていくかという問題である。過去に経験したことのない事例であり，かつ長寿命放射性物質に関するリスクは超長期間消えないといった課題解決にかかわる問題といえるが，今の世代でなしうること，次世代の知見の発展への期待やその活用の柔軟性を確保するといった視点が必要となろう。

おわりに

2016 年 6 月 28 日，中央防災会議内に，南海トラフ巨大地震の予測可能性や観測，評価にもとづく防災対応について検討する作業部会が立ち上がった。大規模地震対策特別措置法の対象地域の拡大や，前兆現象と判断できない場合に事前対策をどうとるべきかを検討するという。過去の経験を教訓に実効性を重視した対策を着実に前進させることが大切である。

しかし，東日本大震災を教訓に 2013 年 5 月に取りまとめた報告書から 3 年の月日が経っている。われわれを取り巻く環境の変化が以前に増しスピードアップしている中，対応の時間軸についても検証が必要な時代であると考える。

（本文の意見にあたる部分は筆者個人のものであり，所属する組織のものではない。）

参 考 文 献

インターリスク総研（2012）RM FOCUS Vol.42, 2012 Summer.

大泉光一（2002）『クライシス・マネジメント』同文舘出版。

大山剛編著（2012）『これからのストレステスト』金融財政事情。

カーネマン, ダニエル（友野典男監訳）（2011）『心理と経済を語る』楽工社。

鎌田浩毅（2013）『生き抜くための地震学』ちくま新書。

キャンベル, アンドリュー, ホワイトヘッド, ジョー＆フィンケルスタイン, シドニー（関美和訳）（2009）「脳科学が解明する思考決定リスク」（『ハーバード・ビジネス・レビュー』2009 年 7 月号, 特集「不確実性に克つ科学的思考」）。

ギルボア, イツァーク＆シュマイドラー, デビッド（浅野貴央・尾山大輔・松井彰彦訳）（2005）『決め方の科学―事例ベース意思決定理論』頸草書房。

後藤茂之（2011）「サブプライムローン問題の検証とリスクマネジメントの再構築」, 林昇一・高橋宏幸編著『現代経営戦略の展開』（中央大学経済研究所研究叢書 53）中央大学出版部, 第 9 章, 197-241 ページ。

小松丈晃（2003）『リスク論のルーマン』勁草書房。

高橋滋・渡辺智之（2011）『リスク・マネジメントと公共政策』第一法規。

西澤真理子（2013）『リスクコミュニケーション』エネルギーフォーラム新書。

根本敏則（2014）「災害リスクに備えるサプライチェーン BCP と地域 BCP」, 塩見英治・谷口洋志編著『現代リスク社会と 3・11 複合災害の経済分析』（中央大学経済研究所研究叢書 59）中央大学出版部, 第 9 章, 163-175 ページ。

畑村洋太郎（2011）『未曾有と想定外』講談社現代新書。

広瀬弘忠（2004）『人はなぜ逃げおくれるのか』集英社新書。

ベイザーマン, M・H＆ムーア, D・A（長瀬勝彦訳）（2011）『行動意思決定論』白桃書房。

ベック, ウルリッヒ（東廉・伊藤美登里訳）（1998）『危険社会』法政大学出版局。

ホフステード, G（岩井紀子・岩井八郎訳）（1995）『多文化世界』有斐閣。

益永茂樹編（2013）『リスク学入門 5：科学技術からみたリスク』岩波書店。

ミトロフ, アイアン（上野正安・大貫功雄訳）（2001）『クライシスマネジメント』徳間書房。

ルーマン, ニコラス著, ベッカー, ディレク編（土方透監訳）（2007）『講義録(1)システム理論入門』新泉社。

ロゴフ, ケネス・S＆ラインハート, カーメン・M（村井章子訳）（2011）『国家は破綻する―金融危機の 800 年』日経 BP 社。

Finkelstein, S., Whitehead, J. and Campbell, A. (2008), *Think Again*, Harvard Business Press.

Knight, F.H. (1921), *Risk, Uncertainty and Profit*, Boston and New York, Houghton Mifflin.

Slovic, P. (1987), Perception of risk, *Science*, 236, pp.280–285.

Stanovich, K.E. and West, R.F. (2000), "Individual differences in reasoning: Implications for the rationality debate?", *Behavioral & Brain Science,* 23, pp.645–665.

第 **10** 章

コミュニティにおける慣習的社会制度の成立と変容に関する考察
──駿河湾桜えび漁における資源管理型漁業としてのプール制の事例──

露　木　恵美子

は じ め に

　本稿は，伝統的なコミュニティにおいて長い年月をかけてつくられてきた「慣習的な」社会制度について，歴史的・文化的・社会的な背景を踏まえながら，その変容を記述することを目的とする。21世紀に入り，戦後70年余りかけてつくられてきたさまざまな社会制度が揺らいでいる。その揺らぎはICTの発達による情報化や急速に進む少子高齢化と人口減少，経済のグローバル化といった社会の変化によって説明されることが多い。ある一定の成果を収めた制度やシステムも，その社会的な文脈が変化することによって，最適ではなくなるということは歴史が証明しているが，現代はそのような歴史の転換点にあるというのが大方の見方であろう。一方で，そのような外的な変化の影響を受けていることは前提としながらも，制度やシステムの内部において明文化されず，その制度やシステムの内部者でさえも気づかない暗黙のルールが形成されることはよくある。「慣習的」という概念は，一般的には「ある社会で，長い間にその構成員に認められるようになって，いつもそのようにする決まりとなっている慣わしやしきたり」のことであり，本稿では，社会制度やシステムに

おいて習慣化された思考様式や行動様式が，あたかも自然法則のように人々の言動に見えない影響を与える規範として作用することを意味している。

あるコミュニティにおいて慣習化した暗黙のルール（制度）を変えることは難しい。そして，そのルールを変えられないことによって，もともとあった制度やシステムの内実が変質してしまうということもある。それは，伝統的なコミュニティにおいても，現代的なアソシエーションにおいても同様に見られる現象である。本稿は，外部の変化も考慮しつつも，制度やシステム内部の変化に注目し，そのメカニズムを明らかにするための試論である。

1．コミュニティ・社会制度・文化に関する理論

1-1　コミュニティ・社会制度・文化に関する理論の整理

1-1-1　コミュニティ

コミュニティという言葉は，いろいろな場面や文脈で使われるが，ここでは広井・小林（2010，13-14ページ）や金子ら（2009，33-34ページ）の定義を参考に「一定の地域における共同生活の領域，生活空間のことであり，その構成メンバーの間に互いに共通の関心や帰属意識，一定の連帯や相互扶助の意識が働いているような集団」であるとする。そこでの鍵になるのは，地域性と共同性である。広井らは，コミュニティを3つの点で区別して考えることが重要としている。

それらは，

(1) 生産のコミュニティと生活のコミュニティ

(2) 空間コミュニティ（地域コミュニティ）と時間コミュニティ（テーマコミュニティ）

(3) 農村型コミュニティと都市型コミュニティ

である。都市化や産業化が進む以前の農村社会は，生産の場と生活の場がほぼ一致する地域コミュニティであった。高度成長期に進んだ都市化や産業化は，両者を分離して，会社を中心とした生産コミュニティを発達させた。生産の場としての会社と生活の場としての家庭を分離して，それぞれにおいて，生産と

再生産を効率的に進めたことが日本の高度経済成長を支えた。現代では，生産コミュニティと生活コミュニティが一致することの方が少なくなっている。

本稿で事例として取り上げる漁業者コミュニティは，生産と生活が重なっている伝統的な農村型地域コミュニティである。

1-1-2　社会制度

制度とは，「社会内で規範として確定された行動様式の体系」である。国家や団体などを統治・運営するために定められた決まりのことであり，社会関係を営むために社会を構成する集団の構成メンバーや，その社会の統治者によって定められた決まりごととして定式化・しばしば明文化され，公式的か非公式的かを問わず一定のルールとしてメンバー間において公認されていることが多い。制度の効力はそれを定めた各集団に限られるが，他の集団に対しても影響を与える。それでは，その制度を形づくるものはなんであろうか。

ノースによれば，「信念体系と制度的枠組みには密接な関係がある。信念体系は人が築き上げた地形の内的表象を具体化したものであり，制度は，望まれた結果を生み出すためにこの地形に対して人間が課す構造である。（中略）信念と制度の密接な相互関係は，社会の公式ルールにおいては自明だが，規範・黙約・内的に抱かれた行為規範といった非公式な制度のなかにもっとも明示的に提示されている」とされる（ノース2016，78ページ）。

1-1-3　文化

文化の定義も，さまざまな観点から検討されており普遍的な定義が定まっているわけではないが，本稿では，「個々の集団における観念的・象徴的な意味のシステム」（佐藤ら2004，50-52ページ）とする。これは，佐藤らの定義が「その集団の構成メンバーに共通する価値観や信念の体系」という文化の捉え方よりも，少し広い概念としてとらえているからであり，何らかの社会構造をもつ制度と区別する意味でもある。社会制度は，その文化的背景を抜きにして理解することはできない。特に非公式の制度は，文化的な背景によって構成されてくるものであり，両者のつながりは密接である。集団のなかで，どうしてそのような行動パターンや認識パターンになるのかをうまく説明できないことは多

いが，そのこと自体が無自覚的に習慣化されてしまっているからである。無自覚の前提は，文字通り意識的な判断の下に埋もれており，メンバー自身では意識されにくいものなので，それをはっきりと言葉で表現し認識するのも，ましてや変えることなど不可能に近いくらい難しい（シャイン2012，34ページ）。意味のシステムである集団における文化は，関係システムとしての組織構造や制度を規定し意味づける。本稿において注目するのは，集団における関係の結ばれ方，すなわち構造や明文化された制度だけではなく，その構造や制度に埋め込まれた象徴的な意味の体系＝「文化」についてである。

1-2　本研究の対象

　本研究では，その対象として駿河湾における桜えび漁業を営む漁業者コミュニティを取り上げる。この桜えび漁業者コミュニティを取り上げる理由は以下の通りである。

　第一に，漁業という第一次産業を取り上げる理由であるが，日本の沿岸漁業は一定の地域に居住する特定の漁業者だけに排他的に与えられる漁業権漁業が主流である。川崎によれば，「漁業権漁業とは，それぞれの漁業協同組合に対して排他的に与えられる漁業権に基づく一定水面内の漁業を指す。漁業の対象は，一般的には無主物である資源であるが，漁業権の設定されている水域では，資源は特殊的に漁協組合員の共有物である。したがって，漁業権漁業資源については「協同・管理」の原理が働く」（川崎1992，27ページ）とされる。つまり，一定の地域に住み生業として漁業を営んできた漁業者たちが，排他的に漁業権を与えられる代わりに協同で資源管理を行うのが沿岸漁業の特徴である。資源管理の課題は，漁獲努力の管理（獲り過ぎの防止と資源の維持）である。「漁業権漁業では，漁獲努力の管理が比較的容易である。対象資源が定着性・回帰性であれば，一定に区切った排他的水面において，一定地域に居住する特定された漁業者から構成される組織＝漁協によって資源の管理・育成を効果的に行うことが可能」（同書，27ページ）であるからとする。このことは，同じ協同組合方式をとってきた農業が自分の「所有」する土地で営まれるのとは大き

な違いである。沿岸漁業は，資源の維持と管理を特定の地域に居住する漁業者に委託することで，その特定漁業者に排他的な権利（漁業権＝営業権）を与える。「自由競争を原理とする資本主義的生産制度の中では例外的な営業の自由の権利の制限の上に成立している」（同書，28ページ）特殊な制度が土台になっているのである。

　第二に，駿河湾の桜えび漁を取り上げる理由として，40年以上も続く「プール制」という制度の特殊性に注目したからである。沿岸漁業では，売上高や利益をプールして配分するプール制という配分システムをとるところもあるが，桜えび漁のように大規模かつ長期間にわたって，水揚げされた桜えびの全数量をほぼ均等配分するという制度を維持継続してきた事例は希有である。それは，桜えびがほぼ駿河湾でしか獲れない固有種であること，さらに，養殖ができない深海の希少生物であること，さらに，田子の浦のヘドロ公害によって漁業者が団結する歴史的な契機があったことなど，特殊な条件が重なって成立したものである。その特殊性は，資源管理型漁業の優等生といわれ，成功モデルともなる事例である。さらに現在でも，漁業者の多くが特定の地域（由比・蒲原・大井川地区を中心とした駿河湾沿岸）に居住する地元の漁業者であり，親・子・孫の3世代にわたり継続されている漁業である。

　このような理由から，本事例をコミュニティと社会制度の関係を考察する対象として取り上げることにしたい。

2. 事例研究：駿河湾の桜えび漁におけるプール制

　第2節では，第1節で述べた生活の場と生産の場が一致する空間コミュニティ（地域）の事例として，駿河湾の桜えび漁に従事する漁業者コミュニティの概要を説明する。桜えび漁では，富士川流域の製紙工場から排出されたヘドロ公害という漁場の危機をきっかけにして，1960年代（昭和40年代）に桜えび漁を営むすべての漁師が大同団結してプール制という制度が生まれた。プール制とは，すべての水揚げ高を全乗組員に一定の割合でほぼ均等に配分することを基本として総漁獲量をコントロールする漁業管理の方法である。プール制は，

資源管理型漁業[1]の代表例と言われており，現在でも120隻の船と約720名の乗組員が，このプール制にのっとって桜えび漁を営んでいる。本稿では，プール制の成立の経緯，またプール制成立から今日までの漁法や漁業環境の変化[2]，さらには，台湾桜えびの出現による市場の変化を踏まえて，プール制の成立と変容について検討を行う。

2-1　桜えび漁の概要

2-1-1　桜えび漁の概要

桜えびは駿河湾や相模湾に生息する日本固有の天然の水産資源である。そのなかでも商業的に桜えび漁が行われているのは駿河湾の由比・蒲原・大井川地区だけである。1970年代（昭和50年代）に台湾南部でも同種のえびが生息していることが確認されたが，それまでは世界でも駿河湾だけでしか獲れない特産品であった。桜えびは体長3〜5センチの小型の甲殻類で，学術名は「サクラエビ科サクラエビ属サクラエビ」である[3]。

桜えびの水揚げが行われるのは，由比港漁業協同組合（以下，由比港漁協）と大井川漁業協同組合（以下，大井川漁協）の2カ所である。そのうち，水揚げの

---

1)　資源管理型漁業とは，漁業活動を通して水産資源の特性や実態を熟知している漁業者が相互に話し合い，資源に対する過度の漁獲圧力を低減させ，地域の漁業や資源の状況に応じた禁漁期，禁漁区の設定，漁具，漁法の制限等自主的な管理を実施して，資源の再生産と有効利用を適切に図りつつ漁業経営の安定化を目指す漁業のあり方のことである。水産物の安定供給の確保と水産業の健全な発展を目的に制定された「水産基本法」（平成13年に制定）ならびに「水産基本計画」（平成14年制定，平成24年改訂）に基づく。

2)　桜えび漁の歴史やプール制成立の経緯と変遷についての記述は，大森・志田（1995）（以下，百年史）および，露木（2014a, 2014b）からの抜粋引用である。

3)　桜えびは体長が3cm〜5cm程度でヒゲは体長の3倍ある。体に見える赤い斑点は色素胞といい，その収縮の度合いで見かけの赤さが変化する。活きえびや水揚げ直後のえびが白っぽい透明なのに対し，水揚げ後数時間経った後のえびは赤く見えるのはこのためである。色素胞の成分はアスタキサンチンであり，その他にも桜えびにはDHA（ドコサヘキサエン酸）やタウリンなどが含まれている。駿河湾の桜えびは甘みの基になる発光体を180個ほどもっており，台湾産の100個程度に対して2倍近く多い（由比港漁協内部資料および同HPほかより）。

第10章　コミュニティにおける慣習的社会制度の成立と変容に関する考察　233

図 10-1a　由比港漁協の位置（1）

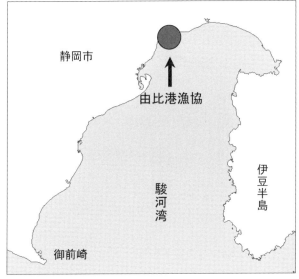

（出所）由比港漁協内部資料に基づく。

図 10-1b　由比港漁協の位置（2）

（出所）由比港漁協内部資料に基づく。

図10-2 桜えびの水揚高と漁獲量の推移

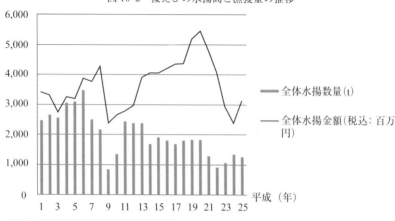

(出所) 由比港漁協内部資料から筆者作成。

　約80％が集中するのが由比港漁協である。由比港漁協は，駿河湾の奥部，旧庵原郡由比町（現在の静岡市清水区由比町）に位置する。由比は，江戸時代には東海道の宿場町として栄え，歌川広重の「東海道五十三次」にも由比宿として描かれている。また，古くからの漁師町であり，海岸から山裾までの距離が近く，旧東海道沿いの狭い地域に，桜えびの船元や仲買人の家々が軒を連ねる。

　由比港漁協は，旧由比町漁協と旧蒲原町漁協が1968年に合併して誕生した。現在では，正組合員（漁業者）253名，准組合員（漁業者・仲買・加工業者）419名である（2015年現在）。ここ数年間の年間水揚量は，1,200トンから2,000トンであり，金額にすると約20～40億円（過去5年間）を推移しているが，漁獲高は平成に入ってから減少傾向にある（図10-2参照）。由比港漁協の組合員（漁業者）が行う主な漁業の種類は，桜えび漁業，しらす漁業，定置漁業（定置網），採介藻漁業（ワカメ養殖）などであるが，全体の水揚量の約6割，金額にすると約9割を桜えびが占める。

　2012年2月には，衛生管理設備を備えた荷捌施設と新港が完成し，それに伴い由比と蒲原で別々に開設されていた市場（入札場）が統合された。現在は，由比港漁協の開設する市場と大井川漁協の開設する市場の2ヵ所で桜えびの入札（セリ）が行われている。

第 10 章　コミュニティにおける慣習的社会制度の成立と変容に関する考察　235

図 10-3　桜えび漁の様子

（出所）由比港漁協内部資料。

図 10-4　桜えび二艘船曳き網

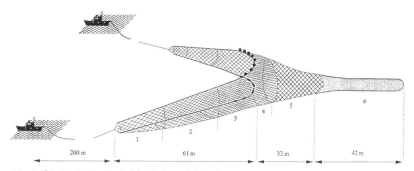

（出所）『さくらえび漁業百年史』50 ページより引用。

2-1-2　桜えび漁の特徴

　桜えび漁は，「夜曳き」とも言われ，日没前の夕方から夜にかけて漁が行われる（図10-3　桜えび漁の様子）。二つの船がペアになって網を曳き漁を行う二艘曳き（図10-4　桜えび二艘船曳き網）で，この一対の船のことを一統（一舫）と呼ぶ。静岡県漁業調整規則により1964年から60統120隻，船一隻の総トン数は7トン未満と定められ現在に至る。また，禁漁期間は6月11日から9月30日と定められており，漁業者の自主的な申し合わせで，春漁（3月中旬から6月上旬）と秋漁（10月中旬から12月下旬）の年2回の漁が行われている。現在の乗組員は船長を含め一隻あたり6名で一統（2隻）12名である。

2-1-3　桜えび漁の歴史 [4]

（1）桜えび漁の起こり

　桜えびは，日中は水深200メートル以下の深海に生息しており，暗くなるとプランクトンなどの餌をもとめて水深約50〜100メートル前後まで群れで浮上してくる。桜えび漁は，1894年（明治27年）12月にアジ船曳き網漁に出かけた由比の漁師が，夜になって富士川沖で網を海中に入れる際に，たまたま浮樽を忘れてそのまま投入して引き上げたところ，1石（約180リットル）の桜えびが獲れたことが発端と言われている。

　この偶然の漁法の発見により，翌年には由比町の漁師が，翌々年には蒲原町の漁師が，この漁法を伝習し，そこから今日に至る桜えび漁が始まった。桜えび漁業に従事する漁業者はその後急速に増え，大正元年には由比と蒲原合わせて99統と大幅に増加した。桜えび漁業は，1911年（明治43年）までは自由漁業の取り扱いであったので，漁場侵犯をめぐって時には命がけの争いが生じた。漁業法の公布をうけて，漁場利用が漁業権という行政官庁の免許によって発生する権利となったことによって，漁業紛争はかなり押さえられるようになったが，桜えび漁についてはプール制の導入までは漁場をめぐる激しい争いが絶えなかったようである。また，大量の桜えびを獲るために，各船が競って一

---

　4)　本節の記述は，大森・志田（1995）21-63ページの抜粋引用である。

晩中何度も網をかける漁が行われていた。当時の漁の様子を知る漁師は次のように語る。

　　「船に乗り始めた頃（昭和28年〜35年頃）は，夕方から明け方の5時頃まで多い時は30回くらい網を曳いた。当時は網を下ろして揚げるだけで1回に3杯とか5杯とか（注：1杯は15キロ）しか獲れないので，1回に15杯曳いて評判になったことがある。（手引きの時は）一晩に50杯も曳けば大仕事だった。網をかけるのも，魚探も何もないから，勘だより。山と山を合わせた『やます』というところにえびがいる。そこを狙って網をかける。何度も網をひくから網を曳くのに擦れないように「つっこし」[5] というものを作ってもらって曳いていた。それでも，朝まで曳くと手が伸びない。固まってタコになる。家に帰ると塩で熱くなるぐらい揉んで，薪の上で手をあぶると，5，6回すると大分柔らかくなる。それをしないと指が伸びない」[6]。

　一方で，桜えび漁に従事する漁師たちは，産卵期である6月から9月の禁漁期間には，農業や商業を営み，行商や塗装工などの出稼ぎも盛んに行って収入を増やしていたため，生活は安定し，周りからうらやましがられるほどであったという。

　1931年（昭和6年）には，焼津沖の漁場が開発されたことにより，大井川地区の漁民が桜えび漁に従事するようになり，1968年（昭和43年）の由比・蒲原の漁港合併以降，桜えび漁業は由比港漁協と大井川漁協の2組合3地区で行われるようになった。

(2) 漁具・漁法の進歩と漁獲競争

　漁場の開発や漁獲量の拡大・効率化は，主に1950年代（昭和30年代）になされた漁具や漁法の進歩，すなわち，技術革新によって進められてきた。大きく分けてエンジンや船の大型化と，網の改良や網巻揚機（ネットローラー），魚

---

5)　両手にはめる布でできた筒状のサポーターのようなもの。
6)　2013月7月18日，望月好弘へのインタビューより。

群探知機などの普及による設備の高度化，さらに通信技術の発達の三つに大別される。化学繊維の網の開発によって，それまで漁が終わるたびに行っていた網を干す作業が不要になり，ネットローラーの普及は，それまで人手に頼っていた網の引き上げ作業を大幅に効率化した。さらに，魚群探知機が導入されたことにより，それまで経験と勘に頼って漁をしていたのが魚群探知機を使って効率的に探索できるようになり，これも漁獲能力の向上に寄与した。ネットローラーにしても，魚群探知機にしても，普及の速度は非常に早く，1年くらいの間に全船に普及している。この相次ぐ新しい機械の導入と設備投資により，経営が圧迫される船元も出てきた。

　作業効率が上がったことで網をかける回数を増やすことができたため，すべての船がこぞって一晩中何度も網をかけて漁獲量の拡大を狙う競争が激化した。漁獲量の急増は市場価格の暴落を招いた。いわゆる大漁貧乏である。1968年（昭和43年）の春漁では，一晩で8,000杯（約120トン）の水揚げがなされた翌日のセリで，前日1,200円（1杯＝15キロ当たり）であった価格が300円に暴落し，怒った漁業者と仲買人の間で激しい争いが起き，漁獲物の半分近くを漁業者が海に捨てた。一方，仲買人は入札をボイコットして漁協の市場は閉鎖された。この事件のように，少しでも高く売りたい漁業者と少しでも安く買いたい地元仲買人の間の確執は，プール制が導入された後も続いた。

(3) 通信技術の発達と漁船の大型化

　1965年（昭和40年）にはトランシーバーが各漁船に導入された。それまでは互いに明かりを振ったり大声で呼び合って連絡を取っていたのが，船と船との間の交信が容易になった。また，海上の漁船同士の交信はもちろん，陸上と船との交信も絶えずできるようになり，操業の安全性が高まるとともに，漁場の情報や指令が全船に行き渡るようになった。1992年（平成4年）には汎地球測位システム（GPS）が導入され，漁場の位置や自船の位置が正確に把握されるようになった。通信技術の発達は，プール制を導入する際の布石にもなったと考えられる。

　漁法の近代化によって漁船の大型化も進んだ。1971年（昭和51年）には，

静岡県漁業調整規則により船の大きさは現在のような7トン未満に限定されるようになった。当時から，水揚げにおいては，大手綱を使ってえびを船上へ引き上げる方法によって作業の省力化が進められてきたが，2003年（平成13年）の春漁から秋漁にかけて，全船でフィッシュポンプ（魚吸上ポンプ）が完備されるようになり，作業の効率化と水揚げのスピードアップにつながった。それまでも，桜えびの鮮度を維持するために水揚げ直後に氷水を用いてえびの温度を下げることが行われてきたが，フィッシュポンプの導入によって，さらに早く鮮度よく水揚げすることが可能になったのである。

(4) 田子の浦港のヘドロ公害と火力発電所の建設反対運動

　桜えび漁の大きな転機となった出来事として，1969年（昭和44年）に起こった田子の浦港のヘドロ公害に対する反対闘争と，東京電力富士川火力発電所建設反対運動が挙げられる。田子の浦港のヘドロ公害は，富士市の製紙工場からの工場廃液が原因で，駿河湾奥部の桜えびの漁場に近い田子の浦港にヘドロが堆積し，桜えび春漁の主戦場である田子の浦沖をはじめとする駿河湾奥が広範囲にわたり汚染されたことで知られる。桜えび漁は，桜えびというネーミングの美しさとは対照的に，「一に北海かに工船，二に駿河の桜えび」と言われたほどの戦闘的な漁で知られており，漁師たちの気性の荒さでも有名であった。生活の場であり生業の場でもある海に垂れ流されたヘドロの処理を巡って，沿岸漁民たちが漁場を守るための反対闘争を展開した[7]。当時の様子を知る漁師は，以下のように語る。

　　「あの当時は，沖に出ていると海の汚れが毎日見えた。青い海が田子の浦や富士川を過ぎると焦げ茶色になって，ヘドロからガスが出る。泡がブクブク出てきてヘドロが浮いてくる。それが海に流れ込んでくる。そういうなかで争いが始まった」[8]。

---

7)　当時は，由比・蒲原・大井川の3地区の60統で1,200名の漁師が桜えび漁に従事していたという。駿河湾の様子や闘争に至る経緯については，甲田（1979）に詳しい。

8)　2013年11月17日，望月武・望月好弘へのインタビューより。

240

漁師たちや地元の住民たちによる一連の抗議行動によって，田子の浦に堆積していたヘドロは，紆余曲折を経て富士川河川敷に埋設されることになり，ひとまずの決着を見せた。その後，約10年の歳月と多額の費用をかけてヘドロの埋め立てが行われた。この活動は漁民たちの連帯感を強め，プール制の導入の契機となり，後の桜えび漁業のあり方に影響を与えた。

2-2 桜えび漁の運営[9]

2-2-1 静岡県桜えび漁業組合（漁業者の集まり）

桜えび漁は，1946年（昭和21年）に設立された静岡県桜蝦揚繰網漁業組合を前身とする「静岡県桜えび漁業組合（以下，船主会）」よって営まれている。船主会は，60統120隻の船の所有者（全船主）と，乗組員代表である120名の船長（船主が船長を兼ねる場合もある）により構成される任意団体である。その目的は「組合員の親睦を図ると共に漁業の生産能率を挙げ本漁業の円滑なる発展を期すること」とされている（組合規約第1条）。百年史によれば，組合規則のうちの第4項「漁業の調整並びに紛争の調停斡旋」が最重要項目で，漁獲競争の激化による操業トラブルの防止が組合結成の発端になったという。船長が組合に加入したのは，海上での船長同士の意志疎通を図るためである。船主会は，桜えび漁に関わるすべての事項に関する最高意思決定機関である。そして，その運営は，船主会長ならびに副会長をはじめとする船主会役員からなる執行機関としての役員会が行う。そして，船主会役員会の下に，船長部会，さらに船長部会の下に出漁対策委員会という構成である（図10-5参照）。船主会の最も重要な機能は，漁期の決定ならびに出漁の可否と漁獲量を決めることである。船主会は漁業者コミュニティにおける生産者（漁業者）をまとめる役割を担ってきた。船主会の組織構成とその役割・分業体制については後述する。

2-2-2 静岡県桜海老加工組合連合会（仲買人の集まり）

一方，桜えびの仲買人（加工業者）たちは，桜えび加工業の発展と向上，会

---

9) 大森・志田（1995），61-63ページ。

第 10 章　コミュニティにおける慣習的社会制度の成立と変容に関する考察　241

図 10-5　静岡県桜えび漁業組合　組織図

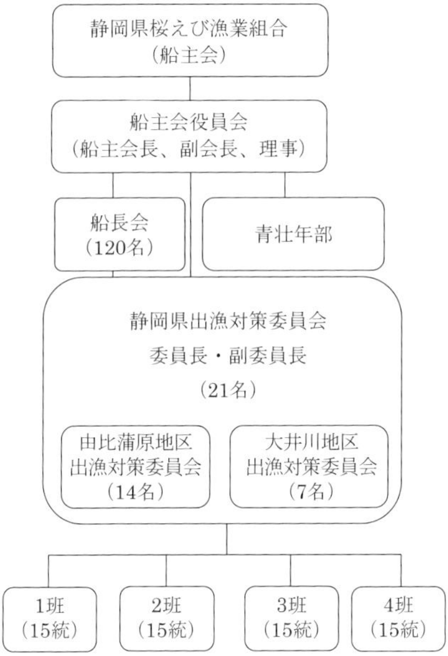

```
┌─────────────────────┐
│  静岡県桜えび漁業組合      │
│     （船主会）          │
└─────────────────────┘
         │
┌─────────────────────┐
│    船主会役員会         │
│（船主会長、副会長、理事）   │
└─────────────────────┘
         │
┌──────────┐  ┌──────────┐
│  船長会    │  │  青壮年部  │
│ （120名）  │  │          │
└──────────┘  └──────────┘
         │
┌─────────────────────────────┐
│    静岡県出漁対策委員会          │
│    委員長・副委員長            │
│      （21名）               │
│                            │
│ ┌──────────┐ ┌──────────┐ │
│ │ 由比蒲原地区 │ │ 大井川地区  │ │
│ │ 出漁対策委員会│ │ 出漁対策委員会│ │
│ │  （14名）  │ │  （7名）  │ │
│ └──────────┘ └──────────┘ │
└─────────────────────────────┘
         │
┌──────┬──────┬──────┬──────┐
│ 1班   │ 2班   │ 3班   │ 4班   │
│（15統）│（15統）│（15統）│（15統）│
└──────┴──────┴──────┴──────┘
```

（出所）筆者作成。

員相互の親睦ならびに協調を目的に，1965 年（昭和 40 年）に静岡県桜海老加工組合連合会（以下，加工組合）を設立した。現在（2015 年），由比・蒲原・大井川の仲買人は 78 名（由比・蒲原 65 名，大井川 13 名）である。桜えびの仲買人は，文字通り桜えびを仕入れて小売店や卸売市場に出荷販売することを業とする者と，仕入れた桜えびを自ら釜揚げにしたり，素干しにするなど製品化して販売する食品加工業を営む者，その両者を兼ねる者などが混在している。売り上げ規模もまちまちで，現在は，蒲原地区の仲買人は自社工場で加工も行い比較的規模も大きいのに対し，由比や大井川の仲買人は市場流通の仲介だけを行う比較的規模が小さいところが多い。

　桜えびの入札は，入札権（買参権）をもった仲買人だけが参加できる。仲買人の入札権は，漁協が認定して与えられる仕組みになっているが，加工組合に加入している者だけが入札参加資格があるという暗黙のルールの下で，新規参入はほとんどない。また，漁協やほとんどの漁業者も入札権はもっていないの

で，桜えびを仕入れる場合は，原則的に入札権をもった仲買人を通して仕入れを行うことになる。桜えびの入札は，漁があった日の翌日の午前 5 時半頃から，由比港漁協と大井川漁協の 2 カ所で行われる（図 10-6 参照）。

船主会が漁業生産を担っているのに対し，漁業者コミュニティにおける仲買人は桜えびを加工し流通させる役割を担ってきた。両者はコインの裏と表のような関係にあり，漁業者コミュニティを理解する上で，仲買人の存在が非常に大きな意味をもつ。桜えび漁におけるプール制という社会制度は，仲買集団にとっても大きな影響を与えてきたのである。

桜えび漁において，歴史的に仲買人と漁業者とは対立関係にあった。高値で売りたい漁師と安値で買いたい仲買人の相反する利害の対立により，両者の意見は噛み合わず，特にプール制の導入までは漁業者側が豊漁貧乏になることもよくあったという。価格をめぐる両者の不信感が頂点に達したのが，先に述べた 1968 年（昭和 43 年）の桜えび価格の暴落と海洋投棄事件である。プール制の成立によって漁業者が価格交渉力をもつようになって，少しずつ仲買人との対話が進み，価格や資源問題についても両者で検討が行われるようになった。しかし，1990 年代後半から台湾産桜えびを仲買人（加工業者）が扱うようになって，両者の関係にふたたび緊張状態が生じた。一部には駿河湾産と台湾産を混ぜて販売するような加工業者も出る始末で，漁業者の不信感は高まった。駿河湾でしか水揚げされない貴重な天然資源である桜えびをめぐり，漁業者と仲買人・加工業者との長年にわたる緊張関係は，漁における意思決定にも大きな影響を与え，ふたたび後に述べる 2011 年秋の指値・入札ボイコット問題に発展した。

2-3　プール制[10]

これまでも述べてきたように，桜えび漁業の特徴は，桜えびの希少性のみならず，それを支える社会制度にある。資源管理型漁業の成功モデルと言われる

---

10)　大森・志田（1995），82-93 ページ。

図10-6　セリの様子

(出所) 筆者撮影（2016年5月9日）。

　桜えび漁では，40年間以上の長期にわたり全水揚高を一定のルールに基づいて均等配分するプール制を敷いている。その配分方法は，時代によって変わってきたというが，現在は，船主と乗組員で5：5の比率で分配されている。乗組員の配分比率も，船に何十年も乗っている乗組員も1年目の乗組員も同じ割合で均等配分される。ただし，船長と機関士長は一般の乗組員の1.2倍の分配率である。プール制の目的は，漁業者による資源の保護と管理，過当競争による事故防止等が挙げられる。また，その効果は，過度の設備投資の抑制と出漁調整による経費の節減，漁業労務の効率化と作業負荷の軽減であると言われている。

　資源管理において理想的に見えるプール制であるが，その成立までには長い試行錯誤の歴史があり，さまざまな試みがなされては改廃されて現在の形態になったと考えられる。プール制については，船主会の運営規則や規定の形で文書になっているものもあるが，ほとんどがそのコミュニティに所属する者にしかわからない暗黙のルールに支えられている。

2-3-1　プール制のきっかけ

　プール制は 1966 年（昭和 41 年）に由比地区の 5 統の船主グループの中で，水揚げ金額の分配制度（プール計算制）が試験的に取り入れられたことが始まりと言われている。1965 年（昭和 40 年）に導入されたトランシーバーによって，複数の船の間での情報交換[11] が容易になり，個別に操業するよりも複数の船が分業して桜えびの探索を行うことで，グループとしての漁獲量を増やすことが目的であった。この試みは，最初は 1 日，2 日ずつの断片的なもので，その後，実施時期を変えての試行が繰り返された。この試みの中心となったのは，後に漁協組合長を長年にわたり務めることになる原剛三[12]（大政丸の船主・船長）らのグループであった。

　また，先述したように，当時は漁具や漁法の技術革新が進み，駿河湾の巻網船が過剰な設備投資から多額の負債を抱えて経営不振に陥ったり，各船がこぞって漁をすることによる獲り過ぎで，資源が枯渇してしまうのではないかという不安が漁師の間に広がっていた。グループでの操業は，当時一番の問題とされた設備投資競争と，乱獲による資源の減少に対する対処方法としても注目され，同時期に蒲原地区，大井川地区にも波及した。

2-3-2　試験的な導入：地区別のプール制

　プール制の効果は，漁の効率化だけではなく，漁業者側の共同一致の意志表示を仲買人・加工業者に浸透させ，彼らの買いたたきを抑制する効果となって表れた。すなわち，プール制を導入した後の方が，その前よりも入札価格が上がったのである。この予期せぬ効果は，漁業者自らが集団で漁獲調整をすることで，漁価の暴落が防げることを示唆した。このようにプール制が価格調整にも有効であることがわかってきて，1968 年（昭和 43 年）の秋漁から，由比町，

---

11)　グループ内の複数の船の情報交換には符牒（暗号）が使われ，漁場や漁獲量についてグループ内だけで情報を秘匿することが行われていたという。

12)　原剛三らは，田子の浦の公害闘争の時にも活動の中心となり，乗組員代表であった望月伊之助が乗り子たちをまとめたことによって，総プール制の実現に結びついたという（2013 年 11 月 27 日，宮原淳一へのインタビューより）。

蒲原町，大井川町の地区別でのプール制が確立した。

2-3-3　本格的な導入：総プール制

地区別プール制は，1967年から1971年まで採用され，漁価の高値維持と漁獲量の若干の調整という点では一定の成果をあげた。しかし，地区別に行われていたため，個別の船の間の漁獲競争から，地区間の集団競争に様相を変えただけで，資源管理（獲り過ぎの防止）への効果は疑わしかった。出漁時間，操業時間，操業方法などに関する船長部会の取り決めもしばしば破られたという。先述のように，1960年代起こった漁具や漁法の技術革新が漁獲競争に拍車をかけ，1976年に県条例によって2艘曳きへと漁法が変更されたことで，狭い漁場で混乱なく操業することがますます困難になった。

さらに，同時期（1969年頃）に起こった田子の浦のヘドロ公害問題などに対して，漁師たちが一体となって反対運動を展開し，この運動そのものが地区の意識を越えて桜えび関係者の連帯感を生み，共通の問題には協同で対処するという機運につながっていった。

地区別プール制度の不備を認識した漁業者たちは，1977年の春漁から3地区を統合した総プール制度を取り入れることとした。桜えび漁業組合の規約によれば「本組合は，各漁船の過当競争と乱獲による資源の減少を防止し，限られた資源保護のための生産調整を行い，併せて価格の安定を図る目的をもって総プール制とする」とある。それに合わせて水揚げ金額に対する市場手数料もプール制計算で分配することになり，3市場の市況をもとにどの市場にどれくらいの量を水揚げするかを自由に調整できるようにした。

百年史では，この総プール制度の効果について以下のように述べている。

　「プール計算制導入の効果を一口で言えば，一隻の廃業者も出さず今日まで桜えび漁業を営んでこられた，ということに尽きます。特産品ということにあぐらをかいていたならば，その後大量に出回るようになったオキアミの影響や，ヘドロ公害問題をどれだけの者が乗り越えられたか疑問です。また，それ以上に，無秩序な操業を続けていたならば，桜えび資源自体，今のような状態にはならなかったと確信しています。（中略）この歴

史を振り返った時，漁業者は『資源を保護しながら永続的に漁業を行うためには，無限に近い漁獲競争意欲を合理的に規制する必要性』を身をもって学んだといえます」[13]。

総プール制を導入しなければ，桜えび漁は資源が枯渇してかなり前に終わっていただろうという点で，漁業者や研究者などの認識は一致している。プール制により，それまで競争していた漁業者が共同で漁をするようになった。しかし，プール制においても競争的な状況は存在し，その競争意識は漁の現場でも漁場を離れても漁業者の行動に影響を与えている。また，漁業者の力量が収入に反映されないプール制配分方式については，漁がうまい（たくさん曳ける）船の漁師たちにとっては潜在的な不満になる。

2-4　漁師の気質と共同操業

2-4-1　漁師の気質

桜えび漁師の気質は荒いことで有名である。奥駿河湾から大井川にかけての狭い海域において，他の船と常に競争する環境において漁をしてきたという歴史的な背景を考えれば，その気性の激しさは想像に難くない。プール制になる前までは，激しい漁獲競争が当たり前で，時には漁場侵犯をめぐって命がけの争いが生じたこともあったという。沿岸の自由漁業では，漁獲量がその船の収入に直結するので，どの船も必死で漁をする。競争に勝って多くの水揚げをあげられる船だけが生き残る実力本位の世界でもある。一方で，その激しい漁獲競争は，桜えび資源の獲り過ぎと大漁に伴う市場価格の暴落をしばしば招いてきた。

全漁獲量を均等配分するというプール制が導入されて約40年が経過した今もなお，漁師の間では，他の船よりも少しでも多く曳きたい（少しでも多く獲りたい）という気質は根強く残っている。百年史には以下のような記述がある。

「プール計算制を導入すると，漁業者個々は一所懸命漁をしても遊んでい

---

13)　大森・志田（1995），84ページ。

ても取り分は変わらないので生産意欲が落ちるのではないか，ということ
をよく聞かれますが実際は逆です。というのは，漁を終え市場に水揚げを
する際，各船ごとに桜えびの入った魚箱が並べられていますが，100 箱並
ぶ船もあれば 10 箱しか並ばない船もあります。そんな時，10 箱しか水揚
げできなかった船の漁師は，いかにも恥ずかしそうに，そそくさと家路に
ついてしまい，次の漁まで肩身の狭い思いをするものです。漁師気質とい
うか，先の意見は漁業者には当てはまらないと言えましょう」[14]。

　さらに，漁業者へのインタビューでも同様の話があった。

　「海老はだれが曳いても海老だから，そう思っているけれども，いざ網を
かけると『負けたくない』と思う。そういう自分もいる」[15]。

　「今でも人よりたくさん獲りたいという漁師気質をもっているから，逆に
それが無くなったら（漁師を）やめた方がよい。他の船が 30 杯から 50 杯
曳いていた時に，10 杯しかない場合は，ほっかむりをして由比を歩かな
ければならない。昔かたぎだけど，総プール制になり，半分しか網をかけ
ず，今日は曳いても明日はもらう身だと感じる」[16]。

　「やっぱり人よりたくさん曳きたいという気持ちはある。その気持ちがな
ければ漁師じゃない。もともと，プール制だって以前は『今年もプール制
でやりますか』って聞いてやっていて，未来永劫続くとは限らないし絶対
じゃないから。もし（プール制が）なくなっても，他の船よりたくさん曳
いて，鮮度よくもってきて，うちの船だから高く買いたいという風にして
おきたい」[17]。

　プール制では誰が漁をしても収入は同じなわけであるが，いざ沖に出て網を
かける段になれば，誰よりも多く獲りたい，人に負けたくない（人の世話には
なりたくない）というプライドがある。それは，総プール制になっても変わら

---

14)　大森・志田（1995），85 ページ。
15)　2013 年 7 月 23 日，大石達也へのインタビューより。
16)　2013 年 7 月 18 日，望月好弘インタビューより。
17)　2013 年 9 月 2 日，原剛インタビューより。

ない漁師気質である。外部からは見えないが，漁業者の間には漁獲の多寡によって階層があると言っても過言ではない。実力社会である漁の現場では，どれだけ多くの漁獲があるか，どれだけ漁で全体の収入に貢献しているかが，漁業者コミュニティにおける発言力や意思決定に対する影響力に関係するからである。

2-4-2　出漁と漁獲量の決定と調整

　漁場での事故や混乱を避け，資源の状況や翌日の天候[18] によって，出漁の決定と漁獲量の調整を行うのは，先に述べた船主会役員会および船長部会の下部組織である出漁対策委員会においてである。この委員会は，プール制の成立よりも早く 1967 年（昭和 42 年）につくられ，現在でもその役割や構成は大きくは変わっていない。委員は，由比，蒲原，大井川の三地区から 7 名ずつ，総勢 21 名によって構成されている。漁期中は毎日正午過ぎに行われる出漁対策会議によってその日の出漁が決定される。桜えび漁は 2 艘曳きであるため操業が風に影響を受けることが多く，特に春漁の 3 月から 4 月中旬までは南西から西の風の影響で出漁できない日が多い。春漁と秋漁の期間が合わせて約 120 〜 130 日（市場の休前日を除く）として，実際に出漁できるのは 30 〜 50 日前後である。また，季節や毎日の海の状況（水温や潮流等）によって漁場が変わるため，出漁の可否，漁場の位置の決定は，重要な意味をもつ。さらに，漁獲量の決定（どこでどれだけの網をかけてどのくらいの漁獲をあげるか）では，桜えびの状態（生育や群れの大きさなど）と市場の状況を照らし合わせて，変化する自然環境と市場ニーズをマッチングさせる難しい意思決定が必要となる。

　実際の出漁に際しては，漁船を各地区別に 4 班に分け，出漁対策委員会で当日曳網を行う班を決めて操業自体を分業している。漁具や探索装置の発達により，現在の 60 統 120 隻の全船が網をかけると獲り過ぎになる可能性があるので，割り当てられた班だけが網をかけ（たとえば，1 班と 3 班の 30 統，2 班と 4 班

---

18)　翌日の天候が悪い場合は河川敷での素干しが行えないので，仲買（加工業者）が買い控えをするだろうという予測が立つ。

の 30 統が交互に網をかけるといったように），担当以外の班は，探索や操業支援に
回るといった具合に調整が行われる。

　これらの難しい意思決定を行っているのは，「沖の親方」とも呼ばれる出漁
対策委員長である。出漁対策委員会には 21 名の委員がいるが，漁に関する決
定は合議制ではなく，ほとんどの決定は出漁対策委員長が行う。出漁対策委員
長の決定は絶対で，船主会の役員会や船主会長といえども，出漁対策委員長の
決定を覆すことはできないという。そうなると出漁対策委員長の選任は非常に
重要である。この出漁対策委員長には，プール制の成立期からかなり長い間，
漁場のことも市場のこともよく理解している力量のある船主が努めていたとい
う。この船主は，漁業者からも仲買人からも「親方」と呼ばれ一定の信任を得
ていた。ここ 10 年くらいは，その時々で選任された委員の中から自薦を含め
て出漁対策委員長が選ばれるが，意思決定については，いったん決まった出漁
対策委員長の決定に従うという通例は，慣習的に踏襲されているという。

　ここ数年の出漁方針は，漁獲量の漸次的な減少傾向を心配して，できるだけ
小さな桜えびは獲らないように漁期の時々に探索や調査を漁師たちが分担して
行ったり，出漁した際も，網をかける船を割当したり，網を投入してから曳く
時間を制限したりして，獲り過ぎ防止の工夫をしている。

2-4-3　漁労器具・ノウハウ・情報

　1950 年代から盛んに行われてきた漁船や漁具の技術革新によって，全体と
しての漁獲能力は飛躍的に高まった。しかし，それぞれの船の仕様や装備は，
独立した自営業者である船主の考え方によって少しずつ異なっており，それが
船の漁獲能力の違いとなって表れる。特に，桜えびを獲る際の「網」は，それ
ぞれの船によって形状が異なり，その具体的な仕様については秘密であって教
え合ったりはしないという。

　　「網はその船の命で，何年も船に乗っていても網の図面は見せてもらえな
　　かった。漁がない時は何カ月もかけて網を補修したり，新しい網をつくっ
　　たり，網の手入れは重要な仕事で，船ごとに命をかけている。網の違いで
　　漁ができるかできないか，獲れるか獲れないかの大きな違いになってい

る」[19]。

　「網が海の中でどう開くかでまったく漁獲量が違う。前に進む力と桜えび
が取れる範囲と，その折り合いをどのようにつけるかということがポイン
トになる。どう網を開くのかは，それぞれの船の考え方による。網目の大
きさを変えたり，水の抵抗をかけたり，海老が入る袋の部分をどのような
形状にするのか，それぞれが工夫していて他人には言わない」[20]。

　さらに，漁のノウハウも船によって異なっているという。それぞれの船には
その船の流儀（文化）があって，乗組員が他の船に乗ることはほとんどなく，
乗組員の教育も船ごとに行われるので，他の船がどのように漁を行っているか
詳しくはわからないという。端的にいえば，漁がうまい船と漁が下手な船があ
り，うまい船が下手な船に漁の仕方を教えるといった教育はなされていないと
いうことである。

　漁場の探索においても，無線を使った一般的な情報共有は行われるが，どこ
にどんな反応があるか（魚群探知機による桜えびの反応）については，必ずしも
すべての情報が開示されるわけではない。それは，自分（の船）が一番多く曳
きたいという強い思いがあるからで，聞かれれば本当のことを教えるが，それ
は本当のことを教えなければ，他の船から信用されなくなるからであり，基本
的には教えないという。桜えびの群れが海底のどういうところにどのように生
息しているか，海底の地形や潮流に加え，桜えびの群れの動きを想像した上
で，長年の漁の勘と経験によって魚群探知機の反応を判断し，どのくらいの深
さまで網を入れて，何分間網を曳くかを決める。一瞬一瞬の判断が漁の成否を
決めるため，まさに真剣勝負なのである。

　2-4-4　桜えび漁の一連の流れ

　桜えび漁は，夕暮れとともに始まる。桜えびの群れは，日中は海底200～
300メートルの深海に生息しているが，夜になるとエサになるプランクトンを

---

19)　2013年9月2日，原剛インタビューより。
20)　2013年7月15日，草谷満インタビューより。

第10章　コミュニティにおける慣習的社会制度の成立と変容に関する考察　251

求めて，水深50メートルから100メートルくらいにまで浮かんでくる。桜え
び漁は，桜えびのこの性質を利用して行う漁である。沖に出て魚群探知機に映
る桜えびの反応を探して，その反応の濃淡によって網をかける深さや時間を決
めるわけであるが，上手に漁をするためには，深海の地形（深海にも山や谷があ
り，経験豊富な漁師であれば，その地形がすべて頭に入っているという）や海流，水
温，その季節ごとの桜えびの群れの生息域などを総合的に判断する必要があ
る。海底のどこの山のどの斜面には，桜えびの群れがいることが多いといった
知識は，先輩漁師から教えてもらうこともあるが，個々の漁師が長年の漁の経
験から身に着けるものであり，言葉や数値に表すことの難しい暗黙知である。

　漁場に出て，よい反応に出くわした場合は，その場で船を旋回させながら桜
えびが浮き上がってくるのを海上で待機する。その群れの状況も時々刻々と変
化していき，一瞬のうちに反応が消えてしまったり，思ったような深さまで浮
き上がってこない場合もある。桜えびの反応か他の魚の反応か判断の難しい場
合もあるし，海域によっては魚群探知機に魚影があまり映らない場所もあると
いう。そういった桜えびの変化を総合的に予測して，いよいよ網をかけるとい
う段になると，網を積んでいる片船が網を海中に入れ，それをもう一方の船に
渡して，両方の船が大きく網を開くように進路をとる（図10-4）。

　この時に，漁場が混んでいる場合は，自分の思ったように網が開けない，思
うような方向に船を進められないといったこともある。また，それぞれの漁場
でどのように船を動かすかは，海底の地形によって暗黙裏に共有されたルール
があり，漁場のことをよくわかっていない船や，船同士の位置関係を把握でき
ない船がいると，その船の動きが予測できず漁に支障が出る。プール制の導入
前は，それぞれの船が自分の曳きたい方向にてんでバラバラに網をかけるの
で，漁場での漁船同士の衝突事故や網の接触によって網がバラバラに壊れてし
まうことが頻繁に起こったという。一方で，経験豊かな漁師が舵を持っている
漁ができる船同士は，混んでいる漁場でも大きなトラブルなく漁ができるとい
う。

　「1班はみんなが協力して漁をする体制ができていると他の班からうらや

ましがられることがあるが，実際に漁をする時には，漁ができる船が多い
3班に混じってやる方がやりやすい。それは，それぞれが漁場のことを熟
知していて動きが予測できること，それぞれがお互いの船がどう動いてい
るかを想像しながら，自分の船を操縦しているからじゃないかと思う。こ
こはこういう地形だから，ここで網を巻き始めないとぶつかってしまうと
か。例えば，網を曳いていて，もうすこし曳くと前に瀬（急に浅くなる場
所）があるなと思う時など，黙っていてもみんなが瀬を避ける動きにな
る。別に助け合おうとか思っていないけれど，自然とそうなる。だから，
きっと上から夜曳きの様子を見たら，それぞれの船が同じような動きをし
て連なっているような光の軌跡が見えるんじゃないかと思う。曳けない船
は，そういう感覚がないから，動きが予想できなくて危なっかしい。どう
せ網をかけても曳けないだろうし，だから『邪魔だからすっこんでろ！』
って無線で怒鳴ってどかすこともある」[21]。

2-4-5　漁における共同作業

　誰にも負けないくらい多くの桜えびを漁獲したいという思いと同時に，漁の
現場での共同作業も多く見られる。たとえば，ある船の網に入った桜えびの量
が多く水揚げに時間がかかってしまったり，多くの荷を積めないような場合
は，漁獲が少なかった船や網をかけなかった船が応援に行く。それは，少しで
も早く水揚げすることにより，よりよい鮮度を保持し高値で供給したいという
共通の思いがあるからである。

　また，混獲物（たとえば，クロンボと呼ばれる小さな魚や白エビやハーエビと呼ば
れる小型の甲殻類など）を除去するのは，それが多ければ多いほど手間がかかる
作業であるが，混獲物が混じることで桜えびの品質劣化が進んだり，価格が下
がったりする影響が出るので，これもスピードが勝負のため，手の空いている
船が共同して作業にあたる。

　水揚げされる市場（由比市場と大井川市場）によって桜えびのセリ値が異なる

21）　2013年11月25日，原剛インタビューより。

ので，大井川方面で多くの漁獲があった場合は，それをより高値で取引される
ことが多い由比市場に運ぶことも漁業者が行っている。また，セリの後で桜え
びの入っていた入れ物（箱）を大井川に戻す作業も漁業者が行う。

操業の際に誤って網が他の船の網に触れたり，網を障害物にひっかけてしま
ったりして網が切れてしまった場合には，すぐに網の修理が必要になるが，そ
の場合にもお互いに網の修理を手伝うことがよく行われる。網の修理には時間
も人手もかかるため，操業期間中に網を迅速に修理するのは，自船だけでは無
理があるからである。網の修理ができないと操業に支障が出るためであり，お
互い様という意識があるからだという。また，網の修理は他の船の網の形状を
知ることのできる機会でもある。

2-5　漁以外での共同作業

桜えび漁では，漁以外でも漁業者による共同作業が随所に見られる。たとえ
ば，限られた漁獲物に付加価値をつけて販売することで少しでも全体の収入を
増やそうとする試みとして，漁協青年部による新製品の開発と販売がある。漁
協青年部とは，船主の後継者の集まりであり，由比港漁協では約40名ほどが
活動している。年々，桜えびの漁獲量が減っており，資源量の減少による収入
の減少に直面する中で，漁師ならではの鮮度をPRしたり食べ方を提案するこ
とで，桜えびの消費を伸ばしたり，桜えびの価格を上げようという試みであ
る。

2-5-1　漁師の行商

今でこそ，農林水産省の旗振りの下で6次産業化が推進されているが，生産
者による加工販売は，旧清水市近辺のしらす漁では昔から一般的であった。仲
買業者がいなかったので，漁師が自ら漁をして獲ってきたしらすを干したり釜
ゆでにしたりして販売していた。また，由比港においても，漁業者が自分たち
の手で販売活動を行っていた。現在70代の漁師の中には，自分たちで桜えび
を売り歩いた経験がある者もいる。船に乗って桜えびを獲ってきて，帰港して
すぐにパックに詰めてから，寝ないで，自分のトラックを運転して東京に売り

に行く。1980 年（昭和 55 年）頃のことである。

> 「組合長（原剛三：当時）に，知り会いがいるから築地の魚市という問屋
> に行くように言われて，70g くらいの小分けにした桜えびを持って宮原
> （現組合長）と行った。高速の降りるところがわからなくて迷ったりして。
> ようやく着いて，まだ時間が早かったので車の中で寝ていたら，周りがう
> るさくなって起きたら，もう入札が始まってたなんてこともあった。10
> 日くらい通ったかな」[22]。

それが生の桜えびを市場に出した最初の頃で，その当時から，組合長は「こ
れからは生だぞ，生で勝負しないとダメだ」と言っていたという。

2-5-2　漁協直売所

1999 年にオープンした漁協の直売所も，漁業者が自ら販路を作るための一
つの挑戦であった。当時の組合長の原剛三の着想で，1997 年頃から，当時
でに直売所をもっていた伊豆地区や近県の漁協直売所を見学し，由比港として
の構想を練って実現させた。当時は，台湾産の桜えびが大量に輸入され市場に
出始めた頃であった。今まで他の小型の海老との競争関係はあったが，桜えび
は国内では駿河湾でしか獲れないので競合はなかった。それが台湾産の出現で
状況が変わった。そのため，駿河湾産と台湾産の違いを PR する必要があった
からである。それは漁業者としてのチャレンジであったが，由比・蒲原地区全
体の活性化をも視野に入れた，漁協としての将来構想の一部であった。

県と町からの補助[23] を受け建設された店舗は，小さいけれど桜えびやその
関連商品を中心に，由比地区や近隣地区の加工業者が製造した練り製品など
が，漁協の直営ならではの廉価（市価の約 2 割引）で販売されている。当初は 1
日あたり 10 万円程度の売上を見込んでいたが，現在では 1 日の平均が約 20 万
円，土日の売上が約 50 万円，年間の売上総額が約 2 億円と当初の期待を大き

---

22)　2013 年 7 月 18 日，望月好弘インタビューより。
23)　総工費 2,200 万円のうち，1,200 万円が県と町（旧由比町）の補助金で賄われ，約
　　半分の 1,000 万円は漁協で負担した。売場面積は 23㎡，常勤のパート職員 4 名で運
　　営されている。

く上回る売上をあげている。また，地元産品を紹介するショーケースの役割も担っている。

2-5-3　浜のかきあげや

2006年にオープンした「浜のかきあげや」も漁協直営の食堂である。桜えびやしらすはもちろんのこと，米は静岡産コシヒカリ，味噌はするが路農協女性部からもらい受けるなど，地元産にこだわったメニューを提供している。堤防と国道に挟まれた狭いスペースに位置しているが，内港に面して船溜まりに係留された桜えびやしらす漁の船を間近に見ながら，揚げたての桜えびだけのかきあげや，桜えびやしらすが豪快にのせられた丼ものが食べられる，素朴な海の雰囲気を感じられる空間である。

浜のかきあげやが開業するきっかけは，直売所に立ち寄ったお客様から「桜えびの料理の方法がわからない」という声やその料理方法の問い合わせが多かったからであるという。また，桜えびの漁船に乗って食事をするようなイベントを催した際に，潮の香りと漁港の雰囲気を味わえるところが好評だった。海や船を見ながら，漁師が獲ってきた桜えびやしらすを食べてもらえたら，もっと桜えびを宣伝できるだろうし，漁師たちもお客様が喜ぶ顔を見れば漁をする張り合いも増すだろう。何より由比の町の活性化にもつながるのではないか。現組合長である宮原はそう思ったという。また，由比港は国道一号線のバイパスのすぐそばに位置する好立地にもかかわらず，観光客が立ち寄ることは滅多にない。「観光客が素通りする町から立ち寄る町にしたい」。それは由比港漁協が将来的に取り組んでいこうとしている観光事業へ先駆けでもあった。浜のかきあげやは，そういう漁業者の思いから始まった。

開店に際しては，あまり資金をかけずにやろう[24]ということで，当初は不要になったプレハブを隣の清水市からもらいうけて店舗にし，その他はテントをつかって営業を始めた。テーブルや椅子も漁協職員が廃材などを利用して手

---

24)　当初の建設費は700万円で全額漁協の出資である。2008年の改築費用は840万でこれも漁協が全額負担した。店舗面積は55.82㎡，常勤のパート職員（漁業者の妻や家族など）5名で運営している。

図10-7 浜のかきあげや

(出所) 筆者撮影 (2014年5月5日)。

作りした。2008年3月には店舗の改築を行い，雨をしのげる屋根のあるイートインコーナーやトイレを設置した。年間の来客数は約7万人で，売上高は平均6千万円である。相乗効果で直売所の売上高も大幅に上昇し，漁協経営の一つの柱になっている。

　順風満帆に見える浜のかきあげやであるが，開設当初は加工組合の反発や地元の飲食店との対立があり，営業開始直後には販売品目に対してのクレームが出たこともあったという。しかし，飲食店経営者たちとの話し合いの機会を持ち，由比町の活性化のための事業でもあるので，しばらく様子を見てほしいと依頼した。また，飲食店からの要望で，店舗のすぐ脇に由比地区の飲食店や店舗の案内広告板を設置して，一緒に広報活動を行うようにした。その効果もあってか，かきあげやが営業を開始して3カ月後には町内の飲食店にも行列ができるまでになった。

　開業以来，ハイキング帰りの中高年や国道一号線を走るライダーたちなど，漁港に立ち寄る観光客が大幅に増加した。年間を通して町内や漁港に観光客が

図 10-8 浜のかきあげやの売上高と来客数の推移

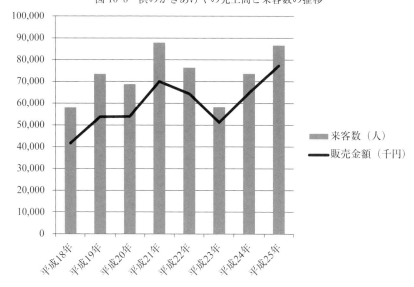

(出所) 由比港漁協内部資料から筆者作成。

数多く訪れるようになったのも，年間を通して手軽に桜えび料理が食べられる「浜のかきあげや」の存在は大きい。漁協の直売所や浜のかきあげやは，漁協が水揚げの手数料収入以外の方法で売上を上げるための重要な流通チャネルであり，そこでの売上は漁協経営において貴重な収入源になっている。

2-5-4 活き桜えび

先に述べた漁協青年部が発足するきっかけになったのは，活き桜えびの開発であった。深海に生息する桜えびは，水揚げ時の圧力と密集することのストレスで，水揚げ前にほとんどが死んでしまう。船上に水揚げされた桜えびに冷水をかけ続けてスピーディに運搬しても，市場に水揚げされた時にはほとんどが死んでいる。「桜えびを生かしたまま市場に流通させられないか」このように考えた1人の漁師と大学教授との出会いが，不可能と言われた桜えびを活かしたままで流通させる活き桜えびを生んだ。

桜えびは体長が3〜5センチであるが，酸素の消費量は鯛やマグロなどの大型魚よりも多い。その中で，酸素濃度を上げた水の中であれば桜えびを生かし

258

ておくことができるかもしれないという着想が生まれた。長野県の農機具メーカーのエンジニアの助けもあり，漁師と大学教授とメーカーが紆余曲折をともに乗り越えて試作機が完成した。実験機を積んで漁に出た帰りに，沖で入港まちをしている時に獲ってきた桜えびが生きていた時の感動は格別であった。

> 「タマネギを入れるようなネット袋の中に桜えびが4キロか5キロかわからないけど，とにかく『グシャ』っていっぱい入っていて，それが生きていた。ほとんど生きてたんじゃないかな。まさか，そんなに生きているとは思わなかった。『すごい！』って思った」[25]。

それからさらに約5年の月日をかけて開発が進められ，それまで誰もなしとげられなかった桜えびを活かす装置が完成した。2010年の9月のことであった。

2-5-5　漁港青年部の立ち上げ

活きえびの実験を始めた当初は，実は現在の漁協青年部という組織はなかった。通常，どこの漁協にも次世代の後継者で構成される青年部という組織があるのだが，由比港漁協には青年部がなかったため，数人の若手の漁師たちで始めた活きえびの活動は，船主会の由比の青壮年部が母体となって活動を推進していた。

もともと青壮年部は若手漁師たちの親睦を目的とした会であり，何か特別な事業活動を行ったことはなかった。活き桜えびが一つの事業として成立するかについては不透明であったが，桜えびを生かすという目的のための活動を一緒にやることで，漁期中でなくても顔を合わせる機会が増え，会話も広がっていった。

一方，活きえび水槽の購入については，漁協や船主会内部においても賛否両論があった。活き桜えびは画期的なものではあるが，はたして二千万円もの投資をして，それを回収できるのかという点と，活き桜えびが流通することによって桜えびの知名度やブランド力が上がるのか，さらには，そのことがどの程

---

25)　2013年9月2日，原剛へのインタビューより。

度入札価格や販売量にプラスになるのかということが争点になった。活きえびに初期の頃から中心的に関わってきたメンバーからも、「無理に水槽を入れなくてもいい。何千万円という負担だから買ってくれなんて言えない。もともと研究させてほしいといってスタートして、生きるのがわかったのだからもういいのではないか」という意見も出てきた。

　さらには、船主会は任意団体なので、水槽を購入する場合に県や市への補助金を申請することができない。補助金を申請するには法人である漁協が行わなければならない。漁協として、船主会として、この事業をやるのかやらないのか。活きえび事業は岐路に立っていた。

　　「これ（活きえびへの投資）に対して儲かるのかという見方と、（桜えびを）
　　世間に知ってもらえるという見方の二通りあると思います。私は活きえび
　　によって、桜えびのことを世間に知ってもらえたと思うのです。採算は合
　　わないと思います。でも、それをしないと桜えび自体が忘れられてしまう
　　ので、やるしかないなと思いました」[26]。

　組合長をはじめ、船主会の役員の間では、若手の教育にもなり、桜えびの宣伝にもなるので、やっていこうという話でまとまった。

　最初は活きえびに対して否定的であった仲買人なども、駿河湾産でしか実現できない「桜えびを生きたまま流通させること」に大きな可能性を感じているという。今年から活きえびの全国配送も可能になり、海外への輸出も夢ではなくなった。つまり、国産桜えびの価値を高める効果があると期待しているわけである。活き桜えびは、次世代を担う漁師たちが同じ目的に向かって共に活動する上での起点となり、地元との連携を促進する商材であり、桜えびの広告宣伝だけではなく、そのブランド価値の向上にも貢献している。

　紆余曲折はあったが、補助金をとって活きえび水槽を購入することが決まり、その受け皿として漁協の青年部を立ち上げようという話になった。事業活動をする上でも、漁協の組織であればさまざまな事業に展開できる。さらに、

---

26)　2013年11月17日、望月武へのインタビューより。

この機会に，由比の青壮年部と蒲原の桜漁会に分かれている船主会の若手の集まりを統合し，しらす組合や定置網組合などの由比港漁協に所属する各種漁業の50歳以下の後継者を集めて，漁協青年部を発足させようという話になった。2008年7月のことである。

2-5-6　漁協青年部の活動：桜えびの沖漬けと漁師魂の開発

活き桜えびの開発をきっかけとして発足した青年部の活動は，活き桜えびの研究や販売，活き桜えびを通した広報活動だけでなく，漁船を使用した観光ツアーの開催，桜えびをつかった料理教室の開催，さらには，定置網であがった魚の加工・販売などに広がっている。桜えびの資源量の把握においても，桜えびの卵の採取と数を数える産卵調査にも継続的に取り組んできた。さらに，特に力を入れて取り組んでいるのは，新しい商品の開発である。

桜えびの新しい食べ方の提案である，「桜えびの沖漬け」は，2011年秋漁で起こった指値事件がきっかけであった。2009年と2010年の不漁を受けて桜えびの浜値が高騰（一時は78,000万円/15キロ台）した反動で，2011年の秋漁では桜えびの入札価格が18,000円/15キロまで暴落するという状況に陥った。そこで，翌年2月に予定されていた新港の完成と漁協の新しい荷捌所への移転，由比と蒲原の市場の統合を控えて，このままでは漁協経営に悪影響がある[27]と考えた漁業者たちが，26,000円/15キロという指値（この価格以下では販売しないという額）を提示したことに仲買人が反発し，3回の入札を経てもセリが未成立という異常事態になった。この入札ボイコットによって，その日に水揚げされた桜えび約50トンが，買い手のつかないまま宙に浮いた。

この事態に慌てた漁業者たちは，自分たちでどうにか処理しようと奔走したが，一部を釜揚げや冷凍のパック詰め商品にしたものの，残りは販売のあてのないまま冷凍保存することになった。水揚げされた箱のまま冷凍庫に入れるのが精一杯で，そのまま商品として販売できる状態ではなかった。本来であれば

---

27)　漁協の主な収入源は，桜えびの水揚げ高と販売価格から算出される手数料収入である。入札価格の暴落は，手数料収入の減少に結びつくので，新しい荷捌き施設などの建設費（国市などからの補助金を除く）の返済計画に直接影響することになる。

買い手がつかないで当然の桜えびを購入したのは，東京にある飲食チェーンであった。このことをきっかけにして，居酒屋チェーンの販売責任者との関係ができた。水揚げされた直後のまだ生きている桜えびをタレに漬けたら美味しいのではないか。その販売責任者は，流通の問題で夜に水揚げされた桜えびをセリが始まる朝まで倉庫に保管しておくことに疑問があり，せめて水揚げした直後の新鮮な桜えびをタレに漬けて急速冷凍すれば鮮度は落ちないと思っていたので，すぐにタレの提供を申し出た。漁師の強みは，水揚げされた直後に鮮度よく加工できることである。青年部にはその強みを生かした商品を開発したいという思いがあり，それにうってつけだったのが沖漬けという発想であった。

　2012年の春漁から居酒屋チェーンから提供されたタレを使って試作を開始した。原料の鮮度には徹底的にこだわった。漁獲した桜えびをカゴに入れ，冷水をかけ続けてムラなく冷やし，港に水揚げしてすぐに洗浄水で洗って表面についた汚れをとり，それを特製のタレに漬け込んで真空パックしたものを急速冷凍する。船によって鮮度の差が出ないように，船上での管理方法の基準をつくり，それぞれの船がそれを守っている。加工においても，新鮮な桜えびはその特徴でもある長いヒゲがなかなかとれず，また，洗浄水やパック詰めの方法，作業の手順や役割分担，衛生管理に至るまで，本格的な加工・製造は初めてだったので試行錯誤の連続だった。

　2012年7月から本格的に製造を開始し，9月には直売所や浜のかきあげやでの販売が始まった。現在の人気商品である桜えびの沖漬けの誕生である。由比港の桜えびの沖漬けは，居酒屋メニューにも加えられ，消費者にとっても桜えびの新たな食べ方の提案になっている。現在では，浜のかきあげやで沖漬け丼を食べた人がお土産に購入するなど売れ行きも良好で，発売から約1年の間に2万パック以上を売るヒット商品になった。売上高にして約2,000万円である。

　この他にも青年部が開発した商品に，今まで市場に出回っていなかった地元の定置網に入った魚を使った白身魚のすり身の練り製品がある。少しざらっとした食感の漁師のはんぺんは，「漁師魂」と名付けられ，2013年の1月4日から販売が開始された。現在では，静岡県内のおでん専門店や居酒屋チェーン，

地元の飲食店でも提供されている。白身魚100％の練り製品のおいしさと漁師の手づくりゆえの安心感が消費者に受け入れられ，その時々に大量に水揚げされる定置網の魚の付加価値を上げる努力を続けている。

そこには，自分たちが獲ってきた魚を鮮度よくおいしく食べてもらいたい，そのためには人任せにするのではなく，自分たちの手で原材料の管理から加工・販売までを一貫して行うことが必要であるという思いがある。

「ただ単に，おいしく食べてもらいたい，ただその一心だけなんですよ。それで，桜えびを世間の人に知ってもらえたらいいし，それで高く売れたらなおいいって思いでやってる」[28]。

漁師が食べておいしいもの，鮮度や加工の問題などで漁師しか食べられなかったものは，今まで市場に出回っておらず，新しい商品となる可能性がある。さらには，一連の活動を通して，地元の飲食店や加工業者，首都圏や静岡県内の飲食店などとの新しい連携も出来てきた。

「みんながよくなれば，自分もよくなる。そういう思いだけでやってきた。プール制だから，自然とそういう考えになったんだと思う」[29]。

プール制という社会制度の下で長年培われてきた，桜えび漁全体の利益になることが結果として個人の利益にもつながるという考え方が，漁業者の共同作業の下地となっているのである。

3．プール制の変容とその解釈

桜えび漁のプール制は，それぞれの船が個々の利益だけを追求することによって過当競争に陥ることを防ぎ，その結果として120隻の船が40年以上にわたって漁業で生計を立ててくることができた。しかし，それが成立する条件は，台湾産桜えびなどの競合品の出現や流通市場の変化といった市場の変化，さらには，自然環境の変化による漁獲量の減少などの要因により変わらざるを

---

28) 2012年11月23日，柿崎尚へのインタビューより。
29) 2013年9月2日，原剛へのインタビューより。

えない岐路に立たされている。第3章では，過去40年間におけるプール制において変わったこと，変らなかったこと，そして，昨今の自然環境や市場の変化をうけて，変わらざるをえないことを踏まえて，その状況を描写していきたい[30]。

3-1　漁場における変化

3-1-1　資源量の減少と漁獲圧力の増大

第2節でも説明したように（図10-2），平成に入ってから桜えびの漁獲量は全体の傾向として右肩下がりに減っている。特に2009年頃からの水揚げ量は1,200トン前後を推移しており，1997年と1998年頃の極端な不漁の時期を除き，1990年代は年間2,500〜3,500トンくらいの水揚げ量で推移していた頃の半分以下（3分の1程度）の水準まで減ってきている。1968年の市場価格の暴落をうけて海中投棄事件が起こった時には，一晩で8,000杯（1杯 = 15キロ，約120トン）水揚げされたという記録もあり，その頃の漁獲量とは比較にならないくらいの低い水準である。人為的な漁獲調整を行っていることもあり，この水揚げ量の変化が必ずしも資源量の推移を示すということではないが，全体的には桜えびの資源量はかなり減っているということが推測できる。

ネットローラーの開発や網の改良，魚群探知機による探索やフィッシュポンプの導入といった一連の技術革新による漁獲能力の向上により，漁業における労働負荷は軽減され，より少ない労力でより多くの桜えびを捕獲できるようになった。競争して網をかけなくても，潜在的な漁獲圧力は常に高い水準にあるということである。

深海に生息する桜えびの資源量を正確に測ることは非常に困難であり，県の水産技術研究所においても，正確な数値を示すことはできないようであるが，

---

30)　第3章の内容については，複数の由比港漁協関係者へのインタビュー，仲買・加工業者へのインタビュー，ならびに，筆者が2012年から2016年にかけて継続的に行ってきた参与観察から得た知見を総合的にまとめたものである。なお，インタビューについての記載は省略する。

先のような事実を踏まえて総合的に考えても，長年にわたる高水準の漁獲圧力（獲り過ぎ）により，桜えびの資源量は自然に回復する段階を通り過ぎてしまっているように見える。このことは，安定的な漁業を営むために漁業者の総意としてプール制を導入したにもかかわらず，持続的な漁業を行うための資源管理が十分に機能しなかったのではないかということを示唆する。もちろん，全世界的な環境変動であるレジーム・シフト（川崎 2007）や，東日本大震災以降の海底の変化など，人間がコントロール不可能な自然の変化を考慮する必要はあるが，資源の回復のための休漁や漁獲圧力を減らすための漁具の工夫（網を小さくするなど）や減船などについては，検討されても実施されたことはないという。プール制において意図的に漁獲圧力軽減のために実施されたことの一つに乗組員の削減がある。いろいろな漁労機器が開発される前には一隻に 10 名以上いた乗組員（乗り子）は，労働負荷が軽減されるにつれて削減され，現在は一隻に 6 名，一統で 12 名である。乗組員の削減は，船主にとっては労務コストの削減であるが，一人当たりの配分額を増やすことができるので，乗組員に一定以上の収入を確保しようとするために起こる漁獲圧力の増大を緩和する効果がある。

　3-1-2　フリーライダー[31]の増加

　桜えび漁業における「プール制」とは，第 2 節の 2-3 で説明したように全水揚金額を一定の配分方式によって均等配分することを指す。この方式によって，漁獲量が多かった船も少なかった船も，同じ条件で配分され，それぞれの船や漁師によって異なる漁獲能力については基本的に考慮されない。このような原則に基づいて漁業を行うことの意味は，過当競争の防止と資源管理にあるとされているのは先述した通りである。

　しかし，このような制度の下で長年にわたり漁をすることによって，漁において努力をしない船や共同作業に協力しない船があらわれてきた。フリーライダーの出現である。プール制においては，漁師としての技術が低く，通常であ

31）　フリーライド，すなわち「社会的手抜き」については，釘原（2013）に詳しい。

れば事業としての漁業を営むことが難しい場合にあっても，極端な言い方をすれば出船するだけで収入が上がる。もちろん，漁師の気質として人よりも多く曳きたいという思いで漁をしている船もあるが，そうでない船が出てくることも想像にかたくない。曳けない船はもらい船といって，肩身の狭い思いをしたのはひと昔前のことで，今は曳いても曳けなくても，同じ取り分で当然であると考える者も多い。

　さらに，漁獲量の多寡にかかわらず，品質をあげる努力をしない船もめずらしくない。たとえば，鮮度を保つために水揚げされてすぐの桜えびに冷水をかけていち早く港に運ぶといったことでさえ，どのくらいの冷水をどの程度かければより鮮度がよくなるかを考えず，形だけの作業に終始する船もあるという。結果として，水揚げされた桜えびの温度を計測した時に，ほぼ零度近くに保冷されている桜えびもあれば，約20℃くらいの温度帯で箱に入れられている桜えびもある。そのような品質の差がある桜えびが同じように市場に並ぶ。もちろん，高値で売れる桜えびもあれば安値の桜えびもある。しかし，品質が悪くても安い桜えびがほしい仲買人もいるため，ほぼ100％が競り落とされていく。船ごとに桜えびのセリ値は決まるが，そのセリ値は個々の船の収入には反映されない。たとえ，桜えびの品質がよく高値で競り落とされたとしても，その船には特別のインセンティブは付加されないのである。品質向上の努力をし続けた船とそうでない船の品質差は歴然としているにもかかわらず，収入には差がないということである。このことは，漁ができる船や鮮度に細心の注意を払っている船（この二つの要素はかなり一致する）のモチベーションを下げるだけでなく，漁ができない船や鮮度に注意を払わない船のモチベーションも下げるという二重の負の効果を生む。

3-1-3　技能伝承と能力開発

　桜えびの漁期は3月末から6月初旬の春漁，10月末から12月の秋漁と年間約4カ月間である。年間少ない時は30日から多くても50日程度の出漁において，すべての船が毎回漁をするわけではない。獲り過ぎを防止するために，交代に網をかけたり，網を曳く船を決めて，他の船はバックアップにまわること

も多い。このような制約の多い桜えび漁において，新人の漁師が漁師としての技術を磨くことは容易ではない。訓練機会の欠如は，漁師としての技量に劣る者を生む。漁師としての技量は，もちろん，それぞれの漁のタイプによっても違いはあるが，たとえば，桜えびの生態や海底の地形，風や潮の流れ，網を投入するタイミング，深度，曳き方，巻き方などを総合的に理解し，一瞬一瞬変わる漁場において適切な判断を瞬時に下して網をかけることができる能力である。競争的な船ほど漁がうまいということを先述したが，それは競争的な（少しでも多くの桜えびを曳きたい気持ちが強い）船は，漁場の変化にも敏感で漁師としての技能の向上に日々励んでいる船であるからである。

　結果の平等を保証するプール制においては，漁師としての技能向上についても無関心な態度を生む。現在の漁の仕方では，若い漁師に漁師としての能力を磨く十分な機会を提供できていないにもかかわらず，漁師の技能伝承と能力開発は，それぞれの船に委ねられており，漁がうまい船が漁の下手な船に漁の仕方を教えるといった考えはない。それぞれの船にはそれぞれの船の文化や伝統があり，それがその船の個性でもあるから，余計な口出しはしないし干渉もしない。

　プール制であってもいつ解散するかわからない（今日の友は明日の敵）という潜在的な認識から，必要最低限の協力はするが，必要以上のことはしないという文化が定着しており，たとえば，漁の要である網に関する情報を秘匿するといった態度からもそれは明白である。「教えたら自分が損をするかもしれない」という気持ちがあるから，次世代の漁師の育成や技術伝承が全体にとっての課題とは認識されず，進まないのである。

3-2　市場の変化

3-2-1　台湾産桜えびの出現

　駿河湾の桜えび漁において，脅威になっているのが競合品としての台湾桜えびの出現である。台湾産桜えび（以下，台湾えび）は，台湾の南部の海域に生息する桜えびであり，駿河湾産に比べてうまみ成分の元である発光体が少ないこ

とをのぞけば，同種であると学術的には同定されている。

　台湾えびが発見された1970年代（昭和50年代）は，漁の方法（駿河湾産が夜の漁であることに対して台湾産は昼間の漁であり，底引き網のような漁法をとる）や品質管理の方法が未熟であり，駿河湾産と比較すると品質の差は歴然としていた。そのため，かなりの安値で取引されており，駿河湾産桜えびの競合ではなかった。しかし，2000年以降の駿河湾産の不漁により，台湾えびのニーズが高まった。特に春先の桜のシーズンには桜えびの需要は高まるが，駿河湾では海上が時化で漁に出られない日が多く，品薄になることが多かった。台湾では漁期が11月頃から5月頃までで，平均して漁獲があるため，春先の需要のピークには，駿河湾産の代替品として台湾えびの人気が高まった。台湾の漁業者や加工業者も品質の向上に努め，特に加工業者は近代的な設備を入れ，水揚げしてからの品質管理を徹底した結果，品質においても昔に比べて遜色はなくなってきた。

　駿河湾産の不漁は桜えび価格の高騰をまねき，安値で安定供給される台湾産の魅力が高まった。春の商材として人気の高い桜えびの量を確保するために，スーパーなどの量販店や外食チェーンなどが台湾えびに切り替えた。駿河湾産の代替品であった台湾えびが，春先に出回る桜えびの主流になったということである。

　一般の消費者は桜えびに限らず国産に高い価値を認めるが，多くの消費者が桜えびが日本では駿河湾でしか水揚げされていないことや，市場に出回っている桜えびのほとんどが台湾産であることを知らない。逆に，価格高騰のために高級品になってしまった駿河湾産よりも，手頃で値頃感のある台湾えびによって消費者のニーズは十分に満たされているのである。

3-3　漁業者の変化

3-3-1　兼業化

　桜えびの漁業者は，漁期以外は他の仕事をしている。たとえば，漁業だけで生計を立てている者は，しらす船や遊漁船（釣り船）の経営をしたり，他の漁

の乗組員（乗り子）をする者が多い。また，塗装業や工場経営などその他の事業を営む者も多く，蒲原地区や大井川地区では農業を営む者も多かった。いわゆる，半農半漁の地域であったということである。このように，桜えび漁業だけで生計を立てている船主は少数でほとんどが兼業である。桜えびの水揚げ量が減っており，高値で推移しているとはいえ，桜えび漁による収入が減少傾向にあるなかで，桜えび漁業だけに依存して生活することは難しい。むしろ，より兼業に力を入れる漁業者が多くなるのは必然であろう。兼業に力を入れること自体はそれぞれの漁業者の問題であるが，行き過ぎた兼業化が先にあげたフリーライダー（桜えび漁ではできるだけ手抜きをする）の温床になっているということは考えられる。

　兼業化の一つとして，桜えびの加工や販売を行う者もおり，船元であっても台湾産桜えびを扱う者もいる。一部の仲買人・加工業者の中には，台湾産を駿河湾産と偽って販売するような事例も過去にあったようだが，船元や船元の親戚筋などにも，過去には駿河湾産と台湾産を混ぜて販売するなど，駿河湾産桜えびの信用を揺るがすような商売をする者がいたという。自分たちで築いてきた駿河湾産桜えびのブランド毀損につながる行為である。儲かるなら何でもするという倫理観の欠如は，桜えび漁においても例外ではなく，それを抑止する仕組みがプール制にはない。それは，桜えび漁には先のような兼業の歴史があり，漁においてはプール制の下で一緒に漁を行っているが，「それ以外の商売には口を挟むな」という暗黙のルールがあるからである。

　3-3-2　付加価値向上活動

　桜えび資源の減少は，多くの桜えびを漁獲することで収入を上げるという方法がとれなくなるということでもある。この少ない漁獲量で収入を増やすためには二つの方法がある。一つは，単価を上げる方法である。これはセリ値を上げるということであり，プール制における集団的なバーゲニングや桜えびのブランド化によって，これまで一定の成果を上げてきた。しかし，単価の上昇は，駿河湾産桜えびの需要を逆に狭める結果となり，台湾産桜えびに代替されるという結果を生んだ。いわゆる，「棚はずし」である。セリ値が高止まりす

ることで，駿河湾産桜えびの引き合いが弱くなり，結果として桜えびのセリ値が暴落したのが，2011年の指値事件の背景であった。

　少ない漁獲量で収入を増やすもう一つの方法は，漁業者自らが原料（水揚げされた桜えび）を加工して，付加価値をつけて販売をするという方法である。漁協青年部が開発した「桜えびの沖漬け」や「漁師魂」といった新製品の開発がそれにあたる。漁業者が漁獲だけでなく加工・販売までを行うことは6次産業化と呼ばれ農林水産省が推進しているが，実際にはなかなか成功例がない中で，青年部の活動によって開発された製品は新しい需要を掘り起こし，漁協直売所や浜のかきあげやの人気商品になっていることは先に述べた。このことは，漁師が協力して漁を行うプール制の伝統の中で培われた文化から生まれた成果の一つであろう。しかし，一方で，青年部が行っているこのような活動について非協力的であったり，否定的な漁業者も少なくない。船を出してさえいれば，一定の収入が確保されるプール制に慣れてしまい，船を出す以上の努力はしたくない（「漁師は漁をやっていさえすればいい」）といった考えや，（全体のためになっても）自分の収入には直接結びつかない活動はやりたくないといった考えがあるからであるという。また，そのような付加価値活動を行っている漁師たちが，桜えびという共有資源を利用して自分たちだけで裏で儲けているのではないかという疑心暗鬼も手伝い，時には足をひっぱる者もいるという。桜えび漁の歴史においては，桜えびを市場に水揚げせずにこっそりくすねた漁師もいたらしく，相互不信が根強く残っているという。

3-3-3　同質化

　桜えび漁業は60統120隻の限られた船にだけ許可された漁業である。一つの船元で一統（2隻）を所有する者もいるので，船主は100名弱である。新しく船主になるには，船元の家に生まれ漁業後継者になるか，婿入りして後継者になるか，概ねその二つしか道がない。たまに船元に婿入りする者がいても，「婿は死んでも婿だ」と言われるくらいに肩身の狭い思いをする。そのくらい排他的で新規参入がほぼないのが桜えび漁のコミュニティである。したがって，外部から新しい人材をリクルートしてくるのが非常に難しい。新しいメン

バーが加わらないということは，新しい考えを持つ者が生まれにくいということでもある。船主の代替わりはたまにはあるが，長寿社会において80歳になっても現役の漁師もいる。集団における同質化と関係の固定化が進み，重要な意思決定を行う船主会の主要な幹部の顔ぶれは何年も変わらない傾向にある。

3-4　仲買との関係の変化

3-4-1　悪化する仲買との関係

桜えび漁業者と仲買との関係は長きにわたり常に敵対関係にあった。それを象徴する出来事としては価格の暴落に怒った漁師たちが桜えびを海に捨てた海中投棄事件や，2011年の指値ボイコット事件など枚挙にいとまがない。全水揚げをセリにかけて現金化しそれを配分するプール制によって，自分が獲ってきた桜えびといえども自由に販売することができない漁師たちにとって，獲ってきた桜えびはすべて俺たちのものだという仲買人たちの態度が，時にその闘争心に火をつけるのである。

品質にこだわり，鮮度よく獲ってきた桜えびに高値をつける仲買人・加工業者もいる一方で，卸売市場に荷を流すだけの仲買人にとっては，品質よりも価格（安いこと）が重要で，極端な言い方をすれば品質は二の次で安ければ安いほど利ざやを稼ぐことができるのでよいということになる。そのため，品質改善に対する仲買人からの圧力は必ずしも大きくなく，少しでも鮮度よく桜えびを獲ってくるという漁師たちのやる気をそぐことになる。

3-4-2　入札時刻

鮮度に関する問題は，入札の時間にも関係がある。桜えびの漁は夜に行われる。昔は，一晩中ずっと漁をしたこともあったようであるが，現在は駿河湾の奥に桜えびの群れが多い春漁では，出船が午後6時頃で帰港が午後9時〜10時頃であり，焼津沖に群れが多い秋漁では，出船が午後4時頃で帰港が午後10時以降になる。それから水揚げされた桜えびは，翌朝のセリの開始（午前5時半頃）まで，漁協の荷さばき施設の冷蔵保管庫の中に8時間から10時間程度保管される。宵売り制度というものがあり，一部は夜のうちに販売されるこ

第10章　コミュニティにおける慣習的社会制度の成立と変容に関する考察　271

ともある。宵売り制度の価格は，翌日のセリの高値の平均値の 2,000 円増し（1 杯＝15 キロあたり）である。朝までセリを行わないのは，朝になってから工場を稼働させたいという加工業者の都合である。夜間の処理は人件費がかさんだり，周囲の住宅から騒音などの苦情が寄せられる懸念があるためだという。

　仲買人は実際に漁に出ているわけではないので，資源量に対する関心が低い。漁師が意図的に価格を上げるために獲ってこないと思っている仲買人も多く，「あいつらやる気がないから獲ってこないんだ」と公言してはばからない者もいる。

　もともと大衆魚であった桜えびの入札方式は，最低入札価格を決めての競り上げ方式ではなく，セリ値を紙に書いて入札する方式である。したがって，少しでも安く買えればよいとする仲買人が市場の平均値とはかけ離れた札を入れることもあり，時にはそういう安値の札で競り落とされる可能性がある。このような入札に対する考え方は漁師の不信感を招き，ますます漁業者と仲買人の相互不信を募らせる原因になってきた。

3-4-3　仲買人におけるプール制

　プール制を敷いていることを批判する仲買人は多いが，その批判の内容はそれぞれの仲買人の商売の仕方で異なる。たとえば，品質よりも価格が重要な仲買人は，先のように漁獲量が少なく高値が続くことに不満を募らせる。一方で，ある程度の量を確保しながら加工も行っている仲買人は，一隻の船から競り落とすことのできる量の上限が決まっていることに不満をもつ。これは，過去からの習慣で由比地区と蒲原地区で異なる暗黙のルールがあるということで，基本的には仲買人が平等に買えるようにするための決めごとである。大量に製造を行う加工業者にとっては，ある一定の品質のものをまとまった量で買い付けたいという希望があるのだがそれができない。一見，競争原理が働いているように見えるセリの現場でも，競争に負けた者も平等に買えるようなルールがある。つまり，プール制を批判する仲買人も，結果の不平等をできるだけ排除するという意味においてプール制なのである。

3-4-4　資金繰りに苦しむ仲買人

　近年の桜えび価格の高騰は，仲買人の資金繰りを圧迫している。桜えびの代金の支払いは，漁期中の15日と30日の2回と決まっており，春先と年末の一時期に大量の資金が必要になる。高い値段の桜えびを購入したのはいいが，それが大量に売れ残って在庫が手元にある場合は，新たな資金の手当ができない。高い時には無理をして買わなければよいのだが，取引先との契約もあり，商品供給ができないことが最も怖いことであるので，無理をしても買い付けてしまうのである。このような特殊な桜えびの買い付けのための資金繰りに苦しむ仲買が増えており，最近になって廃業するところや倒産して売却された加工業者も出ている。

3-5　漁協および船主会

3-5-1　漁協と船主会の関係

　桜えび漁に従事する漁業者たちは，船主会に所属すると同時に漁協の組合員でもある。漁協の組合員は，桜えび漁業だけでなく，しらす漁業，定置漁業，ワカメ養殖などの漁業者が組合員になっているが，総水揚げ高の約90%を締める桜えび漁業に携わる漁業者たち（他の漁業を兼業している場合を含む）が，漁協の組合長や幹部になることがほとんどである。漁協の組合長・幹部と船主会の会長・幹部などを兼任していることも多い。セリの開設者である漁協は，主に水揚げ高に応じた手数料収入によって運営を行っており，水揚げ額が減ることは漁協の経営の悪化に直結する。由比港漁協は，2012年2月に新しい荷さばき施設を立てており，約3分の2が公的な補助金でまかなわれているが，3分の1は返済が必要な借金で，そのことが漁協経営にとって重くのしかかっている。

　漁協の組合長・幹部と船主会の会長・幹部などを兼任は，その時々でどの立場で発言しているのかが本人たちにとっても周囲にとってもわかりにくく，船主会の利益と漁協の利益が異なる場合は，利益相反問題につながりやすい。

3-5-2 船主会における意思決定

(1) 意思決定における逆転現象

　船主会における意思決定は，船主会役員会で行われる。しかし，もっとも大切な意思決定である，出漁の可否やその日の漁の方針，さらには，その日の漁獲量を決めるのは，船主会から選抜された出漁対策委員会である（図10-5）。その中でも，沖の親方と呼ばれる出漁対策委員長の権限は絶対的であり，船主会長であっても出漁対策委員長の決定は覆せないという。出漁対策委員長の権限がそこまで強力なのには歴史的な経緯があると考えられる。プール制が始まった頃は，出漁対策委員会や委員長の決定に従わず勝手に漁をする船が後を絶たず，それでは市場と漁場をにらみながら最適な意思決定はできないということで，強力なリーダーシップをもった親方が統制をとるために強制的に指示命令を行う必要性があったのである。実際に，10年ほど前までは，市場の状況にも漁場の状況にも精通した「沖の親方」が意思決定を行っており，桜えびの漁獲量もある程度は確保できていたので，その方式でも齟齬は生じなかったと考えられる。しかし，資源量の減少と台湾えびの台頭によって，市場そのものが縮小するなかで，少ない資源を大切に獲りながら，価格の乱高下を押さえて，ある一定の水準で推移させるという非常に繊細な意思決定が必要とされるようになった。収入につながらなければ船主や乗り子から批判されることもしばしばであり，少しでも多く獲ってきてほしい仲買人からの圧力もある。そんななかで，できるだけ獲らないようにするという意思決定をすることは難しい。一方で，出漁対策委員長こそが本当の親方であり，セリ値をコントロールしているという考えも根強くあり，プライドが高く市場をコントロールすることで優越感に浸ろうとする者も現れる。獲り過ぎたら資源が減って漁ができなくなるリスクを負う。しかし，獲らなければ生活が苦しくなり，周りからの批判も厳しくなる。このような二律背反する要求に応えるためには，個人の思惑や経験だけで市場をコントロールすることは不可能であり，また，周りの顔色をうかがっていても適切な意思決定はできない。

　多くのコミュニティや組織においても，日常的で変化の少ない環境であれ

ば，お互いの顔色を見て，それぞれが大きな不満をもたないレベルでの落としどころを探す意思決定のあり方は有効に機能するかもしれないが，今日のように難しい意思決定を迫られる桜えび漁における出漁や漁獲量の決定においては，日和見的な意思決定は漁業者にとっても仲買人にとってもリスクが高い。

(2) 対話の欠如

　船主会においても，出漁対策委員会においても，一人ひとりが自分の意見をはっきりと述べることはあまりなく，意見を言う場も，個人的な思惑で意見を述べる者が多いという。桜えび漁にとって今何が必要なのかを真剣に議論する場である，船主会総会においても，もっとも大事なテーマ（たとえば，休漁であったり，減船であったり，漁獲制限を設ける等）については，まったくといって良いほど議題には上らないという。基本的な対話がなされておらず，一人ひとりが市場と漁場の状況を見据えて適切な意見を述べ，よりよい意思決定をすることが難しいという。

　対話の欠如は，船主会の中だけの問題ではなく，漁業者と仲買・加工業者との間にも存在する。どの程度の量を捕獲して，どの程度の価格で販売するかは，漁業者だけの問題ではなく，仲買人やその先の市場を見据えての意思決定が必要であり，仲買・加工業者との対話の必要性も高まっているのだが，長年の確執によって両者の関係はぎくしゃくしたままである。

(3) 船主会役員の選出

　船主会において重要なテーマについての話し合いがなされないだけでなく，最近では船主会の役員をやろうという者が少なくなっているという。船主会役員になれば，漁以外の役員会への出席や，出漁対策委員になれば，漁期は毎日の委員会への出席，沖での班をまとめる仕事，さらにはマスコミ対応や各種行事の企画運営に至るまで，多種多様な仕事があり，それは桜えび漁以外の仕事をする時間が減るということを意味するからである。桜えび漁においては出船するという最低限の義務を果たしてさえいれば一定の収入は保証されるので，それ以上は負担したくないというのが多くの船主たちの本音であろう。

　船主会役員は地区ごとに選出されるが，それぞれの地区でやり方が異なり，

自薦他薦で行うところもあれば，順番に選出するところもある。プール制においては，全体の利益に資する役員は順番に選出するのが公平であるように思われるが，実際には，非常に難しく責任の重い仕事であり，漁師としての力量に欠ける者や，経営センスのない者が選出された場合には，船主だけでなく乗組員にとっても大きなリスクになる可能性がある。

3-6　変わったもの・変わらなかったもの

第3節では，桜えび漁のプール制の成立と継続の仮定で変わったものと変わらなかったものを検討してきた。概要を以下のようにまとめておく。

漁の現場においては，出漁の可否や漁獲量を一元的に定め，担当を決めて船団で漁をすることにより，競争しながらも協調して漁をする態度が生まれたことは大きな変化であった。しかし，一方では，漁がうまくできなくても収入が得られることにより，漁場において積極的な協力や品質向上のための工夫，漁の技術を磨く努力をしない船が多くなるといった変化も起こった。陸（陸上）においては，漁協の直売所や浜のかきあげやといった直接販売をするための流通チャネルを構築し，活き桜えびや桜えびの沖漬けといった新製品の開発によって，少ない漁獲量に付加価値をつけて全体の収益力を高める努力が一部の構成員によってなされてきた。だが，多くの船主は，そのような付加価値活動に非協力的であったり，批判的な態度をとっていた。船主会の意思決定の場においても，将来を見据えた本質的な対話はなされず，役員になり手がいないというように，全体の利益に資する活動については消極的であった。プール制は，漁の現場においても陸においても構成員がフリーライダー化することを助長しているように見える。さらに，プール制により漁師が集団で漁獲量をある程度コントロールすることで，市場におけるバーゲニングパワーは増したが，出漁対策委員長に重要な意思決定をゆだねるという体制を変えることができずに，今日のような難しい舵取りを迫られる局面で，有効な意思決定ができずにいる。

このことは，管理型漁業の優等生といわれる桜えびのプール制であっても，

さまざまな課題があり，それはプール制という社会制度を採ってきたから生じた副産物であったということである。それらの副産物は，桜えび資源の減少や台湾えびの出現といった外からの脅威よりも，文化に根差した慣習的で無意識の社会制度となって構成メンバーに影響を与え続けているという意味で，プール制が内部から崩壊する内なる脅威となっている。

　プール制が40年以上にわたって維持されてきたのは，プール制を維持することが資源を維持することだという強い信念による。危機を乗り越える過程で，将来にわたって資源を維持し漁業を継続するにはプール制をとるしかないという強い信念が漁業者の中に生まれた。そして，それは一定の効果を発揮した。その成功体験により，その信念はゆるぎないものになり，プール制＝資源管理漁業であるという「神話」が生まれた。ここで「神話」という言葉を使うのは，プール制とは，単に総水揚げ高をほぼ均等に配分するという利益配分のシステムにすぎず，プール制を敷くことが資源管理の最善策だったのかどうかはわからないからである。それは，プール制を維持してきたのにもかかわらず，資源量が右肩下がりに減ってきたことからもうかがえる。冷静に考えれば，本当の意味で資源管理ができていなかったからこそ，資源量が減ってきたと考えるのが自然だからである。現在のプール制は，資源保護や資源管理において完成されたものではなく，さらなる改善の余地のある不完全なシステムであると考えるのが妥当であろう。

　おわりに

　本稿の目的は，伝統的な生産と生活の場が重なる地域コミュニティにおいて「慣習的な」社会制度がどのように形成され，そして変容してきたのかを記述することであった。その具体例として桜えび漁におけるプール制を取り上げた。桜えびのプール制は，田子の浦のヘドロ公害闘争を契機として，漁場における過当競争による共倒れの防止と貴重な天然資源である桜えびの資源保護を目的に成立してきたものである。その成果は，40年以上の間，120隻の船が一つも廃業することなく漁を継続できたということで証明されているように見え

る。一方で，プール制が資源管理型漁業であるというのは，プール制が成立する時に生み出され，プール制を維持するために作られた「神話」であったということが本研究から見えてきた仮説である。このことは，「制度が信念から生まれ，自らが望む結果（ここでは，将来にわたって桜えび資源を維持し，そこから安定的な収入を得たい）を生み出すルールとして定着するが，それは予期されない帰結を生み出すかもしれない」というノースの言葉とも合致する。

　桜えび漁のプール制という制度の下で，変わったものと変わらなかったものは何であろうか。この問いを深めるために，今後とも研究を継続したい。

　謝　辞

　本稿の作成においては，インタビューにお応え頂いた方々のみならず，由比港漁協のみなさんに多大なるご協力を頂きました。ここに感謝の意を記し，桜えび漁とプール制のますますの発展を祈念致します。

　本研究は，科研費（基盤研究（C）課題番号25380477）ならびに中央大学特別課題研究費（「コミュニティにおける慣習的社会制度の成立と変容に関する研究」2016-2017）の助成による研究成果である。

参 考 文 献

稲葉陽二（2011）『ソーシャルキャピタル入門』中公新書。
エティエンヌ・ヴェンガーほか著（野中郁次郎・野村恭彦・櫻井祐子訳）（2002）『コミュニティ・オブ・プラクティス』翔泳社。
大森信・志田喜代江編著（1995）『さくらえび漁業百年史』静岡新聞社。
金子郁容・玉村雅敏・宮垣元編著（2009）『コミュニティ科学—技術と社会のイノベーション』勁草書房。
川崎健編著（2007）『レジーム・シフト』成山堂書店。
川崎健著（1992）『魚・社会・地球—川崎健科学論集』成山堂書店。
釘原直樹（2013）『人はなぜ集団になると怠けるのか』中公新書。
甲田壽彦（1979）『田子の浦ヘドロは消えず』朝日新聞社。
佐藤郁哉・山田真茂留（2004）『制度と文化—組織を動かす見えない力』日本経済新聞社。
志田喜代江（1980）『駿河湾桜えび漁九十年史』。
シャイン，エドガー・H（梅津祐良・横山哲夫訳）（2012）『組織文化とリーダーシップ』白桃書房。

露木恵美子（2014a）「事例研究：由比港漁協青年部—漁業者による6次産業化—活き桜えび・沖漬け・漁師魂の事例」（『中央大学ビジネスレビュー』No.5）14-25ページ。

露木恵美子（2014b）「「場」の理論の構築と応用に向けての試論—桜えび漁業のプール制における競争と共創に関する事例研究」（『中央大学経済研究所年報』第45号）239-282ページ。

露木恵美子（2015）「漁業の六次産業化におけるネットワーキングと社会関係資本に関する研究」（『組織学会大会論文集』Vol. 4, No. 1），206-211ページ。

中根千枝（1967）『タテ社会の人間関係』講談社現代新書。

中根千枝（2009）『タテ社会の力学』講談社学術文庫。

中村雄二郎（1998）『述語的世界と制度』岩波書店。

ナン・リン著（筒井淳也・石田光規ほか訳）（2008）『ソーシャル・キャピタル—社会構造と行為の理論』ミネルヴァ書房。

ノース，ダグラス・C（竹下公視訳）（1994）『制度・制度文化・経済成果』晃洋書房。

ノース，ダグラス・C（瀧沢弘和・中林真幸監訳）（2016）『制度原論』東洋経済新報社。

日高健（2011a）「ノリ養殖漁場の賃貸借問題が提起する漁業管理の現代的課題」（『漁業経済研究』第55巻第1号）。

日高健（2011b）「農漁村の6次産業化を支えるビジネスシステムと展開メカニズム」（『近畿大学経営ビジネス学科研究論文集』第2号），19-34ページ。

広井良典・小林正弥編著（2010）『コミュニティ—公共性・コモンズ・コミュニタリズム』勁草書房。

松井隆宏（2007）「水揚量調整の評価から見た駿河湾サクラエビ漁業への提言」（『漁業経済学会ディスカッション・ペーパー・シリーズ』第3巻），1-5ページ。

松井隆宏（2011）「漁業における自主管理の成立条件」（『国際漁業研究』第10巻），15-25ページ。

山口一郎（2004）『文化を生きる身体』知泉書館。

李銀姫「由比桜えびブランド化戦略の実態と課題」，多田稔・婁小波ほか編著『変わりゆく日本漁業—その可能性と持続性を求めて』北斗書房，81-104ページ。

婁小波・波積真理・日高健編著（2010）『水産物ブランド化戦略の理論と実践』北斗書房。

「活き桜えびの生産と出荷に向けた挑戦」由比港漁業協同組合（青年部）資料（2013年8月）。

「さくらえびの町の未来を創る—漁協と共に，青年部が地域を変える—」由比港漁業協同組合（青年部）資料（2013年12月）。

「資源管理型漁業の実践と地域からの情報発信」由比港漁業協同組合資料（2012年6月）。

農林水産省6次産業化ポータルサイト（2016年5月30日現在）。
　http://6-ch.jp/siru.html

「富士市の環境の今（公害克服史）」（2016年5月30日）。

第 10 章　コミュニティにおける慣習的社会制度の成立と変容に関する考察　279

http://www.fuji-cci.or.jp/yakei/history.pdf
「平成 22 年度水産白書」水産庁 HP（2016 年 5 月 30 日現在）。
　http://www.jfa.maff.go.jp/j/kikaku/wpaper/h22_h/trend/1/t1_1_2_3.html
由比港漁業協同組合 HP（2016 年 5 月 30 日現在）。
　http://www.jf-net.ne.jp/soyuikougyokyo/

［インタビュー記録］（敬称略・役職は当時）
2012.11.23. 柿崎尚（由比港漁協青年部，副部長）。
2013.07.15. 草谷満（由比港漁協，理事）。
2013.07.18. 望月好弘（金比羅丸，船主）。
2013.07.23. 大石達也（由比港漁協青年部）。
2013.09.02. 原剛（由比港漁協青年部，部長）。
2013.11.17. 望月武（由比港漁協，専務理事）。望月好弘（同上）。
2013.11.25. 原剛（同上）。
2013.11.27. 宮原淳一（由比港漁協，組合長）。

第 11 章

新しい食品流通企業の組織能力

北 島 啓 嗣

は じ め に

本論文の目的は，新たな食品流通を担う企業を戦略論・組織論のフレームワークから論じることにより，その有効性と精緻化および操作性の向上について議論する。本論文における主たるフレームワークは，ダイナミック・ケイパビリティ論（dynamic capabilities：以下 DC 論）である。DC は，急激に変化する環境に対処する組織の能力である。そのために，新しい環境にフィットするよう組織の持つ資源を再構成する能力が必要である（Teece 1997）。

近年の大きな環境変化，特にグローバル経済の進展とインターネットの発展は経済社会に大きな変化をもたらしている。グローバル化した経済は，今まで無縁であった国々と多くの取引が成されている状態であり，その国々のどこかで政治的経済的なトラブル等，環境変化があれば，ダイレクトに企業環境が変化することを必然的に意味する。インターネットの発展はそれ自体が社会経済の大きな変化であり，進展そのものが早い[1]。環境変化に対応できる組織とその流れに乗れない組織が出てくる。外部環境が大きく動いた時に，それをチャンスとしていろいろな意思決定を早く的確にできる企業と，それを環境悪化と

1）　いわゆるドッグイヤーというバズワードに象徴される。

いう脅威としてしまい，対応のできない企業が存在する。対応できない企業は競争優位を失う。

　DC は，ヘルファット（Helfat, et al. 2007）によれば，「組織が意図的に資源ベースを創造，拡大，修正する能力」である。現在の企業が持つ，ケイパビリティを捉えているのが，経営資源であり，資源ベースの戦略論はそこに注目する。対して，環境の変化に対応し，現在の経営資源を，企業は，改変したり，もしくは市場から購入し，変化に手持ちの経営資源をアジャストすることを試みる。当然，その変化を，上手くこなせる企業と，上手くいかない企業，すなわち変革へのマネジメント能力の巧拙があらわれる。この「変革」は能力，すなわちダイナミック・ケイパビリティである。

　このような環境変化は，従来の戦略論の分析フレームワークが静的なもの（河合 2012）であり，環境変化への対応能力そのものを独立して論じる必然性があるといえるのだろう。戦略論のフレームワークのうち，産業組織論をベースにしている戦略論，いわゆるポジショニングスクールは，たとえばシェアを主要な変数と位置づけている。しかし，シェアは，ある年度，直近の年度のものを使う。この時点で，そのシェアという外的用件を常態として考えているスタティックなもの，という批判を浴びることになる。

　ダイナミックな変化を取り扱い得る戦略論の体系としては，ゲーム論をベースとした戦略論，あるいは学習に基礎的な軸をおいた戦略論，進化論的な戦略論がある。青島・加藤（2012）は，静的なものを要因，動的なものをプロセスとして戦略論の体系を整理している。DC 論はそれをさらに，変化の急激さを重要な要因として掲げている。

　DC 論は，急激に変化する環境に対処する能力，という戦略論の議論の一領域としては一定のコンセンサスを得ているとはいえるが，その体系の整備，操作化や精緻化はまだ途上であり，論者によって概念も様々である。黄雅雯（2011）は DC 論は「ジャングル状態」とこの状況をまとめている。福澤（2013）は DC 論に対し「端緒についたばかり」とまとめている。本稿は，事例を DC 論の概念で分析することにより，DC 論の精緻化を試みる。

第 11 章　新しい食品流通企業の組織能力　283

　DC 論の根幹を成すのは，従来の企業が持っている組織能力が環境の急激な
変化により，役に立たなくなる，もしくはそれを超えてむしろ足枷となる可能
性があるという指摘である。従来の組織学習が，比較的ゆっくりとした能力蓄
積に注目するのに対し，むしろその能力を忘却し，捨てるということそのもの
が要求される。組織論では，組織慣性としてこの問題が重要なものとして認識
されている。組織の方向転換ができる，ということ自体が 1 つの能力というこ
とである。

　DC 論を，精緻化・操作化するために，ティースは 2007 年にダイナミック・
ケイパビリティを 3 つのステップとして議論している。最初は，感知力であ
る。変化は激しいが，それが誰の目にも明らかになる前に，その予兆を捉える
力である。観察や探索で得た知識を仮説に落とし込む能力である。

　たとえば，政治権力が与党から野党に移る，ということがあれば，PEST 分
析では企業経営に与える影響が大きい。それを選挙前に感知できれば，的確な
戦略形成や資源の配分が先んじてでき，それが競争優位につながる。消費者の
嗜好が変わってきたとか，今はまだ見えていないが，こういう流行が始まりそ
うだというのは分かり難い，感知が困難な変化である。流行が顕在化すればそ
れは誰でも利用できる情報であるが，その流行，ブームが来てしまった後に企
業が何かしようとしても，それはもう遅く，それ自体で競争優位を得ることは
できない。そのような流行，ブームであるならば，その流れが来る前にそれを
感知して，このように消費者が動くのだと理解する能力，これが感知力という
概念である。

　しかし，感知そのものが競争優位につながるわけではない。感知した外部環
境の変化に対し，それをどのように競争優位につなげるか，環境変化を活用す
る能力が必要であろう。分かった流行のもしくは社会の変化を理解した上で，
今度はそれを活用する能力，使っていく能力，変化に対応した商品を生み出す
能力，サービスを生み出す能力や広告，売り方を変える能力，これが活用力と
いう概念である。

　さらにそのために，企業の持っている経営資源を組み替える能力，これが再

構築力という概念である。感知し，それを活用する方向が定まっても，競争優位にそれをつなげるためには，企業内の資源を組み替えねばならない。それには抵抗する社内の勢力もあろうし，株主その他のステークホルダーの理解を得なくてはならない場合もあり，時間を要する。再構築力が乏しければ，好機は去るだろう。

この3つの要素が変化に対応する能力たるDC論を精緻化・操作化をしていこうという議論である。

ところが，これに対して批判がある。これはトートロジーという批判である（河合2012）。同じことを言い換えただけ，ということである。DCに関しても競争優位をもたらすのは組織能力である。組織能力を持っている企業はどこか，それは競争優位の企業である。こうなると繰り返しになってしまう。というような批判がある。特に，外部から観察が困難な感知力や活用力に対して，その批判は大きくなる。

能力というのは非常に難しい抽象的な概念である。測定の困難さ，そして個々に分解して観察したとしても，統合した時に元の能力を再現できるか不明である統合性が，そこに存在する。

したがって最近では，感知力・活用力の2つの概念は括弧に入れて，再構築力だけに絞ろうという議論がある（黄2011）。再構築力，つまり組み替えるというのは外から観察が可能である。しかし感知力は特に研究者等が企業の外部からでは客観的に捉えることが困難である。それゆえに，再構築力に絞って論じた方がいいのではないか，ということである。

対して，再構築力は概念としては検証しやすい。たとえば，近年は，いわゆる「持たざる経営」として企業の根幹部分以外をアウトソーシングする。内部の資源を組み替えるのは，困難であるがアームズレングス取引である外部経営資源との契約は，その契約の範囲内で切り捨てたり，新たに契約をはじめることは容易である。工場を建ててしまうと，状況が変わって要らないとなってもそれを売却すればサンクコストが発生する。アップルという製造業は工場を持たない。製造業だけれど自分で作らない。そうすると何かあった時に変えるの

第 11 章　新しい食品流通企業の組織能力　285

が容易である。製造自体は鴻海と契約する。持たざる経営組織の有利さというのが，再構築力の１つのパターンとして言えるのではないか[2]。

　DC は，環境変化に対し，組織が意図的に資源ベースを創造，拡大，修正する能力である。現在の経営資源を，企業は，改変したり，もしくは市場から購入し，変化する環境に，手持ちの経営資源をアジャストすることを試みる。当然，その変化を，上手くこなせる組織と，上手くいかない組織がある。

　企業境界の設定は，従来，取引費用理論や企業境界の議論で論じられているが加えてケイパビリティを加えて分析を行う必要がある。

1.　食品流通の特殊性と感知力・活用力

　しかし，感知力や活用力という概念は捨てていいのか。

　これを定性的な手法で仮説発見をしようとしているのが，本稿の１つの目的である。

　感知力は，環境における機会や脅威を感知する能力。何が流行っているとか，どういう風に変わっているというようなことを，競合他社に先んじて知る能力である。活用力は，その感知した知識を仮説に昇華させ，それを企業組織全体として競争優位につなげていく能力である。戦略論はどうしても，従来，製造業を定性的に研究にして，そこから一般的な理論を引き出していくということが行われてきた。たとえば，フォード，GM，トヨタといった製造業をチャンドラー，ドラッカー，新しいところでは，クリステンセンといった製造業に軸足を置いた仮説を一般化して戦略論，組織論の一般理論を形成している。

　当然，それ以外の産業，たとえば製造業でないサービス業，流通，金融の分析から，一般的に適応可能な仮説を引き出すことは可能であると考えられるが，未踏の分野が多い。

　感知力・活用力という能力は，特に食品流通分野，食品製造分野等食品関係の企業組織では重要なのではないか。たとえば，衣料品，ファッションの世界

---

2)　しかし，そのこと自体が感知力を損なう可能性がある。

では，「トレンド」は競争力を左右する概念であると認知され，それなりの組織的な対応システムが業界としてビルトインされている。しかし，食品の中でもブームや流行というのはある。特に産業としては非常に大きな分野である。様々なトレンドが起こり得る。それを感知して使う能力についての定性研究による仮説発見を行うべきではないか。

食品分野の特徴は，地域性，世代差の変化の激しさといった部分にある。その違いを担保しているのは，業界の規模の大きさと，消費単位[3]の小ささである。エンゲル係数は家計の24％，4分の1を占める。たとえば1,000万円の家計とすると，そのうち240万円は食品分野に費やされる。多くの家計の中で最大の出費の1つであろう。さらに消費単位が少ないために，消費するシチュエーションまで分解しないと，食に関する産業や企業が理解できない。状況によっては，富裕層が吉野家で食べないわけではないし，逆に庶民が帝国ホテルのフレンチレストランで食べないわけではないわけではない。

地域性・世代差と変化の激しさがある。地域性とは，その地域単位で売れる商品が異なることを意味する。また，この部分を感知できるか。

また，ジェネレーションで食に対する嗜好が違う。そしてどんどん変化していく。それを感知できて，活用できるのかということが，ダイナミック・ケイパビリティの1つの議論であり得る。食品の領域では世代差や変化が激しい。これを感知し，対応できるか否かというのが，新しい食品流通の担い手に求められる力としてあるのではないか。

2. 従来の食品流通の担い手と組織能力

では，従来，食品流通はどのような流通企業に担われてきたのか。またそれらが持つケイパビリティが何であったのか。

出荷者，すなわち農家や漁業者が組合を通じて，中央卸売市場や地方の市場を経由して，市場の中で仲卸を経由し，小売業者・外食業者などに買われてい

---

3) この場合，一食もしくは1回に消費する金額を意味する。

く。この流れが旧来の食品流通の流れだった。これは小さな商店にも商品が供給できる，という点で非常に優れたしくみであった。

ただし，零細で多段階の欠点として，多段階の各ステップでコストを必要とし，結果として物価は高くなる。

このことから，1980年代から食品流通を担う小売店の主役は従来よりも大型の企業であるスーパーマーケットに移り変わっていった。スーパーマーケットは，チェーン・オペレーションを採用し，従来に比して大幅にコストを引き下げた。

1990年と現在を比較しても，青果で81.6％が市場を経由していたが，2013年は60.0％に落ちている。水産物は72.1％から54.1％，食肉は22.6％から9.8％という形で落ちていくというようになっている。

これは各地域の中央卸売市場あるいは地方卸売市場にヒアリングを行っても確かめることができる[4]。

逆に，たとえば，滋賀県については平和堂を中心とした大型ショッピングセンターの存在感は非常に大きい。

生業としての中小小売商，つまり「八百屋さん」とか「魚屋さん」といった生業としての食品流通が主役の時代は去ってしまった。たとえば福井県，滋賀県，岐阜県などの中部地方では，滋賀県に本社が立地する平和堂，岐阜県の「バロー」のような食品スーパーが非常に存在感を増している[5]。

---

4) 食品スーパーは滋賀県で平和堂が一番強いが，流通経路として市場を利用することのメリットが少ない。このことが中央市場，地方市場の弱体化が地方の独自性というものを喪失する可能性を持っている。たとえばわれわれ県外の者からすると，滋賀県というと琵琶湖の海産物，フナ寿司とかが地方の象徴といえる。こういった物は一切大津市の公設市場を通らない。地方の独自性がもう市場の機能から失われている，もしくは京野菜は市場を通ることによって独自性を保っているが，これがもし無くなってしまうということになると地方産品の流通拠点が無くなってしまって，地方の独自性がますます失われる契機の可能性を持っているのではないか。

5) それでも全国制覇は困難である。日本の流通業を席巻しているのは「イオングループ」や「イトーヨーカ堂・セブンイレブン」のグループ，2つの大型の企業群である。しかし，こういったところは，食品の一部は必ずしも強くない。
　強くないのは，野菜や魚といった生鮮品である。生鮮は量と質の確保が難しい。

チェーン・ストアのケイパビリティの源泉は，規模の経済である[6]。価格競争力ということを考えると，チェーン・オペレーションで大規模で大量に購入すると安くなる。

本稿の事例が立地する中部北陸の商圏で考えた場合は，ユニー，岐阜県発祥のバローと滋賀県発祥の平和堂がその主役を担う。ユニーは1兆円規模，平和堂は3,500億，バローは4,500億の売上がある。バーゲニング・パワー（bargaining power）は，すなわち交渉力であり，その交渉力は売上と密接に関連する。これはポーターのファイブフォースの議論でも分析されている。小売業では，単に，バイイング・パワーと呼ばれている。チェーン・オペレーションを実施することにより，単店とを合わせた売上金額を持つ大規模小売店は，その売上を背景として，交渉に臨む。このバイイング・パワーといわれる売上の大きさが購買を行う上で発揮する力があり，卸売業者に対する優位性につながるのが，チェーン・オペレーションを行う大きなメリットである。強力な販売力は食品製造企業各社からの膨大な量の仕入れを意味する。多くの店舗による強力な販売力から由来する大量仕入れによるコスト優位が，さらに，店頭での低価格を実現することが可能となる。そして，低価格を武器に，より多くの消費者を集めることができる。この好循環を実現することが，チェーン・ストアの競争力の源泉である。

さらに大量の仕入れを要求するチェーン・オペレーションでは，零細な小売店に商品を供給するためのシステムである仲卸等の多段階の卸売業の介在は不要である。そのコストを廃し，メーカーとの直接あるいは簡素な取引構造で，店頭での低価格を実現する。

特にこれが，零細な生業としての小売業との競争に打ち勝ち，チェーン・オペレーションを採用する食品スーパーが食品流通の主役になった理由である。

では，食品スーパー同士の競争はどうなっているのか。食品スーパーがどう

---

6) 食品スーパーにはある程度の適正規模というのが自ずからあって，地方単位・県単位がふさわしいところであろうか，なかなか全国を一挙にやるというのは難しい。

やって競争優位を得ているか。もちろん，コスト競争力もあるが加えて，売上の約4割を占める，生鮮食品の鮮度という競争を戦っている。

それを決めるのが，インストア加工のケイパビリティである（岸本2013）。

食品スーパーのバックヤードでたとえば，魚をさばき，加工し，適切な価格を提示する能力である。それの優位性，組織能力が一般的に競争力の源泉となる。

たとえば，鮮魚ならば，魚をさばく必要があった。その前提として，魚に関する知識，季節，旬に関する知識，包丁技術，それぞれの部位を適切にさばいて価格を提示する能力が必要である。昔は職人技の世界であった。それを主婦でもできるようにマニュアル化してコストを下げる。職人，というべき熟練者の人件費は高いのでそれをマニュアル化し非熟練者の割合を上げながら，それでも品揃えに影響させない。こういった店舗オペレーションが競争優位の源泉である。

生鮮食品はそのようなコストが高い。少なくしても，熟練者をゼロにすることはできず，一般に，バックヤードに正社員が2，3人，非熟練パート従業員が4，5人，という人員を必要とする（同書）。生鮮品の加工をこなせ，また適切な価格を提示する，その熟練には10年かかる，といわれる。

さらに，食品の廃棄ロスがある。生鮮食品は夕方になると，よく値下げシールが貼られる。値下げして売り，それでも売れない場合は破棄される。それは鮮魚，肉類の賞味期限が数時間または1日2日と短く，しかも消費者の要求水準が高い。それらはすべてコストを要する。そして非熟練者は，その販売予測や値下げのタイミングを誤るだろう。

こうした競争を，食品スーパーは戦っている。

3．事例研究：新しい担い手

しかし，さらに新しい形の食品流通の企業が台頭しているのではないか。それは，別のケイパビリティを軸に競争優位を追求している。

取り上げるのは，G社である。G社は，ドラッグストアというカテゴリーに分類される小売業である。設立は1990年（平成2年）秋で，福井県坂井市にあ

り，今のところは北陸一円と岐阜県を商圏としている。売上が631億円，経常利益27億円である。売上の推移は，明確な右肩上がりであり，何らかの競争優位を持っていることは，単純に売上推移を見ても明らかである。

この会社がどんなダイナミック・ケイパビリティを持っているのか，というのが本稿の議論である。G社の主力の店舗は，「メガドラッグストア」と呼称される。

「メガドラッグストア」の店舗面積は，平均して300坪から600坪。並みの食品スーパーに匹敵，もしくは上回る面積である。この店舗フォーマットはG社の中では，主流を占め，売上におけるメガドラッグストアの構成比93.6％である。

G社の売上の内訳は，食品のウェイトが5割超である。食品が54.1％，雑貨16.6％，化粧品14.6％，その他2.4％で医療品は12.4％である。

また，食品の伸びが10.8％ある。すなわち，G社をドラッグストアに位置づけることが誤っているのではないか，と言えないことはないくらい，食品のウェイトが高い。

ドラッグストアという業態は，アメリカからの輸入フォーマットである。アメリカのドラッグストアも食料品を取り扱ってはいるが，そのウェイトは10％程度と言われ，健康食品と，「ついで買い」のお菓子などに留まる。

G社の食品の特徴であるが，加工品，冷凍食品，飲料，健康食品がメインである。簡単な総菜も最近取り扱いをはじめた。最近ではプライベートブランド化を指向し，低価格の弁当を売り出している。

ここで注目すべきなのは，生鮮食品の取り扱いがない，という点である。

加工食品，缶詰，菓子，飲料，酒類等，冷凍食品はあるが，生鮮三品と呼ばれる精肉，鮮魚，野菜の取り扱いがない[7]。

---

7) この背景には北陸地域の地域性がある。公共交通機関が乏しく，移動の中心は自家用車で，車が1世帯当たり約2台ある。広域から顧客を集客して，広い駐車場に停めてもらう。これが1つ目の北陸地域の地域性である。次に共働きの比率が高い。女性も仕事をしている。正社員として働いている。これが「食」に反映されている。どう反映されているかは後述する。

店舗や企業によっての差はあるが，生鮮食品は食品スーパーの売上の約4割を占め，また前述のように食品スーパーのケイパビリティの中心である。G社の執行役員は「顧客の要望はありますが，生鮮を取り扱うつもりはない」と言う。顧客の要望があるのに，なぜやらないのか。もしくはそれに対してどんな意味があるのか。

4. 感知力：何を感知したのか

戦略論のフレームワークの本ケースを適用すると，支配的なシェアを持つ企業が存在しない多数乱売業界という環境になる。

G社の競争力は，消費者の変化を感知したこと，そして，それを活用したことにある。では，その中でいかに競争優位を構築していったのか。外部から観察してわかること，もしくは顧客の声からわかることは，その価格競争力の高さである。

では，まず，何を感知したのか。それは，1つには「生鮮品を買わないライフスタイル」が台頭している，ということである。1年間まったく食べないとは言わないが，ほとんど食べない，または食べるのは土日だけとか，こういった形のライフスタイルが台頭している。

これは統計的にもその変化は明らかである。1世帯当たりの1年間の生鮮食品の購入量が減っている。対してG社が注力する調理・加工食品の，ウェイトが激しく上がってきている。そして，それはジェネレーションによって差がある。70歳位になると生鮮食品のウェイトがそれなりにあるが，30歳未満の若い世代では，かなり少ないウェイトでしか食べないようになってきている。

その背景の1つが女性の社会進出である。G社の立地する北陸地方では，共働きの比率が高い。女性も仕事をしている。そして，正社員として長時間働いている。相対的に食事の準備に使える時間が少なくなってきている。これが「食」に反映されている。

「生鮮品を買わないライフスタイル」の台頭は今となってみれば，統計等で明らかである。しかし，G社はこの感知から，2000年からメガドラッグスト

アを導入し，生鮮を取り扱わないにもかかわらず食料品に大きな面積を割り当てる店舗フォーマットを採用している。

　日本の小売業はその多くをアメリカに学んでいる。ドラッグストアも例外ではない。CVS/pharmacy, Walgreen Company などの代表的なアメリカ企業をモデル化し，日本に合わせて業態を変化させる。その多くは，調剤および一般医薬品をメインとしている文字どおりの drug store である。

　一方，日本のチェーン・ストアは，消費者の変化をいかに感知しているか。

　流通業の IT 利用は，POS システム（point of sales system）の発展により，「何が売れているか」を，単品と称するそれぞれ個別の商品で把握，蓄積することで行ってきた。換言すれば，売れ筋を感知するシステムを導入してきた。何が売れているのか，を把握するのは，単純ではない。たとえば，売上を単純に商品単位で分析する ABC 分析では，売れた商品が欠品してしまい，補充されないために売上ロスが発生した，という場合を感知できない。

　販売時点情報管理システムは，販売時点（小売店頭）での情報収集を行い，売れた商品を速やかに，感知，補充を行う。

　販売時点での売上管理，在庫管理，商品管理などを容易に，効率的にする。これができて初めて，何が売れて，何が売れていないのかを感知することができる。

　さらに，大槻（1991）は，「POS でなにが売れたかわかったとしても，店頭で大量陳列されたために売れたのか，チラシによって売れたのか，関連陳列によって売れたのか，天候に恵まれて売れたのか（中略）その原因は店頭状況の記録がないとわかりません」と指摘している。

　IT 技術の発達は，すでに効率性だけではなく，ビッグデータの名のもとにデータの戦略的な「分析と活用」が強調されるようになってきているが，従来の POS システムによる分析では，限定された店舗の中での棚割の分析や広告の効果測定等の限られた側面でしか活用ができない，すなわち店外の顧客の動きに関する変化の感知力の向上は，それだけでも高度なケイパビリティである。

　流通業において，小売店の店頭で商品の販売動向を常に把握し，マーチャン

ダイジング，在庫管理に結びつけることのメリットは大きい。具体的には，値札を読み取り，POS ターミナル（レジスター），店舗内ミニコンピュータ，回線を通じて本部のホストコンピュータという流れを作る。このシステムにより，商品の販売動向をキャッチすることによって，売筋商品を見つけ，死に筋（売れなくて場所だけをふさいでいる商品，不良在庫），店頭価格を変更する。商品の動向，すなわち，「何が売れているか」を即座に，詳細に集計することによって，顧客の好みや需要の変化を捉え，小売業のマーケティングを展開している。その情報を卸売，メーカーへと伝えていく。

これらの川上から川下への商品の流れに携わる企業群が，協力してムダを排除し，コストの削減に結びつける。同時に，情報の共有化をはかり商品供給を円滑に行い，売れ筋商品をつかむとともに，商品の新規開発に結びつける。これは，商品の鮮度の向上，品切れ欠品の防止などによって，顧客にもメリットがあり，また商品の価格破壊にも直結していく。

そして，その情報は，サプライ・チェーン・マネジメント（SCM）（supply chain management）と呼ばれ企業間を超えたサプライ・チェーン（供給連鎖）の効率をアップさせる。優れたディスカウンターやコンビニエンスストアは SCM の仕組みが構築され，それが競争力の源泉ともなっている。流通業界の中で少なくともコスト・リーダーシップによって戦略を構築しようとする企業にとっては，SCM が確立できているかどうかが，業態間の，または企業間の競争力に致命的な影響を与えている。

さらに，ポイントカード，クレジットカード等を発行し，顧客に関する情報を集め活用しようという方向性を進めている。これらのカードは，POS またはそれに類似したシステムから，いくらの購買額なのか，さらに何を買ったのかという「購買情報」と，誰が買ったのかという「本人特定」情報を結びつけなんらかの形で記録する。アメリカにおいては，そのマーケティング理論の理解によって急速に普及し，日本においても規制緩和による景品表示法の運用基準緩和の 1997 年から，ポイントカードの発行は多くの企業が行っている。これらは，Customer Relationship Management と呼ばれている。

つまりは誰が買ったか，誰が買っていないかを感知する方向性，ケイパビリティの構築競争がはじまっている。

しかし，この高度に発展してきた，販売時点情報管理システム，Customer Relationship Management にも，現在，店頭に来ていない顧客の動向を把握することはできない。すなわち，「生鮮品を買わないライフスタイル」の潜在的顧客の動向は感知できないのである。

DC は，急激に変化する環境に対処する能力である，とされるが，その急激さが誰の目にも明らかな場合と，一部の人間にだけ感知される場合がある。前者の場合，感知力そのものが問題とはならないということは論理的に明らかである。特に，現在店頭に来ていない顧客，店頭で購買する商品以外の顧客のライフスタイル全体を感知する能力をめぐる競争が存在する。

従来の販売時点情報システムによる何が売れていたのか，という商品情報の感知に加え，既存顧客の分析へ，さらには潜在的な顧客の店頭以外の商品を含めたライフスタイルの感知へ，という方向である。

5. 活用力：いかにそれを活用したのか

2000 年前後から「生鮮品を買わないライフスタイル」台頭の動きを感知したG 社は，この変化を，メガドラッグストアの導入によって活用した。しかし，感知したところで，それを活用することができなくては，企業としては意味がない。どう活用したのか。活用方法としてのメガドラッグストアとは何か。

同社のメガドラッグストアは，通常の食品スーパーと，面積的にはあまり変わらない。普通に考えれば，食品スーパーでは売上の約4 割を占める生鮮品を排除しているメガドラッグストアでは，その面積を加工品，飲料，菓子等の種類を多くし，バリエーションを増やすことに使っている。もちろん，ドラッグストアであるので，医薬品，化粧品等の売場面積もある。しかし，ここで議論すべきなのは，生鮮品を排除することの意味と，G 社が達成している価格競争力の源泉[8]である。

価格競争力の向上には，まず，チェーン・オペレーションによるオペレーショ

ン効率と，規模の経済によるバイイング・パワーの発揮が通常のセオリーである。G 社の商圏では，競合するドラッグストア A 社が存在する。しかし，この A 社は調剤に注力するオーソドックスなドラッグストアであるので，本稿が注目する食料品では相対的に競合しない。競合するのは，食品スーパーチェーンである。愛知県本社のユニー，岐阜県本社のバローと滋賀県本社の平和堂等と G 社は競合する。しかし，ユニーは 1 兆円規模，平和堂は 3,500 億，バローは 4,500 億円の売上があり，バイイング・パワーでは，売上 600 億円にようやっと達した G 社とはまだ大きな差がある。それでも，競合する商品では総じて G 社が価格競争力を持つ。それはなぜか。

　結論から言えば，生鮮食料品を扱うコストを節約し，そのコスト競争力を価格競争力に転嫁しているからである。

　生鮮 3 品それぞれに，インストア加工の人件費，一般に，バックヤードに熟練した正社員を 2，3 人，非熟練パート従業員 4，5 人，という人員を必要とする（岸本 2013）。これが加工品ならば，非熟練の労働者で十分である。インストア加工に必要な「包丁さばき」「目利き」といった能力は全く必要とされない。賞味期限が長いために，1 日で売り切る必要もない。したがって天候その他から仕入れ量をきめ細やかに管理する必要もない。価格設定も本社でコントロール可能である。

　さらに，食品の廃棄ロスのコストがある。賞味期限の短さのため，生鮮食品は，値下げされ，それでも売れなければ，破棄される。

　生鮮食品を販売しないという経営戦略は G 社で，生鮮食品の仕入れ，加工等の熟練者に要する人件費をカットすることができる。

　また，バックヤードの面積も必要とせず，売場面積も拡張できる。冷蔵，冷凍等の設備投資もいらない。

　食品スーパーに対しての価格競争力の源泉は，人件費構造，廃棄ロスの少な

---

8)　価格調査を行った。道路を挟んで隣接している従来型の食品スーパーと G 社で価格がどうなっているか調査した結果，27 品目中 15 品目で G 社が安い。これは一時点の調査であるのであくまで参考であるが，価格競争力の一端が見てとれる。

さ，設備投資の金額の少なさというコストの競争力にある。

6. 業態ドミナント・ロジックからの解放：再構築力

「ドミナント・ロジック（Dominant Logic）」という概念がある。Prahalad and Bettis（1986）は，事業に対する「基本的なものの見方，概念，事業目標を達成するための事業での意思決定のパターン」である。環境変化に対応して，資源を組み替えるためには，経営者が持つドミナント・ロジック，あるいは，沼上ら（1992）が「戦略スキーマ」と呼ぶ経営者の認識を変える必要がある。

また組織慣性（Organizational Inertia）は，経営者のみならず，組織が持つかつての成功したパターン，ルーティンへの拘泥に対する議論である。

これらの概念は環境変化に対しての抵抗する力の記述であるが，このドミナント・ロジック等は業種業態という企業のカテゴリーの中で相互模倣，相互学習を通じて強化される。

食品スーパーという業態は，これまで，生鮮食料品をいかに取り扱うか，そのケイパビリティを向上させる競争を戦ってきた。生鮮食料品が食品スーパーの売上の大きな部分であり，その競争力が集客力を決定づける，というロジックである。

このロジックが支配的である限り，食品スーパーという業態に属する一部の成員が「生鮮食料品を購買しない顧客層の台頭」に気がついたとしても，組織全体としてそれに対応する資源の再構築を行うことは困難である。生鮮食料品の取り扱うことを止める，という意思決定は，既存顧客の反発を招来することは明らかである。加えて，生鮮食料品の取り扱いというインストア加工のケイパビリティを磨いてきた組織成員からの反発も必至である。

G社は，ドラッグストアといういわば異業種から食料品を扱い，食品スーパー業態のロジックから自由であった[9]。

---

9) 一方で，ドラッグストアのドミナント・ロジックである薬品や化粧品がメイン商材である，というロジックからは，完全には抜け出せていない。

お わ り に

本論文は，新たな食品流通を担う企業，ドラッグストアでありながら，食料品をメインの商材として扱う企業の事例から，抽象概念たる DC 論を具体的な事例に対する説明力を考察し，そこからいくつかの特に食品流通にかかわる小売業に適用する事例からその概念の精緻化を行った。

DC は，急激に変化する環境に対処する能力である，とされるが，その急激さが誰の目にも明らかな場合と，一部の人間にだけ感知される場合があり得るだろう。感知力という概念を流通企業の競争につながるケイパビリティに落とし込んだとき，潜在的な顧客への変化をいかに感知するかという課題が浮かび上がる。流通業は，これまで商品の販売動向をいかに把握し感知するか，から，どんな顧客が買っているかを感知する方向へ，能力構築を行ってきた。しかし，ここでは加えて感知の大きな課題として，「潜在的顧客の変化」という能力が DC 論を構成する 1 つの要素であることが事例から発見された。

さらに，その感知を実際に競争力に結び付けるために活用力が問われる。活用する方向は，従来の競争力の構築の議論から大きく価格競争か，非価格競争，差別化の方向に分かれる。G 社は価格競争へとその感知を転化させていた。

活用のためには，ドミナント・ロジックを転換する必要がある。しかし，相互模倣，学習の単位である業種業態がその転換を阻害することが本事例研究から発見された。そのために，新しい環境にフィットするよう組織の持つ資源を再構成する能力が必要である。

参 考 文 献

青島矢一・加藤俊彦（2012）『競争戦略論』東洋経済新報社。
渥美俊一（2010）『チェーンストア経営論体系』白桃書房。
安藤史江（2000）「ドミナント・ロジック」，高橋伸夫編『超企業・組織論─企業を超える組織のダイナミズム』（15 章），有斐閣。
大槻博（1991）『店頭マーケティングの実際』（日経文庫）日本経済新聞社。
河合忠彦（2012）『ダイナミック競争戦略入門』有斐閣。
岸本徹也（2013）『食品スーパーの店舗オペレーション・システム─競争力構築の

メカニズム』白桃書房。

北島啓嗣（2013）「ショッピングセンター（SC）のダイナミック・ケイパビリティ」（『経済学論叢（中央大学）』第53巻，5・6合併号）。

北島啓嗣（2015）「商業施設の競争構造業種業態による認識の誤謬」（『中央大学経済研究所年報』47号）127-139ページ。

沼上幹ほか（1992）「対話としての競争—電卓産業における競争行動の再解釈」（『組織科学』26(2)）64-79ページ。

福澤光啓（2013）「ダイナミック・ケイパビリティ」，組織学会編『組織論レビューⅡ』白桃書房，41-84ページ。

渡部直樹（2010）『ケイパビリティの組織論・戦略論』中央経済社。

黄雅雯（2011）「ダイナミック・ケイパビリティ論の課題と可能性」（『商学研究科紀要（早稲田大学）』73）29-42ページ。

Helfat, C. E., Finkelstein, S., Mitchell, W., Peteraf, M., Singh, H., Teece, D. and Winter, S. G. (2007), *Dynamic capabilities: Understanding strategic change in organizations*, Malden, MA: Blackwell.

Mintzberg M., Ahlstrand B. and Lampel J. (1998), *Strategy Safari: A Guided Tour Through the Wilds of Strategic Management*, The Fress Press. (斎藤嘉則監訳『戦略サファリ』東洋経済新報社，1999年).

Prahalad, C.K. and Bettis, R.A. (1986), "The dominant logic: A new linkage between diversity and performance", *Strategic Management Journal*, 7 (6), pp. 485-501.

Teece, D. J. (2009), *Dynamic Capabilities and Strategic Management: Organizing for Innovation and Growth*, Oxford, University Press.

Teece, D. J. (2010), "Forward Integration and Innovation: Transaction Costs and Beyond", *Journal of Retailing*, 86（No.3), pp.277-283.

Teece, D. J. (2014), "A Dynamic Capabilities-Based Entrepreneurial Theory of the Multinational Enterprise", *Journal of International Business Studies*, 45, pp.8-37.

Teece, D. J., Pisano, G. and Shuen, A. (1997), "Dynamic Capabilities and Strategic Management", *Strategic Management Journal*, 18 (7), pp.509-533.

第 **12** 章

顧客との協働によるパートナーシップ・マーケティング
──クラブ・ツーリズムの事例研究──

菅　原　昭　義
井　原　久　光

は じ め に

　かつてマーケティングは，デモグラフィックな側面に注視して消費者群を捉えることで市場はほぼ特定できた。企業がマーケティング活動の対象市場を数量的に推し量ることによって，期待する成果が達成し得る可能性が大きかったからである。市場を形成している消費者の主な消費ニーズの本質は所有ニーズや顕示的ニーズであり，これらニーズは経済的要因に左右されることが多く，また，当時の消費生活（あるいは消費生活様式）は，同質性の濃い物質的欲求の充足にウエイトをおいたもので，価値観，感性，創造といった抽象的概念で述べるような文化的要因は，マーケティング対象市場にアプローチする環境要因としては企業の関心は希薄であった。

　同質的欲求が高い消費者市場時代においては，環境要因として経済的要因に視点をおき，操作性の高い 4P を駆使し「刺激」から「反応」として消費・購買行動を誘引することは，さほど難しいことではない。この時代は「刺激を与えるもの：企業」と「それに反応するもの：消費者・購買者」とは対極に位置し，両者の関係は操作という観点からみれば，情報力をもつ前者は一方的な情

報の操作者として優位な立場にあった。このようなマーケティング時代においては，4Pの力によって消費市場と競争者を制するのがマーケティング戦略の主要課題であった。

やがて「モノの消費量，消費高」によって特徴づけられる消費社会から，「消費文化」という質的側面がクローズアップされる消費社会へ変容するにしたがって，マーケティングは消費文化という人間の生活の底流をなす価値観や行動，さらには感性，創造性などといった心理的・精神的要素などをも内包した生活様式（way of life）に注目するようになる。

消費社会の変容によって，従来のモノ購買者としての消費者像を把握するだけではターゲットとしてぼやけてしまい，有効なマーケティングを展開するには難しくなった。消費社会の変容に対応するには，購買者，消費者から生活者，あるいは多様な欲求，価値観，感性をもつ人間をターゲットとして接近していくことが求められる。

本章では，まず消費社会の変容について，ワン・ツウ・ワン・マーケティングとマス・マーケティングの差異比較から論考する。そのうえで生活者からみた消費のあり方（生活様式）を反映した視座をもち，より個々のニーズに対応した効果的なマーケティングを展開するには，消費者の生活場面，生活を支える背景への「参画」が必要であることを提言する。

そのために消費者・生活者としての意見と，経済効率，成果を重視する企業の意見の交流（対話）を通じて，企業の意思決定に取入れる仕組みの構築がマーケティングに要求される。

本論では，消費者との「対話」というプロセスのなかで消費の実態，生活というものが見通せるのではないか論及している。本論（第3節）でも述べているが，「対話」の場を通じて顧客の心に秘めているニーズを把握し，それをカタチにして企業が提供していくことによって，顧客との継続的な良き関係が構築されることを示唆する。

顧客は誰しも心に秘めているニーズの源に，生活の場でそれぞれに「経験」した場があろうし，かたちは異なっていようとも，それを再経験する場をもつ

ことを企業がサポートすることによって顧客との良き関係は構築されよう。

　顧客との良好な関係構築を志向する，すなわちリレーションシップ・マーケティングは，出会いや関係性という「場」を提供するマーケティングでもある。こうした「場」のマーケティングにおいては，感動や体験を演出する経験価値をどのように創造していくかがポイントとなる。

　以上のような論考視点の最適事例として，本論ではクラブツーリズムを取り上げた。クラブツーリズムでは「出会い」「感動」「学び」「健康」「安らぎ」という5つの旅の要素を込め，顧客の経験価値を戦略基盤として「豊かな仲間旅」と「生き生きとした高齢者文化」を創り出すことを理念としている。事例研究を通して経験価値を核とする顧客との協働参画型（パートナーシップ）マーケティングが，未来マーケティングのひとつを示唆するものという確信をもつに至ったことを付け加えておく。

1. 顧客としての消費者の変容

1-1　従来型マーケティング（マス・マーケティング）における顧客の位置づけ

　マーケティングはもともと，「市場」あるいは「顧客」という企業の外部環境要素—企業の対極に位置する—を対象とするため，環境対応という戦略性を属性とする。さらに市場での優位性を確保するために，独自性（差異化）を指向する具体的戦略策定の意思決定体系といえる。

　マーケティング展開は消費者を起点とするが，企業の消費者対応行動には，一方的に「消費者は王様」といいつつ，消費者を利潤刈取り市場として捉えるという表層的顧客主義の色彩が見え隠れすることも少なくない。

　従来型マーケティング（本論では，高度経済成長期を中核的時代とした1960年代から70年代にかけての，いわゆるマス・マーケティングを想定している。以下，マス・マーケティングとする）は顧客利益創造を標榜するが，あくまで企業側の利潤動機を基盤にするところから，顧客利益の意味合いは，まず企業側利益主体の戦略構想の一部として組み込んだかたちでマーケティングを展開するところに，マス・マーケティングの第一義的な意図があったことは否定できない。

マス・マーケティングが，顧客満足の創出，顧客主義といいつつも収益の狩場という心理が企業から拭い去れないのは，以下のことが作用しているといってもよいであろう。

1つには，企業と消費者の圧倒的な情報格差あるいは情報不均衡な状況が建前と本音の企業行動を誘発しやすくする可能性を多分に含んでいること。

2つには，マーケティング実践部署（営業・販売企画，営業・販売，生産，仕入れ，物流など）での目標，評価が数字目標によって管理されていること。すなわち，数字への執着から，社会・市場と企業の共存という命題までに考えが及ばないこと。

3つには，企業行動結果の社会的評価が希薄であること。仮に企業独自に自社行動について社会的評価項目を設定したとしても，企業視点からの設定であるという制約から，消費者の真の，あるいは心理の深層にまで掘り下げた項目設定は不可能に近い。

たとえば食品メーカーは自社商品（食品）の安全性，高品質などを重視し，そのことが消費者ニーズにもっとも合致すると判断して消費者に訴求するが，消費者は安全性や高品質を検証する十分な情報を得ていない。したがって企業のもつ歴史・伝統性——コーポレート・ブランドといってもよい——研究開発力，知名度，商品・広告，販売促進力を通じて総合的，蓋然的な視点から「あそこの企業のものなら安心だ」という前提で購買行動を起こす。

しかし，一度安心感を損なう問題が生じた場合，たとえそのことが特定の商品，あるいは限られた企業行動の範囲に留まるものでも，当該企業全体に対する安心感，すなわち信頼感を喪失する。いわば企業は「安全・高品質」をして消費者が重視するニーズ要素と捉え，消費者は「安心」という極めて総合的，心理的要素をニーズの根幹とする。両者の意識上の乖離が，すなわち顧客志向を標榜していてもマス・マーケティングの限界を示すものであり，企業が消費者啓発，あるいは消費者教育という範疇で「教育」をしても情報格差がある状況では，企業から消費者への情報提供は4Pにもとづく操作性という性質を内包したままであって，両者の接近には限界がある。

第 12 章　顧客との協働によるパートナーシップ・マーケティング　303

反面，マス・マーケティングの「功」の点も無視はできない。売り手（企業）が買い手（消費者）との情報乖離を意識的に，あるいは無意識的に認識していたとしても，企業のマーケティング活動が「消費＝豊かさ」の手本としてアメリカ型生活様式への消費者の憧憬に応えるべく，戦後から高度経済成長期と戦後史を飾る 1970 年代初頭まで，疑似的アメリカ型生活様式の実現に努め，わが国の消費社会の形成に貢献してきたことは肯定できよう。

少なくとも国民の生活が衣食住の面を主体に合理，便利，衛生，洋風のキーワーズを中心に変化がすすみ，電化製品，車，それに続くレジャーが一般大衆の生活に浸透することになる。

1-2　新しいマーケティングの進展

経済反省・再検討期を経て 1980 年代以降に入ると，他律的消費（アメリカ型生活様式の擬似的模索や同質的消費）──いわゆる消費の未熟性から主体的な消費への転換がみられるようになった。主体的な消費といっても個別的，孤立的消費を意味するものではない。池尾はアメリカ型生活様式の相対化とそれによる消費者間および消費者と企業マーケティングの相互行為の枠組み拡大，進展化の事態をして「主体性の増大」と説明している[1]が，言い換えれば，アメリカ型生活様式がイメージとして内包している，合理性，便利性，衛生的という概念を，元来日本人がもつ価値観として潜在化していた日本的生活様式に再投影した消費と解釈する。

主体性を増した消費者ニーズを把握するには，池尾（1998）が述べているようにニーズの背後にある生活様式や文化体系までさかのぼって把握して，マーケティングを展開する必要がある[2]。

大量の商品を消費するという高度消費社会が進展した市場時代は，商品サービスに対して同質的ニーズが一般的であり，企業は大量生産・大量販売を前提

---

1)　池尾（1998），2-3 ページ。
2)　同書，3 ページ。

に，テレビ，新聞，雑誌などのマスメディアを使い，広告や販売促進にコスト
をかけてきた。こうした顧客ニーズを総体としてとらえ，同質的なマス・マー
ケット（mass market ＝大衆市場）への働きかけを強めるマーケティング手法で，
マーケティングは十分に機能した。マス・マーケティング（mass marketing）手
法全盛の時代といえる。

　しかし，時代の進展にともない大量生産を背景に生まれたマス・マーケティ
ングに対する限界がみえてきた。市場を細分化して標的となる顧客層を絞り，
マーケティング活動を集中するターゲット・マーケティング（target marketing）
が主流を占めるようになる。大衆が「分衆（分割されたマス市場）」となり，さ
らに「個衆（一層小さなマス市場）」となるという議論が話題となった。

　だが，顧客ニーズは一層，多様化・個別化してきており，「十人一色」→
「十人十色」が「一人十色」の時代になって，細分化に頼るターゲット・マー
ケティングの手法だけでは，顧客の個別ニーズをとらえることが難しくなって
きた。

　また，モノ余りと飽食の時代をむかえて，新商品の開発による顧客創造（cus-
tomer creation）よりも，顧客のニーズをトータルでとらえて，顧客との関係を
長期的に保つ顧客維持（customer maintenance）の方が効率的で長期的利益にもつ
ながることが次第に明らかになってきた。ライクヘルドは「顧客維持率を平均
5％上げれば，顧客価値を平均して25％〜100％増加させることができる」と
いう研究結果を発表している[3]。繰り返し購買してくれる優良顧客に，より高
度なサービスを提供し，長期に顧客であることを維持していくことの方が有効
だということが分かってきたのである。

　さらに，市場が多様化・成熟化してきた時代は，情報通信技術（ICT）革新
の時代でもあった。顧客の個別ニーズへの対応や顧客維持に必要なデータは情
報通信技術（ICT）の発達によって整い，ある程度の量産効果を得ながら個別

---

3)　原書が入手できなかったため，邦訳版のアレン（Allen, Cliff）ほか（1999），16ペ
　ージから引用した。

第 12 章　顧客との協働によるパートナーシップ・マーケティング　305

のニーズに応えるマス・カスタマイゼーション（Mass Customization）の技術も
発達してきた。

　こうした，顧客ニーズの多様化，市場の成熟化，技術の発達を背景に，新し
いマーケティングとして顧客との長期的な関係づくりを基盤としたマーケティ
ングの方向が重要視される傾向が生まれた。次節において，顧客との関係を深
める代表的なワン・トゥ・ワン・マーケティングについて論究する。

2.　ワン・トゥ・ワン・マーケティング

2-1　ワン・トゥ・ワン・マーケティングの背景と視点

　刺激から反応を誘引することに主眼をおくマス・マーケティングは，これま
で述べてきたように企業と消費者の関係を対極的スタンスとしてみてきたが，
このような関係図からは相互の満足を創り出すのは難しい。コトラーが指摘す
るマーケティングに対する社会的側面からの批判[4]はほとんど対極関係から
生じることが多い。すなわち企業と消費者の情報の格差から問題発生した場合
の法的，経済的対応力の差などが両者の相互信頼関係を損なう状況をつくり出
すのである。このような偏ったスタンスがマーケティングをして生活の質的側
面を軽視した物質的生活を助長し，消費の最大化を促す装置として作用し，結
果として生活の質，人間的側面を損なうものとして疑惑の目が向けられる[5]。

　現代マーケティングは企業と消費者が相互交流を通じて信頼関係を構築し，
両者が満足を創造していく過程を創り上げていくことを追究することにある。
いわば，マーケティングを一方（企業）が他方（消費者）に商品・サービスを開
発，生産して提供するという関係ではなく，両者参画型の関係にもとづく「協
働：パートナーズ」をキーコンセプトとするマーケティングが期待される。パ
ートナーズ・マーケティングの目的は生活の質（Quality of Life）の向上にある。
そして，「協働：パートナーズ」に至る基盤プロセスとして，販売促進や PR

　4）　コトラーは，消費者個人，社会全体，他企業の 3 つの問題生起をあげている。た
　　とえば，Kotler (1983), pp.608-619.

　5）　Benton (1987), p.247.

と異なる，むしろそれらの先にあって企業組織，企業活動，企業が提供する商品とサービスについて，企業の従業員の正しい理解と信頼，さらに企業と消費者との共存を確立するための仕組みが求められる。

ペパーズ（Peppers, D.）とロジャーズ（Rogers, M.）は，マス・マーケティングを「1つの製品を大衆に売る（one size fits all）」ようなものとして批判し，顧客との一対一の対応や関係に重点をおいたワン・トゥ・ワン・マーケティング（one to one marketing）を提唱した[6]。

マス・マーケティングは，不特定多数のマス・マーケットを対象にした1回限りの販売や取引を中心にしている。画一的な大量生産品を売る場合だけでなく，細分化した個別市場を標的にしたターゲット・マーケティングでも「売り切り」の発想は変わらない。

これに対して，ワン・トゥ・ワン・マーケティングでは，特定顧客や個別の顧客1人ひとりを対象にした「顧客との関係づくり」や「個別の対応」を大切にしている。顧客との対話や顧客からのフィードバックを通じて顧客が求めているものを見極め，長期間にわたって顧客サービスを提供することに基盤を据えている。

ワン・トゥ・ワンでも CRM でも，「顧客との関係」を企業の最大の財産と位置づけていることは共通しているが，このうち，ワン・トゥ・ワン・マーケティングにおいては，後述するロイヤルカスタマーとよばれる優良顧客と長期的に良好な関係を維持するためのマーケティング活動，すなわちリテンション・マーケティング（retention marketing）を重視する。

2-2　マス・マーケティングとワン・トゥ・ワン・マーケティング差異比較

本論では，ワン・トゥ・ワン・マーケティングとマス・マーケティングの差異を，顧客への情報提供，顧客シェア重視，顧客との協働，顧客の差異化の4

6）　ペパーズ＆ロジャーズ（1995）。（原典は，Peppers, Don and Rogers, Martha（1993），*The One to One Future*, Doubleday, a Division of Bantam Doubleday Dell Publishing Group, Inc., New York）。

第 12 章　顧客との協働によるパートナーシップ・マーケティング　307

表 12-1　マス・マーケティングとワン・トゥ・ワン・マーケティング

マス・マーケティング	ワン・ツゥ・ワン・マーケティング
不特定多数のマス・マーケットを対象	特定・個別の顧客一人一人を対象
1 回限りの取引が中心	顧客との関係づくりと個別サービスが中心
広告などマスメディアを活用	IT 技術を活用
市場シェアを重視	顧客シェアを重視
1 つの品を多数の顧客に売る発想	1 人の顧客のニーズに応え，長く売る発想
顧客をターゲットとみなす(一方通行)	顧客をパートナーとみなす(双方向)
製品の差異化(他社製品と区別)	顧客の差異化(重要顧客を他の顧客の区別)
規模の経済を追求	範囲の経済を追求
限界収益逓減の法則にしたがう	限界収益逓増の法則にしたがう
製品別・集権的組織	顧客別・分権的組織

（出所）井原（2014），167 ページ。

つの観点から論考する。

2-2-1　顧客との情報提供

本観点については，両者のマスメディア利用と IT 技術の活用という視点か
ら述べる。

マス・マーケティングは，マス広告などマスメディアを利用して，大量に情
報を伝達するが，一方通行で顧客のニーズに合わないことが多い。これに対し
て，ワン・トゥ・ワンは，顧客との関係を維持強化するために IT 技術を活用
する。

たとえば，顧客データは，1 人の顧客だけでも，氏名・住所・電話・年齢・
生年月日・性別・家族構成・購入製品（数量および価格）・購入年月日などの項
目にわたるため，こうした多岐にわたるデータを選別して有効なマーケティン
グ手段に変えるためには，IT 技術の助けが必要である。

たとえば，顧客の購買履歴をデータベース化して，マーケティングリサーチ
情報などと合わせて優良顧客の選別や個別ニーズの探索を行うマーケティング
を，データベース・マーケティング（database marketing）とよぶが，その 1 つの
手法として，大量のデータを詳しく調べることで一見しただけでは分からない
新しい傾向やパターンをみつけ出す手法，データマイニング（data mining）を活
用する。

また，航空会社は，飛行距離に応じたマイレージ・サービスを提供している

が,このように利用頻度に対応するフリークェンシー・マーケティング(frequency marketing) が可能になったのも IT 技術の発達による。

ただし,ワン・トゥ・ワン・マーケティングでは,IT 技術だけに頼ったマーケティングではなく,人間的なネットワークや伝統的な手法を組み合わせていくことが重要とされている。アメリカでは昔ながらのレンガとモルタルでできた有店舗商法を「ブリック・アンド・モルタル(brick & mortar)」と称するが,コンピュータのマウスの音(クリック)と合わせて,IT 技術と伝統的手法を合わせたやり方,すなわち,「クリック・アンド・モルタル(crick & mortar)」手法を重視する。

2-2-2　顧客シェアの重視

マス・マーケティングでは市場を同質な顧客の集合ととらえるため,市場シェア(market share) を重視する。これは,ある時点におけるマス(全体市場)に対する自社売上の比率で,1 つの商品を無数の顧客に売る発想にもとづいている。

これに対してワン・トゥ・ワン・マーケティングでは,市場を 1 人ひとりの異質な顧客の集まりととらえ,それを対象にして個別に働きかけようとするため,顧客シェア(customer share) を重視する。これは,1 人の顧客の購買に対する自社売上の比率で,1 人の顧客の多様なニーズに応えたり,長期にわたり継続的に売る発想にもとづいている(図 12-1)。

さらに,ワン・トゥ・ワン・マーケティングでは,マインドシェア(mind share) という概念を導入して顧客シェアを拡大しようと試みる。マインドシェアとは,顧客の認知やイメージにおいて特定の企業やブランドが占める比率を示すもので,マインドシェアが高いということは,その企業名やブランドが好ましいイメージとして記憶に残っていることを示す。

したがって,高いマインドシェアを維持することができれば,1 つの商品カテゴリーだけではなく,顧客が生涯にわたって必要な商品やサービスを提供することができる。たとえば,「ベネッセ」というブランドに信頼ができれば,初めての出産で不安な女性に育児情報を売ることから始めて,子供の成長に合

図12-1 市場シェアと顧客シェア

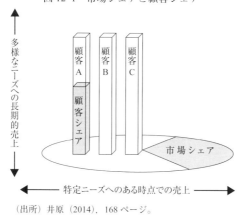

(出所) 井原 (2014), 168ページ。

わせて進学や受験のコンサルティングや介護サービスも提供できる。たとえば, 紙おむつや学用品や学資保険など多様な商品も提供できるかもしれない。このように, 生涯にわたる関係を構築しながら, 生活全般に及ぶサービスを提供しようというのが顧客シェアの考え方である。

2-2-3 顧客との協働

マス・マーケティングでは, 顧客はターゲットとしてみなされているため, 情報がワンウェイだったが, ワン・トゥ・ワン・マーケティングでは, 長いつきあいができるパートナーとみなされるため, 双方向の情報交換が行われる。

こうした顧客と企業との双方向的な情報のやり取りを, ワン・トゥ・ワン・マーケティングでは「コラボレーション (collaboration = 協働)」という。企業は顧客の情報を集め, 顧客もそれに参加し, 顧客との協働を通じて十分なコミュニケーションを図っていくという考え方である。

たとえば, お客様相談室, コールセンター, ホームページに寄せられた顧客からの苦情は, 製品やサービスに対するデメリット情報であるが, それを前向きにとらえ, 適切な対応をすることによって顧客は逆に優良顧客になるケースがある。また, 単なる意見であっても, それを次の製品づくりに生かし, またマーケティング活動に生かすことができるのである。企業にとって, こうした

顧客の声は非常に重要な資産である。

情報技術の発達とフレキシブル生産方式の進歩で，顧客に合わせたカスタム・メイドの商品を大量生産と，同じコストで生産するマス・カスタマイゼーション（mass customization）が実現しつつある。ペパーズとロジャーズは，マス・カスタマイゼーションとワン・トゥ・ワンを両立させながら生産者と消費者がともに学びあう協働関係のことを「学習関係（learning relationship）」とよんでいる[7]。両者の間で学習関係が構築されると，顧客は自分の好みや要求をどんどん教えるようになり，それが企業に計り知れない競争力をもたらす。

片平・山本（2002）は，日本人は内気で商品に不具合があった場合にも文句を言わないという事実をあげながら，日本のインターネットの普及率向上を踏まえ，多数の普通の人たちが（企業のウェブサイト上で）肩の力を抜いて発言するようになったと述べている[8]。また，企業サイトが貧弱なのは，その企業がインターネットを軽視しているか，そのための資源と能力がないかのどちらかだと指摘し[9]，顧客が一体となって顧客から学ぶ能力を向上させることが，成長のスパイラルを生み出すと主張している[10]。

2-2-4　顧客の差異化

マス・マーケティングでは，製品を差異化して競合他社に対し優位を保とうとするが，ワン・トゥ・ワン・マーケティングでは，自社製品を長期間愛用してもらえる顧客や個別の対応ができる顧客をみつけ出す。これは顧客の差異化にほかならない。

企業収益の大半（たとえば80％）が少数（たとえば20％）の顧客から得られるということは，パレート曲線（Pareto's curve）を使ったABC分析（ABC analysis）でも知られている。売上高構成比の高いものをから，商品別にA，B，Cランクに整理すれば品揃えや重点商品の開発に役立ち，顧客別に分析することで重

---

7)　ダイヤモンド・ハーバード・ビジネス編集部（1995），123ページ。

8)　片平・山本（2002），76-77ページ。

9)　片平・山本（2002），82ページ。

10)　片平・山本（2002），83ページ。

点顧客がみえてくる。

ABC分析は産業財のような比較的少数の顧客の分類で有効だが，ワン・トゥ・ワン・マーケティングでは，IT技術を活用して不特定多数の顧客を対象に，徹底して顧客の順位づけを行う。

1つの例が，データベース・マーケティングで取り入れられているRFM分析である。これは，R（Recency）＝どのくらい最近に購買したか，F（Frequency）＝どのくらいの頻度で購買しているか，M（Monetary Value）＝合計金額でどのくらい購買しているか，をそれぞれの次元でとらえ，3次元チャートの頂点にいるロイヤルカスタマーから順位づける方法である。

ワン・トゥ・ワン・マーケティングでは，順位づけした上位の重要顧客を優遇したり，個別ニーズに特注化（customer-ize）することで，顧客の側にも差異化を伝える。たとえば，一定の搭乗マイル数がたまると，航空券が無料になったり割引されたりするマイレージ・サービスや，点数がたまると特典が得られるポイント・カードなど（FSP：Frequent Shopper Program）がその代表例である。

図12-2　RFM分析

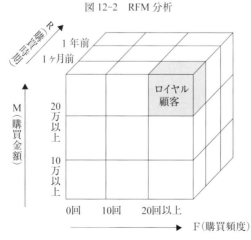

（出所）筆者作成。

3. パートナーとしての顧客関係の構築

3-1 経験価値の創造

マーケティングは，消費者あるいは顧客という対象をターゲット（市場）として第一義的に位置づける。さらに，消費者，顧客の背景基盤には生活者として存在している。したがって，生活者からみた消費のあり方を反映したマーケティングの視座をもつ必要がある。消費者の生活場面，生活を支える背景へ「参画」することが，より個々のニーズ対応した効果的なマーケティングが展開できるからである。

そのためには消費者の生活者としての意見と，経済効率を主体とする企業の意見との交換と，生活者としての意見を企業の意思決定に取り入れる仕組みの構築がマーケティングに要求されよう。企業のいう消費者志向あるいは消費者ニーズを捉え，消費者起点としたマーケティングを行う，というのは一見わかりやすいが，消費者を包括的，また，イメージとしてとらえているだけで，ある部分しかみていない，と栗木が述べている[11]。その論は肯定したい。彼は，消費者との「対話」というプロセスのなかで消費の実態，生活というものが見通せるのではないかと論及している。「対話」の場を通じて顧客の心に秘めているニーズを把握して，それをカタチにして企業が提供していくことにより，顧客との継続的な善き関係が構築されると信じている。心に秘めているニーズの源に顧客が生活の場でそれぞれに「経験」した場があろう。

顧客との良好リレーションシップ・マーケティングは，出会いや関係性という「場」を提供するマーケティングでもある。こうした「場」のマーケティングは，感動や体験を演出する経験価値マーケティングと密接な関係がある。

パイン（Joseph Pine II）とギルモア（James H. Gilmore）は，『経験経済』という著書で，経済のサービス化によってモノの生産からサービス中心の経済に移行してきたように，今後は「経済の経験化」とでもいえる現象が進行すると指摘

---

11) 栗木（1997），33-46 ページ。

している。つまり，「一次産品の抽出」→「製品の製造」→「サービスの提供」という先に「経験の演出」があり，この範疇の経済が最も付加価値が高く，個別ニーズに合致したカスタマイゼーションが進んでいるというのである。

　そして，「経験」をビジネスにするために「3S の追求」が必要だと主張する。第 1 は「満足（Satisfaction）」で，顧客の期待に応えて満足を高めることである。第 2 は「犠牲（Sacrifice）」で，顧客が我慢しなければならないことをできるだけ抑えることである。第 3 は「驚き（Surprise）」で，顧客の期待以上の驚きを提供することである。

3-2　経験価値マーケティング

　シュミット（Bernd H. Schmitt）は，伝統的マーケティングは商品の機能的特性（function）や便益（benefit）のみを追求した F&B マーケティングだとして，包括的な経験価値を追及する経験価値マーケティングを提唱している。

　彼によれば，伝統的 F&B マーケティングは，①商品カテゴリーや競争関係を狭く定義して，②顧客は理性的な意思決定者という前提に立って，②分析的・計量的・言語的な手法に頼りすぎているという。

　彼のいう「経験価値」とは，購買前後のマーケティング活動によってもたらされる個人的出来事で，人生そのものすべてが含まれている。それは現実であろうと，夢であろうと，バーチャルであろうと出来事を観察したり参加したりの結果として生じることが多い。

　そして，経験価値をさまざまなタイプに分類した「戦略的経験価値モジュール」として，SENSE（感覚的経験価値），FEEL（情緒的経験価値），THINK（創造的・認知的経験価値），ACT（肉体的経験価値とライフスタイル全般），RELATE（準拠集団や文化との関連づけ）の 5 つの価値要素をあげている。

　こうした「経験」を重視した経済論やマーケティング理論は，1980 年代からいわれている「感性マーケティング」ともつながりがある。顧客は商品の機能を買っているようにみえるが，ブランドのもつイメージや，販売員の接客，

店舗に流れている BGM やトイレの清潔さのような，場の雰囲気すべてを購買している可能性がある。

リレーションシップ・マーケティングでは顧客との関係性を重視するが，顧客密着によって関係性を強めればよいとは限らない。かつて，販売志向のマーケティングで，しつこい接客が嫌われたように，データベースにもとづいて継続的に情報を流すマーケティングは，逆に顧客の反発を招く恐れがある。その意味で経験価値マーケティングは，リレーションシップ・マーケティングに重要なヒントを与えているといえよう。

本論においては，経験価値マーケティングを基盤とする新たなリレーションシップ・マーケティングとして，顧客との協働によるパートナーシップ・マーケティングを提唱したい。その概念と骨子については，次節の「クラブ・ツーリズム事例研究」で論述する。

4. クラブ・ツーリズムの事例研究

クラブツーリズム株式会社の発展と戦略の変化を具体的に振り返りながら，企業戦略に基づく新しい教育モデルの事例として THE CHIE HOUSE（CH）を取り上げ，サービス業における事業展開と教育や人事の役割を考えるものである。

ビジネスモデルとしてのクラブツーリズムがどのように発展してきたかを振り返り，後半は，サービス産業におけるマーケティング理論と結びつけながら，CH の役割や戦略的な意味について論者なりの分析を加える。

4-1 クラブツーリズムの発展

4-1-1 メディア販売

旅行業界の営業は大別して，旅行代理店などのカウンターで対応する「個人旅行向け店頭営業」と，学校・企業・自治体などを回る「団体旅行向け営業」があるが，1980 年頃から第 3 の営業形態として「メディア販売」という手法が始まった。

これは，主催旅行（旅行業者が日程や宿泊先を企画しメニュー化した旅行）を新聞などの媒体に広告として掲載し，問い合わせを電話で受けるというものである。こうしたマス広告を通じたプル戦略は旅行業界以外の業界では一般的だが，当時の旅行業界では珍しかった。

近畿日本ツーリスト株式会社（近ツー）の渋谷営業所はこの分野の草分け的存在で，1980年5月からメディア販売の準備を始め，7月から本格的な販売に踏み切った。最初は団地新聞などのミニコミ紙でテスト販売を行い，反応のよい商品について全国紙に掲載する方法をとった[12]。

渋谷営業所の髙橋秀夫所長（当時）は，メディア販売を，首都圏における重要な販売手段として戦略的に位置づけ，商品開発専門のチームを発足させ，商品開発から顧客管理まで一貫した体制を確立した[13]。その結果，渋谷営業所の営業成績は全国トップになり，同営業所は近ツーの1981年度の最優秀営業所となった。

メディア販売は順調に増加し，1980年に顧客参加人数8千人，年間売上17億円だったものが，1985年には参加人数17万5千人，年間売上121億円に達した。これにともない，渋谷営業所のメディア販売機能は，1986年1月に東京メディア販売事業部として独立し，事業部長には渋谷営業所長だった髙橋が就任した。

4-2　自社媒体によるダイレクト販売——データベース・マーケティングによるダイレクト販売推進

髙橋は，好調な販売の一方で媒体費用の増大，他社の市場参入による競争激化に対応して広告媒体依存から徐々に脱却し，利用媒体の比重を自社媒体に移していった。そのルーツは，1983年9月に創刊した『旅の友ニュース』で，最初はタブロイド版4ページで2,000部だった。

---

12)　クラブツーリズム20年史編集部（2000），14ページ。
13)　同書，36-37ページ。

内容は，当初は旅行商品の案内が中心でカタログ誌的なものだったが，添乗員の紹介コラムもあり，やがて旅行の感想や体験談など顧客（読者）が作るページが増え，コミュニケーション誌的な色彩が強くなった。その後，データが10万世帯に達した1985年には，『旅の友ニュース』を『旅の友』と改称し雑誌形態にした。

また，「山旅通信」「地球旅行通信」「四季の華だより」など顧客の関心に合わせて『旅の友』以外に個別媒体を増やした。これが「セレクティブ媒体」として発展し，今日ではハワイが好きな顧客には「レアレア」，中国では「我愛中国」などクラブごとに自社媒体がある。

同時に，主催旅行に参加した顧客のデータを基盤とした，蓄積した顧客情報を有効活用するデータベース・マーケティングを戦略的手法として取り入れ，コンピュータシステムの整備拡充につとめた[14]。

1993年6月に国内TPOシステム（国内向けパンフレット類の書式を統一させたコンピュータシステム）による発送業務の自動化が開始された。これにともない，国内旅行同行者の登録が始まり，さらに顧客の評価データの収集と集積が進められた。1994年4月にはデータベース・マーケティング専用のシステムが導入され，不特定多数のマスを対象としたメディア販売という形態は，本格的なダイレクト販売へシフトしていった。

4-3　クラブツーリズムの萌芽——アクティブなシニア層と優良顧客集団の囲い込み

顧客情報収集と平行し，メディア販売事業部は，顧客データや出版物などの2次データから社会トレンドと顧客ニーズを分析した。当時から高齢化社会の到来は明らかだったし，『旅の友』の主要購読者は当初から高齢者が多かったので内容もシニア層を意識したものだった。ところが，シニア層の分析を進めていくなかで旅行好きなお年寄りは，一般的な高齢者のイメージよりもはるか

---

14)　前掲書，72ページ。

第12章 顧客との協働によるパートナーシップ・マーケティング 317

にアクティブに活動していることが明らかになった。

スポーツやダンスや登山のように身体を動かすことや，カメラ撮影やスケッチなど，外で一緒にできる共通の趣味をもっているほか，文化や歴史にも興味があり，非常に多様で活発に暮らしていることがみえてきたのである。

『旅の友ニュース』のショルダーフレーズは創刊（1983年）以来"旅を通して仲間の輪を広げよう"で，俳句の会や茶道の会や歩く会のような趣味の会を呼びかけていたが，1991年4月には，後のクラブツーリズムの原点ともいえる「友の会サークル」が発足した。写真，歴史，陶芸，観劇，ダンス，ハイキング等，18のサークルが発足して，サークルの仲間を募集すると同時に，サークルオリジナルツアーやイベントが企画された。また，1992年4月には，サークル活動の場としてコスモポリタンプラザがリニューアルされ，サークルサロンやギャラリーも開設された。

一方で，「びっくりバスツアー」などの企画，「メキシコの夕べ」にはじまるカルチャーイベントなどを通じて，プロデュースから集客まで独自のノウハウを蓄積すると同時に，繰り返しツアーに参加してくれる中核となる顧客を育成するため，1991年3月には，各種特典を用意した「旅の友ロイヤルクラブ」の第1次特別会員を募集した。これが，後に「メンバーズ」とよばれる優良顧客集団に育っていった。

4-4 エコースタッフ──顧客参画の取り組み

当時，郵政省は，1992年8月から第3種郵便の運用を厳格にして，通販用カタログのようなダイレクトマーケティングのツールを扱わなくなった。これは会計監査院の報告（1991年12月）を受けたものだったが，これを機に多くの企業がカタログ類の発送を民間業者に任せるようになった。近ツーも『旅の友』などを宅配便業者に頼んだが，一部で届かないケースも生じた。

こうした状況に対して，1993年3月，世田谷区で顧客54名が参加し，1平方キロの担当区域200軒ほどの会員宅へ『旅の友』を届けるという取り組みが始まった。参加顧客は，当初「リーダーさん」と称されていたが，1994年1月

から「エコースタッフ（echo staff：ES）」と呼ばれるようになった。エコースタッフには謝礼は支払う。郵便局や宅配業者に支払う送料に比べて低コストであり，顧客（ES）に喜ばれた。

ESの多くが，自分たちの住む地域に詳しく，健康のためによく歩くことをいとわない60代の女性だったので，散歩がてらに『旅の友』の配布を担当した。自分たちの街を再発見したり，『旅の友』を届けた人や配送センターで知り合った仲間，道を尋ねた人など地域の人々と知り合いになれるなど，老後の自由な時間が有効に使え，さらには，健康づくりや社会参加の機会を得られるということで積極的に参加した。

コスト面でのメリット以外の付加的な効果としては，①データのメンテナンス（住所変更や引越などの情報伝達），②新規顧客の開拓（地域の旅行好きの紹介），③顧客ニーズの伝達（顧客の「生の声」の代弁），④仲間づくり（自ら仲間を募った旅行参加）などが含まれる。

ただし，データベースの蓄積が顧客とのコラボレーションを実現させたという点も見逃せない。データベースは1993年当時すでに100万世帯に達していた。1平方キロという，自転車に『旅の友』を乗せて歩くには適当な面積に，200軒の会員がすでに集まっていた。このデータ集積のおかげで顧客の協力が得られたのである。

4-5　パートナーズ・マーケティングの展開──クラブツーリズム宣言

1993年1月，東京メディア販売事業部は，東京メディア販売事業本部として東京営業本部から分離独立した。同事業本部は，この独立を"第2の創業"と位置づけ，「クラブツーリズム」と名づけた事業コンセプトを社内的に発表した。同時に，旅行業から余暇関連産業へのドメインの拡大，ESを中心とした組織づくり，フレンドリースタッフ（後述）の育成などの方向性が示された[15]。

---

15)　前掲書，98ページ。

この事業コンセプトは,「仲間が広がる,旅が深まる」というコンセプトスローガンにまとめられ,5色の人が手をつないで"CLUB TOURISM"と書かれた文字の上に躍るロゴに組み入れられ,1994年12月の『旅の友』で発表された。1995年には1月の年賀式で「クラブツーリズム」が宣言され,同年4月には「パートナーズ」とよぶ取引先を集めた「クラブツーリズム発表記念セミナー」で宿泊機関,交通機関,土産物店などにも伝えられた。

このパートナーズ会で髙橋本部長は「仲間と旅を楽しみ,旅で共感し合った仲間が次々と増え,さらに旅の楽しみが広がっていく」ことをクラブツーリズムとよび,「共に学び,感動し,成長しあえる仲間に出会う素晴らしさを知っていただくこと。そして,仲間との旅によって自らの可能性を発見する喜びを実感していただくこと。それを,私たちの最大の目標にしたい」と述べている[16]。

1995年には,ラジオ番組「すばらしき旅仲間たち」にフレンドリースタッフが登場しクラブツーリズムの魅力を伝えるなど,各種イベントを通じて対外的にもクラブツーリズムの理念が紹介された。

この理念は,ミッションステートメントにまとめられ,"「出会い」「感動」「学び」「健康」「安らぎ」という5つの旅の要素を込めて「豊かな仲間旅」と「生き生きとした高齢者文化」を創り出すこと"と表現された。このステートメントは,その後,「高齢者文化」などの表現を省き"旅を通して「出会い」「感動」「学び」「健康」「安らぎ」の種を蒔き,はつらつとしたよろこびに満ちた社会を花開かせること"と表現されるようになっている[17]。

クラブツーリズム宣言は機構改革を通じて具体的に展開された。つまり,この事業コンセプトは「クラブ型旅行事業」として,近ツーの中で独立した事業と位置づけられたのである。

東京メディア販売事業本部は,1996年7月に,クラブツーリズム事業本部

---

16) 前掲書,130ページ。

17) ミッションステートメント (2004),8ページ。

に改称され，クラブツーリズムという名称の独立組織ができあがった。また，1993 年 7 月に『旅の友』の配送を受託する事業運営子会社として設立された「旅の友ミリオナーズクラブ」も，1996 年に「株式会社クラブツーリズム」に社名変更された。さらに，1998 年 1 月には，クラブツーリズム事業本部に，関西メディア販売事業部，名古屋メディア販売支店，丸の内海外旅行支店が統合され，全国展開が開始されたのである。

4-6　クラブツーリズム・ミッション――クラブ 1000 構想

2000 年には，2010 年までに 1,000 のクラブを立ち上げるという「クラブ 1000 構想」が掲げられた。もうひとつの数値目標として，500 万世帯 1,000 万人の会員目標が掲げられている[18]。しかし，この構想は単なる売上目標ではなく，クラブツーリズムのミッションを実現するための創造戦略として展開された。

クラブツーリズムの目指すクラブ型社会は少人数の同好の仲間が集う「好縁」に結びつけられているが，職縁，地縁，血縁は選択肢が狭いのに対して，好縁は趣味やライフスタイルによって多様で千差万別である。一方で，大衆は「分衆」「少衆」「個衆」となったとされ多様化社会が指摘されていた[19]が，近ツーの広報資料では「クラブ 1000 構想」は，高齢化社会－多様化社会－好縁社会という「3 つの新しい社会要因をひとつの線で結んだ，それでいて他のどこにもない社会的ソフトウェアである」と説明している[20]。

具体的展開としては，2001 年 6 月にクラブ 1000 推進委員会が設けられた。推進委員はクラブ活動の①ガイドラインやルールの普及，②運営事例の共有化，③クラブ担当スタッフへの助言などを通じてクラブ活動を推進する従業員で，事務局は営業管理部営業企画課に置かれ，推進委員会の協議は常時オンラ

---

18)　近ツー広報資料（2003），33 ページ。
19)　多様化については，宇野・金子・西村（1992），266 ページなど。「分衆論」にもメイト（仲間）感覚が指摘されている。博報堂生活総合研究所（1985），47 ページ。
20)　前掲近ツー広報資料（2003），29 ページ。

インでみられるようにした。また，自分の得意分野を生かしてクラブにおける仲間づくりを推進するクラブ・ライフコーディネーター（CLC）も設けた。CLC としての顧客は，クラブツーリズムの考え方に賛同してクラブ活動に熱心に参加し，講師や調整役としてクラブ拡大に貢献活動している。

クラブ拡大の方向性としては，量販テーマ型ツアーの履歴を分析して顧客の趣味にあったクラブを立ち上げていくこと，大きなクラブではクラブインクラブ（クラブ内サークル）を立ち上げることなどであったが，一方で，仲間づくりが旅を創造するという原点に立って，量販に依存しないで独自のクラブを立ち上げることも示された[21]。

たとえば，①「写真倶楽部」「ゴルフクラブ」「温泉大好き倶楽部」など趣味やテーマを共有するクラブ，②「クラブ欧羅巴」「中国五千年倶楽部」などディスティネーション（旅行地）別クラブ，③「横浜写真くらぶ」「湘南パレットクラブ」などエリア（住居地）別のクラブ，④「エイジ 60 サロン」など年代別クラブのジャンルができた。

さらに，同じジャンルでも細分化が進んでクラブ数が増大した。たとえば，登山系クラブでも「日本百名山を登る会」や「タートルクラブ」のように目的別や登山ペースの違いでクラブができ，「クラブ欧羅巴」内に「グルメと旅を楽しむ会」や「地中海古代遺跡サークル」などが生まれ，「エイジ 60 サロン」内にも「丑年サークル」「辰年サークル」などのクラブインクラブなどの細分化が進んだ。クラブツーリズム全体では，2004 年 10 月現在，会員数が 390 万世帯，780 万人で，クラブ数は 250 に達している。

そのなかでも，大きなクラブに成長したのが「クラブ・ララ」という「ひとり参加の旅」のクラブである。このクラブは，1984 年に「シングルワールド友の会」として始まったが，現在では約 65,000 名もの会員がいる。団体旅行に 1 人で参加するのは気が進まないが，全員が「ひとり参加」であれば仲間に入ってもよいというニーズ志向の顧客もいる。新たな市場発見である。高齢者

21）　前掲近ツー広報資料（2003），15-16 ページ。

の一人旅は多い[22]が，気楽に参加できて，新しい出会いや友達が得られるわけで，まさにマス・カスタマイゼーションの成功例といえよう。

4-7　フレンドリースタッフ──新たなサービス職種の創設

クラブツーリズム宣言を行った1995年に，クラブツーリズムを実現していく中核的な存在として「フレンドリースタッフ（FS）」という新しい職種が考案された。ツアー・ディレクター（TD）とよばれる派遣添乗員ではなく，東京メディア販売事業本部（当時）独自の採用で，第1期生は13名だったが，2004年10月現在では約800名に増えている。

FSは，スペシャリティ（専門性）とホスピタリティ（もてなしの心）をもって旅の企画から添乗までトータルで旅をプロデュースしながら，仲間づくりとクラブづくりを積極的に推進してクラブツーリズムを形にしていく重要な人材である。

FSの仕事は，大きく4つある。第1は，年間60日の添乗業務で行程管理をしながら，クラブ活動の最大のイベントであるツアーを盛り上げる役割である。第2は，コミュニケーション業務で出発前に「安心コール」という電話をしたり，ツアー後に「サンキューレター」を出したり，写真交換会など交流の場を提供することである。第3は企画業務でツアーのプランニングや，講座，イベント，食事会などの企画，クラブ会報誌の企画編集などである。第4は，プレゼンテーション業務で企画したプログラムをチラシなどで案内して参加を募ることである。

また，一部のFSは，『旅の友』を配るESが配達地域ごとに組織化されているため，エリアマネージャーとして本部組織との連絡役をつとめたり，メンバーズ・デスクという優良顧客専門の窓口も担当している。

なお，添乗業務の一部については，1997年からフェローフレンドリースタッ

---

22)　日本観光協会調査（2002），33ページによれば，女性の一人旅は20〜24歳に多い（8.1％）が，男性では50代（6.4％）や70歳以上（5.3％）が多い。

フ（FFS）という制度が始まった。これは，顧客から募集するもので，基本は週末や連休，旅行シーズンを中心に月に3～5回，日帰り旅行「ナイスディ」において添乗しながら趣味や特技を生かして仲間の輪を広げる推進役を果たしている。

4-8　ワン・トゥ・ワン・マーケティングとCRM──地域活動とクラブ

東京メディア販売事業本部は，1994年に本格的なデータベースマーケティングのシステムを稼働しているが，1998年6月には，旅行履歴と顧客プロフィールに合わせて複数の媒体を組み合わせて配送する自社システム「セレクティブ・ラッピングシステム」を稼働した。また，1999年4月には，FSによる個別顧客訪問もメディアミックスに加えたワン・トゥ・ワン・マーケティングの実践がスタートしている。

しかし，クラブツーリズムでは，CRM（Customer Relation Management）を顧客管理の手法と限定せず「人間同士の個々のドラマやドキュメンタリーが物語となって生きていくプロセス」と定義し，CRMの基本素材（縦糸と横糸）を「エリア（地域の活動）」と「クラブ（クラブツーリズムのクラブ）」とした[23]。

クラブツーリズムのCRMは3つのステップで構成されている。第1は「お客様を理解する」ステップで，各種通信誌やパンフレットに対する電話の問い合わせ，ESのエリア内訪問，ツアー内での対話，企業・団体やコミュニティでのネットワークづくりを通して，顧客データを整備することである。

第2は「お客様との関係を深める」ステップで，優良顧客向け専用電話や専用デスクの設置，季節の便り，おでかけ＆お帰りなさいコール，クラブや交流会の立ち上げ，などを通じて，顧客データをメンテしながら分析して信頼関係を深めていくことである。

第3は「お客様の満足を実現する」ステップで，顧客別データの読み込み，顧客タイプ別の旅行提案，テーマ型＆クラブ型旅行の企画・実施，イベントの

---

23)　前掲近ツー広報資料（2003），30-32ページ。

企画・開催，優良客向け感謝ツアーの実施，旅行周辺サービスの企画・開発・提案などが含まれている。

4-9　クラブツーリズム・アカデミー

1998 年，近ツーはクラブツーリズムを経営の中核として位置づけ経営資源を投入しながら全国展開を図っていくことにしたが，その一環として，同年 4 月，「クラブツーリズム・アカデミー」を新宿アイランドウィングの 12 階にオープンした。

クラブツーリズム・アカデミーは，旅を通じた仲間づくりをサポートする人材育成を目的として設立されたもので，当初は，FS を対象に，この年策定された「クラブツーリズム・スタンダード」を教育して浸透させることに力が注がれた。クラブツーリズム・スタンダードとは，すでにあるミッション（企業使命）にベーシック（基本方針）とアクション（行動指針）を加えたもので，そのうち，行動指針は，Communication, Hospitality, Information, Entertainment の頭文字と Speed の S を組み合わせた「CHIE+S（知恵プラス・スピード）」と表現している。

この「CHIE+S」は，旅のプロデュースやクラブづくりの心構えやノウハウを，コミュニケーション(C)，ホスピタリティ(H)，インフォメーション(I)，エンターテインメント(E)の言葉に集約し，クラブツーリズムに携わる全員の知恵を合わせて，顧客の期待をスピーディ(S)に実現していこうというものである。

カリキュラムは，10 人くらいのゼミナール形式で先輩の FS から事例を聞いたり，お互いの体験を話し合ったりするものが中心で，教材には FS と顧客が創り上げた感動的なドラマやホスピタリティの実践を集めた事例集[24] などが使われる。

---

24)　深谷（1998）。

4-10 近ツーの THE CHIE HOUSE

2000年9月，クラブツーリズムのビジネスモデルを創り上げた髙橋秀夫（元近畿日本ツーリスト渋谷営業所長）は，近ツー本社社長になり，近ツー本社の経営建て直しを任されることになった。髙橋は，ミッション経営の推進を通じて従来型の旅行業からの脱皮を目指し，2002年2月"ツーリスト新創業"を宣言した。これは，従来の旅行業の慣習にとらわれることなく，商品，販売チャネル，顧客との関係，システム，組織，さらには業容に至るすべてを顧客中心に改革するというものである。

そのためには，従業員の意識を改革し，旅行需要を創造できるような人材を育成する必要があると考え，CRM活動を推進していくための人材育成を目的とした戦略的組織活性機関として2002年9月にTHE CHIE HOUSE（CH：知恵ハウス）をオープンした。この研修所の名前は，行動指針に示された「C＋H＋I＋E」を磨き，旅の楽しみを創造し顧客との関係を深めていく「知恵」を養うという意味が込められた。

研修内容は，「インテグレーションプログラム」と名づけられ，旅行管理，接客ノウハウ，商品知識を学ぶ知識習得型ではなく，旅の演出や顧客との関係づくりを従業員自らが考える知識創造型のプログラムを目指すものである。

たとえば，社内外の講師（ゲストブレーン）のスピーチをもとに，受講者がチーム単位で具体的なアイデアを考え，互いに討議を重ねてプレゼンテーションするワークショップスタイルで，社外講師は，生命保険コンサルティング，ライフプランナー，カラーアナリストなど，旅行業の枠にとらわれない幅広い分野から招いた[25]。

対象は，顧客とのコミュニケーションに携わるスタッフを中心に，首都圏の店頭に立つ若い従業員から始め，マネージャークラスにまで広げた。テーマは「お客様の記憶に残る印象づくり」「お客様を飽きさせない店内づくり」など100プログラムがあり，定員は毎回15名までに抑え，従業員が希望する内容

---

25) たとえば，松永（2003）の講演など。

を選んで受講するものにした。さらに，2003 年 1 月には大阪と名古屋に CHIE HOUSE 大阪と CHIE HOUSE 名古屋を開設し，受講生は，東京と合わせて，累計 1,800 名に達した。

4-11　クラブツーリズムの CH

その後，近ツーは，団体営業，店頭営業，会員型個人旅行販売の 3 つの販売スタイルを見直し，団体営業では ECC（イベント，コンベンション，コングレスなどテーマをもって人々が集まるビジネスチャンスをサポートしていく）事業をソリューション営業と捉え直す戦略を立て，店頭営業では専門店化を進める一方で，CRM をベースにした営業展開をはかる方針を固めた。

一方，第 3 の会員型個人旅行販売（クラブツーリズムの事業）については，双方の強みを生かすために独自の事業展開をすることとし，減損会計の導入もあって，2004 年 5 月に，クラブツーリズム株式会社に営業譲渡した。

これにともない，CH はクラブツーリズム株式会社に移管され，同社の採用から教育・研修，人事・評価のみならず広報も担当することになった。これは，戦略的にミッションの浸透が求められているからである。1995 年のクラブツーリズム宣言以来，ミッション経営の基本はすでに出来上がっており，後は浸透させることが課題になっていたが，広報という対外的なコミュニケーションも CH に担当させることで，ミッションの浸透をトータルで推進しようという狙いがあった。

すなわち，現在の CH は，クラブツーリズムにかかわるすべてのアソシエイツに，クラブツーリズムのミッションを浸透させ共有をはかっていくことを目的としている。アソシエイツとは，FS をはじめとする自社のスタッフだけでなく，派遣添乗員である TD，パートナーズとよぶ取引先の人々や，ES，CLC，FFS などの参加型顧客も含まれる。研修プログラムも，スタッフ向けのインナー研修と，TD，パートナーズや参加型顧客向けのアウター研修が開発されている。

インナー研修のうち，新入社員から 2 年目スタッフ向けの教育プログラム

は，スタンス（態度・姿勢・志向・価値観）レベルの向上を目的とした CHIE ベーシックと，TD ベーシックとよばれる 2 つのカリキュラムによって構成されている。さらに，中堅以上向けにはポータブルスキル（業界や職種の枠を超えて通用する能力や時代を超えて発揮できる能力）レベルの向上を目指した CHIE アドバンスがあり，テクニカルスキル（業界に求められる能力）レベルとマネジメントスキル（管理能力）レベルの向上を目的としたマネジメント研修も用意されている。

おわりに

現代および未来の消費社会にあっては消費は文化の一翼を担う，といってもよい。消費という行為は，消費文化という視点からみれば，生活者としての人間の日々の営みのなかで，ヒトとモノ，あるいはヒトとヒトのコミュニケーション・サービス[26]を形成する実態が，ますます明らかになってきているといえよう。特にサービス商品は，モノとは異なり具象性を媒介せず人間の五感を通じたコミュニケーションを形成する特性を持っている。

さらに，情報化社会の進展にともなって，生活，消費の場面でのヒトの間，モノの間，さらには両者間のコミュニケーション・ネットワークは，ますます多様化し高度化している。情報技術に立脚するコミュニケーション・ネットワークの急速な進展がマーケティングにおいて有利に働くとするとしても，それが消費欲求，購買欲求を募らせるという操作的本質が主流を占めるならば，モダン社会のマーケティングとなんら変わらない。

本論の主題であるパートナーシップ・マーケティングは，消費者・顧客の個々の経験価値を顧客サービスに採り込み，喜び，安らぎ，連帯，感動といった「幸福感」を，顧客参画のプロセス構築のなかで創り上げていくことを理念

---

26) ボードリヤールは消費社会の特徴をモノ（製品）であっても，すべてがサービスとなる，個人的サービスや心づけという形をとってあたえられると論じている。ボードリヤール（1989），239-240 ページ。

とするものである。マーケティングが「人間の幸福づくり」に機能するという命題は，まさに未来マーケティングの方向を示唆するものであり，新たな課題として研究する価値は充分にある。

参 考 文 献

浅井慶三郎・清水滋（1985）『サービス業のマーケティング』同文舘出版。

アレン，クリフほか（篠原稔和・三好かおる訳）（1999）『インターネット時代のワン・トゥ・ワン Web マーケティング』日経 BP 社。

池尾恭一（1998）『マーケティング・ジャーナル（71-1998）』Vol.18-No.3，日本マーケティング協会。

井原久光（2014）『ケースで学ぶマーケティング（第 2 版）』ミネルヴァ書房。

宇野政雄・金子泰雄・西村林編著（1992）『現代商業・流通辞典』中央経済社。

岡本邦夫（2000）「旅のクラブ活動 "クラブツーリズム"」（『ADVERTISING 創刊号』2000 年 7 月号，電通）。

片平秀貴・山本晶（2002）「Net or Die：新しい消費者が迫る新しい企業モデル」（『一橋ビジネスレビュー』2002 年 Winter 号）。

近ツー広報（2003）資料『「クラブ 1000 構想」について』近畿日本ツーリスト株式会社。

クラブツーリズム 20 年史編集部（2000）『夢のリレー：これまでの 20 年，これからの 10 年』（クラブツーリズム 20 年史）近畿日本ツーリスト株式会社クラブツーリズム事業部。

栗木契（1997）「対話型発想のすすめ」（『マーケティング・ジャーナル』Vol.17，No.3（67-1997），日本マーケティング協会），33-46 ページ。

財団法人日本観光協会（2002）観光協会調査『平成 13 年度 観光の実態と志向―第 20 回 国民の観光に関する動向調査』。

シュミット，バーンド・H（嶋村和恵・広瀬盛一訳）（2000）『経験価値マーケティング』ダイヤモンド社（原書：Schmitt, B., *Experiential marketing: How to get customers to sense, feel, think, act and relate to your company and brands.* New York: The Free Press, 1999）。

ダイヤモンド・ハーバード・ビジネス編集部（1995）『顧客価値創造のマーケティング戦略』ダイヤモンド社。

張忠民（2001）「旅行商品に関するインターネットマーケティングの展開―近畿日本ツーリストを中心に」（『経済論叢』第 168 巻第 1 号，京都大学）。

トフラー，アルビン（徳岡孝夫訳）（1982）『第三の波』中央公論新社。

野中郁次郎・陸正（1987）『マーケティング組織―その革新と情報創造』誠文堂新光社。

パイン，B・J＆ギルモア，J・H（岡本慶一・小高尚子訳）（2005）『「新訳」経験経済：脱コモディティ化のマーケティング戦略』ダイヤモンド社（原書：B. Joseph Pine II and James H. Gilmore, *The Experience Economy*, Harvard Business School

Press, 1998）。

博報堂生活総合研究所編（1985）『「分衆」の誕生』日本経済新聞社。

ヒューズ，アーサー（秋山耕監訳）（1999）『顧客生涯価値のデータベース・マーケティング』ダイヤモンド社（原書：Arthur M. Hughes, *Strategic Database Marketing*, The McGraw-Hill Companies, Inc., 1994）。

深谷友美子（1998）『歓びを喜びに』近畿日本ツーリスト出版事業部。

ペパーズ，ドン＆ロジャーズ，マーサ（井関利明監訳）（1995）『ONE to ONE マーケティング─顧客リレーションシップ戦略』ダイヤモンド社（原書：Don Peppers and Martha Rogers, *The One to One Future*, Doubleday, a Division of Bantam Doubleday Dell Publishing Group, Inc., New York, 1993）。

ボードリヤール，J（今村仁司，塚原史訳）（1989）『消費社会の神話と構造』紀伊國屋書店。

松永高幸（2003）「価値創造 わが社の戦略拠点」，『日経産業新聞』2003 年 1 月 30 日付。

ミッションステートメント（2004）社内資料「CLUB TOURISM MISSION Statement CONCEPT BOOK」クラブツーリズム株式会社。

望月裕（2000）「"価値ある気分"を経験させよう」（『ADVERTISING 創刊号』2000 年 7 月号，電通）。

山上徹・堀野正人（2001）『ホスピタリティ・観光事典』白桃書房。

劉亭淑（2000）「クラブという用語を用いた観光産業の顧客組織の事例」（『立教観光学研究紀要』第 2 号，立教大学）。

Benton, Raymond Jr. (1987), "Work, Consumption, and the Joyless Cosumer" A.Fuat Firat, Nikhilesh Dholakia, Richard P.Bagozzi, *Philosophical and Radical Thought in Marketing*, Lexington Books, p.247.

Egan, John and Harker. Michael J. (eds.) (2005), *Relationship Marketing*, Vol.3, SAGE Publications, pp.42-48, pp.130-148.

Kotler, Philip (1983), *Principles of Marketing (second edition)*, Prentice-Hall, Inc., pp.608-619.

Zeithaml, Valarie A., Bitner, Mary Jo and Gremler, Dwayne D. (2013), *Service marketing, 6th ed.*, McGraw-Hill Companies Inc., pp.147-149, pp.156-157,

第 13 章

エアバスと EU エアラインの環境経営
――地球温暖化防止対策と CSR――

閑 林 亨 平

は じ め に

　環境対策と省エネを前面にアピールした新型航空機の開発でボーイング B787 に大幅に遅れをとったエアバスは A350 の試作に向けてマーケティングを進めている。B787 をさらに進めた環境対策を訴えながら，初めて EU 域外での生産を大幅に進めることも宣言し，今後大きな課題を抱えている。

　一方で EU の航空会社では英国 BA（ブリティシュ・エアウェイズ）をはじめ，環境経営への盛んな取り組みを見せている。BA は 2009 年 1 月に「2050 年までに二酸化炭素排出量を半減する」ことを宣言した。これはクリーン燃料等石油代替エネルギーを使った燃料への取り組みとともに CO_2 排出量の少ない航空機のさらなる導入を盛り込んだものとされている。この試みには BA 以外にもヴァージン・アトランティック，SAS，JAL，コンチネンタル等の航空会社もそれぞれのカーボンオフセット・プログラムを持って同調している。この環境経営路線には効率的な航空路の開発，CO_2 排出量取引への取り組みもあがっているが，クリーンな航空機の導入を避けては通れない。

　地元の BA に促された格好のエアバスはこの BA をはじめとする EU エアラインの期待に応えられるだけの仕様を新型機 A350 に持たせられるだろうか。

一方で中国を念頭に置いた域外生産のハードルをどのように乗り越えるのかも注目されている。

社運をかけた航空会社の環境経営宣言と航空機産業の技術革新への挑戦は同じ目標を持っているように見受けられるが，航空会社の上部団体であるIATA，国連の一機関であるICAO（International Civil Aviation Organization，国際民間航空機構）の動きをふまえながら航空機関連産業の戦略経営動向を探る。

環境政策は経済的効率と逆行するとして経済学では比較的研究が進まなかったきらいがあるが，これまでのCSRからの観点，環境税など政府枠組みへの配慮以外に企業自体の競争戦略に組み入れようとする動きがEUエアラインに出てきた。これを担う大きな原動力に，環境対策を中心に据えたA350を開発中のエアバスの動きを連携させてとらえてみたい。

1. 環境経営の論点

環境政策は，効率の悪化を招くという観点ことから産業界からは敬遠され，経済学では比較的研究が遅れた。公共経済学からは，外部不経済から社会的厚生をただすピグー税等を理論的根拠として環境税を採用する国家は増えている。ようやく産業界も「持続可能な発展」を目指すことになって，社会的責任（CSR）を社是とする企業は増えている。これはステークホルダーとして株主の支持を受け企業価値を上げることが主眼のようである。一方，環境対策または持続可能型産業に属する企業の目標だけではなく，一般産業でも省エネやCO_2削減を企業の競争戦略として取り入れられる例は出てきた。ここでこの環境対応能力を技術力として効率的に評価できれば，ライバル企業との差別化など競争力増強になるのである。

2. EUの環境政策への取り組み

2-1 EUの環境経営産業別先行研究

前提：京都議定書には国際航空と国際海運から排出されるGHG（温室効果ガス）をインベントリとして報告するのではなく，Memo Itemのひとつとして報

告されることになっている。これは京都議定書付属国 I（先進国）では，国際航空の場合は「国際民間航空機関（ICAO）」，国際海運は「国際海事機関」を通じて活動をし，航空機用船舶用の温室効果ガスの排出の抑制または削減を追求する。ICAO には各国航空当局，航空会社だけではなく，ボーイング，ロールス・ロイス，GE などの航空機メーカーも参加している。

2-2　ICAO の環境対策提言

上記前提により，航空機・航空産業の環境政策は ICAO が各国政府にアドバイスまたはガイドラインを提示する役割を担っている。

そして，ICAO は 2007 年にその環境政策提言で，

（1）環境保護原則

（2）航空機騒音規定

（3）航空機エンジン排出ガス規定

を行っている。

これを受けて，さらに最新の航空機 CO2 排出測定標準システムを 2012 年に発表している。これによると航空機の，

（A）航路および燃料消費効率

（B）航空機サイズ

（C）航空機重量

による CO2 削減政策の手順を示し，これまでより突っ込んだ形での環境政策を各国政府に求めている。当初各国航空当局・航空・航空機産業の思惑に動かされ，国際航空の GHG 削減への方策提言をはっきり打ち出せなかった ICAO も，後述する EC の欧州排出量取引制度への参加という積極的な姿勢に促された格好となっている（図 13-1 参照）。

3.　EC 航空産業と環境政策

EC では航空部門に 2005 年から開始した排出権取引制度（EU-ETS）を取り入れることを提案している。国際航空の CO2 削減の付帯項目（Memo Item）から

図 13-1　ICAO's total emission, key GHG performance indication and emissions by source

	Key figures
Total emissions	5,460.4t CO_2eq
Emissions per staff member	7.7t CO_2eq
Air Travel per staff member	3.1t CO_2
Office –related emissions per m2	70kg CO_2eq

Figure 1: ICAO's total emission, Key GHG performance indications and emissions, by source

Source	Emissions
Electricity	38%
Air Travel	41%
Building related fuel combustion	11%
Refrigerants	8%
Road and rail travel	2%

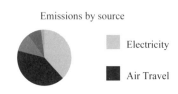

Emissions by source

(出所) ICAO Environment Report 2010 を参考に筆者が作成。
(筆者注) 航空 (Air Travel) の GHG 排出量が大きいことが明白。

主項目への格上げを図っていると思われる。航空は GHG の大きな発生源なので，欧州排出量取引に参加させることが GHG の全体としての排出力削減に有効だし，欧州排出量取引市場の活性化にもつながると考えている模様である。

3-1　国際航空排出量取引

Voluntary Emission trading (VET) は航空会社が自ら仕組みを設定し，政府がその企業に対しさまざまな補助を与える制度設計である。英国 UK VET は 2002 年 4 月にスタートし ICAO が国際航空の推奨した「排出量取引による経済的手法 (MBM)」による世界最初の排出量取引である。参加企業は政府と「Climate Change Agreement」を結び定められた目標を達成した企業は「Climate Change Levy (事業使用のエネルギーへの課税)」の 80％を受けられる制度である。

このほかに ICAO と政府が制度設計を組み上げる IET（Integrated Emission Trading）も存在する。

3-2　途上国航空産業への配慮

　京都議定書では気候変動対策のための GHG 削減目標を先進国だけを対象にしている。ただ，航空産業の場合，先進国たとえばアジアでは唯一の日本と，その他発展途上国に分類されているシンガポールの航空会社の場合，使用している航空機・エンジン・燃料もほとんど同じものであるが，日本の航空会社には GHG 削減目標が設定され，シンガポールのシンガポールエアラインには適用されない。航空産業としてはグローバルな競争環境にさらされているにもかかわらず環境経営の出発点となる気候変動対策の枠組みでは異なった出発点を設けられている。また EC は当初 CO2 排出量の多い航空機の EU への発着を禁止する由を宣言していたがこれも途上国航空産業への配慮で延期している。ヨーロッパの先進性にはついていけない国々も出ている。

3-3　その他の産業：自動車産業の環境経営

　自動車産業などでは，ハイブリット車や電気自動車（EV）の興隆は環境経営を自社の強みに積極的に取り入れた結果である。ただ，これらの製品開発は生産者である自動車メーカーには競争力向上となったが，ここで開発費用の負担問題でハイブリット機構や燃料電池，低 NOx 排出ガスのディーゼル・エンジンなどで開発資本力の差が大きく分かれた。また，これに伴う戦略的な提携が相次ぎ，結果として競争に寡占化が進んだ様相となった。電気自動車がさらに一般化して新規参入が増えれば競争は高まるが，これには少々時間がかかりそうである。また，ユーザーである消費者・利用者にはどうであろうか。政府の補助金に頼った自動車工業会主導のマーケティングであることは否めない。

4.　航空機産業の特徴と環境規制

　国際間の人員の移動および貨物の移動に，航空機はもはや欠かせない交通手

段となっており，その航空機を製造する航空機産業も国別の変遷を見れば盛衰等多くの変動はあるが，世界規模で見ると不可欠の産業であることは間違いない。航空機産業の特徴を概説すると，

① 膨大な開発費による技術革新の賜物
② 防衛産業・宇宙産業との重複
③ 極度の寡占状態の産業
④ 航空機産業への規制，特に日本の航空機産業
⑤ 航空機産業の重要性と社会全体への影響度
⑥ 厳しい品質基準と高い参入障壁
⑦ アフターマーケット・ビジネスの存在
⑧ 航空機ファイナンスと技術協力

などがあげられる。これらの意味から非常に特異な偏った産業ではあるが，その高度な技術革新力は無視できず，また交通手段としてますます必要性・普遍性は高まることから，航空機産業をモデルとして捉えることは革新性に富み，他産業への豊富な応用例も多いことから十分に有意義であると考える。戦略的提携という観点から見ると，航空機産業の提携は永続的な提携を指向するという特徴がある。環境経営に関してはこれらの特徴の中で⑤と⑥に深く関与するが，特にエンジンの排出ガス規制と騒音に対する世界的な規定作成が進んでいる。これは特に国際民間航空機構（ICAO）が中心になって取り組んでいる。

5. エアバスの環境経営

エアバスは環境対策モデルとして A350 の開発を進めた。これは立ち遅れた B787 への対抗策としてさまざまな特長を出そうとしている。

［A350 の開発］

A350 の開発はボーイングの環境対策モデル B787 が爆発的に受注したのを受けて本格開発を開始している。この間約 10 年のギャップを取り戻すためこの機種から始まるさまざまな試みを発表している。

［開発の問題点］

a．軽量化と耐久性

　　エアバスは A350 の開発にあたって炭素繊維等非金属材料を採用することにより軽量化を図った。また軽量化と同時に発生する耐久性についてはボーイングの B787 開発途上での試行錯誤を念頭に強度の落とせない軽量化を基本姿勢としている。さらに軽量化ではエアバス自身も A380 での大きな試行錯誤という難題を背負った。

b．水平分業メーカーとの提携

　　これまで域内での垂直分業生産体制を維持してきたエアバスが水平分業生産体制を取り入れようとしている。航空機産業の水平分業には各パートナー間の平均した技術力という大きな課題が残されている。現在のエアバスの中心メーカーであるフランス・エアバス，ドイツ・エアバスが軽量化という大きなミッションを背負った A350 の生産中心組織となるのか，スペイン他が中心となれるのか，フランスかドイツ中心では域外を含めた平均的な分業体制に大きな偏りが生まれる。B787 の生産過程で問題になったのは新素材採用による設計変更とその中心メーカーの設備変更という課題であった。これは重大な問題にはならなかったが，エアバスの最新現行機種 A380 でも同様である。

c．域外生産

　　エアバスはさらに，A350 では 2010 年代中にその生産を 50％以上 EU 域外で行うことを宣言している。これはロシア・中国での生産を念頭にしたものと思われた。このうちロシアでの生産は，かつての航空大国ロシアの潜在的能力から推計して不可能な数字ではないが，ボーイングの B787 生産時の分担生産工場化問題から考えると必ずしも楽観できない。次に中国だが，A320 の組み立て工程の一部をすでに開始している。これはすでに生産計画に乗っている A320 なら可能だが，新機種の最終工程はかなり実現性が低い。また，中型機生産を独自生産からエアバスとの合弁に切り替えた中国の開発力はロシアよりも相当の疑問符がつく。最終的に可能性

が高いのは 2015 年から稼働する USA 工場での生産である。これは航空機
先進国でもある USA の航空機産業先進地域である「アラバマ州での A320
という既存機種の生産」と，非常に不確実性は低い選択となった。が，こ
れでは結果的に「EU 域外ではなく（さらに航空産業先進の）USA 生産にな
る」だけのことである。またロシア・中国等の新しい地域での生産には遅
れが生じる可能性が高い。域外パートナー選択の難しさを物語る。

　d．B787 のキャッチ・アップ

　A350 の最大のミッションは B787 のキャッチ・アップである。すでに
実績がありこれまでにいくつもの困難を克服してきたボーイングに対し，
これから新たな，しかし確実に予想される多くの課題を抱えながら，どの
ように立ち向かうのか。EU の度重なる金融危機はさらなる逆風になるの
か。

6．EU エアラインの環境経営

6-1　英国航空（BA）の挑戦

　ブリティシュ・エアウェイズ（BA，英国）は 2009 年 1 月に「2050 年までに
二酸化炭素排出量を半減する」ことを宣言した。これはクリーン燃料等石油代
替エネルギーを使った燃料への取り組みとともに CO_2 排出量の少ない航空機
のさらなる導入を盛り込んだものとされている。

　さらに，2002 年に英国でスタートした UK VET は世界最初の排出量取引市
場だが，BA はいち早くこれに参加，英国政府と Climate Change Levy を結ん
だ。CO_2 排出量に対しその対価を UK VET で支払い，GHG 削減に積極的な企
業として一種の SCR をアピールしているわけである。これは当初莫大な（数
十億円と言われる）費用負担にはなるが，GHG 削減に成功すればそれは企業と
しての削減努力を企業の競争力として転化し自らも恩恵を受けるという戦略で
ある。そのひとつの大きな方策が環境対策された低燃費・低排出ガスの A350
の導入になるのかというわけである。

6-2 その他エアラインの環境経営

ヴァージン・アトランティック（VA）は BA と同じく UK VET に参加し英国政府と Climate Change Levy を結んだほか，バイオ燃料を一部使用した実験機の飛行を世界で初めて成功した。このバイオ燃料の採用はコスト面からの削減になるのか，またそもそも本当に環境対策に貢献するかは議論の余地があるが，英国政府の環境政策にのっとった企業戦略であることは間違いない。

日本の JAL も日本政府の基準である JVET に基づいた施策導入を発表している。

6-3 考察

環境経営は CSR の象徴として企業価値を高める意味で推進している企業は多かった。環境税などの追加コストを軽減する目的つまり合理的目的で，省エネ・GHG 排出削減を目標のひとつとする企業も多い。一方で，省エネ・GHG 排出削減を達成することで競合他社との差別化を図り，企業の競争力を図れる企業も出てきた。かつては十分な利益を上げられる企業のみが環境経営を考慮してきた。すなわちひとつの節税政策として環境経営を考えてきた企業は多かったが，むしろ前向きに環境経営を企業の成長戦略としての競争戦略にあげて積極的に検討する企業が出てきた。

仮説1　環境経営は経営戦略のひとつとしてとらえられる。

地球温暖化は深刻な問題であり，その解決にはいくら費用がかかってもやむを得ないという意見をよく耳にする。この問題の重要性を強調するためにはこのような主張をするのはよいとしても，同じ量の排出削減をするのに文字通り費用の大きさを気にしないというのであれば，それは気候変動枠組条約の原則である「持続可能な発展」に反することになる（西條 2006）。

航空業界と航空機産業は，その例として燃料の削減，排出ガスの削減を航空機の軽量化で見直せる産業である。ただし，これにはすでに認知された新素材の積極的採用とその加工技術を持ったメーカーの技術革新力，それをまとめる主幹企業の企画力・リーダーシップが欠かせない。BA は大きな前倒し投資を

積極的に打ち出すことによって企業価値を高める戦略を採用した。エアバスは新たなアライアンスを念頭に置きながら環境対策を売り物にした新型機を開発しようとしている。この BA をはじめとする航空産業の戦略とエアバスをはじめとする航空機産業の戦略は，同じ地球温暖化対策として航空産業・航空機産業の統一戦略として目標に掲げられる。

　次に，CSR と競争戦略の在り方について考察してみる。
　　　仮説 2　CSR を企業の競争戦略に換えることができる。
　同じくかつては十分な利益をあげている企業が企業イメージを上げるために行ってきた感のある企業の社会的責任（Corporate Social Responsibility, CSR）についても，これを企業の成長戦略のひとつとしてとらえる企業が増えてきている。CSR をマイナスのイメージでとらえるのではなく，成長戦略としての競争戦略として CSR をとらえることができる企業が現れている。競争力を実行させるルールに対する制約として，規制当局，法律，社会的環境，ビジネス・エシックスによってもたらされる。このようなゲームの「ルール」は参加者の共進化（納得化，筆者注）や複雑な相互作用の結果ゆえ，企業家・経営者はその不確実さゆえに将来の経路を推測し，すばやい行動が必要となる（Teece 2007）。規制当局もその規制の目的は企業価値を低めることになるのではない。参加者として一般市民を大きくとらえたときに環境経営の求めるところの一見規制になる法律も策定してゆかねばならない。これに対し，迅速に対応してこの規制を受け入れることで企業価値を高めることが経営者に求められているのである。

6-4　競争的寡占産業
　ここでこれまで議論してきた環境経営と CSR についての基盤条件として完全競争状態の産業ではなく寡占であるけれども競争状態は保っている産業ということを指摘したい。競争状態を保つということの条件として新規参入の可能性が残されていることが条件となっている（Williamson 1986, ほか）。Stigler に

よると寡占企業は共謀により彼らの利潤を最大化しようとする（Stigler 1964,
ほか）のでこれを監視する問題を言及している。寡占状態が常態化する条件は
開発費用の増大，寡占状態企業の共謀以外にも新規参入の困難さがあげられ
る。

　航空機産業を例にあげると独占産業ではないかもしれないが，寡占状態であ
ることは間違いない。ただし，寡占状態も競争がないわけではなく激しい競争
の結果寡占均衡状態を常に動的に続けている状態ではないだろうか。これは大
型機のボーイング・エアバスだけではなく中型機にもボンバルディア・エンブ
ラエル＋１の状態になりつつある。このカテゴリーでも寡占均衡状態が近づい
ている。ここへ MRJ 他新規参入が可能なのだろうか。MRJ に限らず新規参入
が困難になると競争状態が削がれるので既存企業の共謀が進むのかもしれな
い。こうなるとここまで議論してきた競争戦略の基盤が崩れてしまいかねな
い。

　お わ り に

　EU エアライン特に BA の環境経営政策の成否はエアバス A350 の開発成功
がひとつの鍵である。今回はボーイング B787 がすでに生産が軌道に乗ってし
まい，先の A380 のときのように新分野を目指すのではない。いわば EU と中
東の多大なる期待を受けての開発スタートである。ここで A380 の時やボーイ
ングの B787 のときのような遅延を招くと重大な危機となりかねない。

　BA をはじめとする航空産業とエアバスをはじめとする航空機産業は環境経
営を見据えて CSR を企業の競争戦略の中心に据えようとしている。ただこれ
には完全競争はむしろ必要ないが，寡占であっても競争状態は維持できていな
ければならない。この大きな条件は新規参入の可能性である。航空産業では
LLC の新規企業参入等でまったく問題は感じられない。かえって厳しすぎる
競争が環境経営や CSR への阻害要素になりかねないほどである。

　大型航空機産業ではボーイング・エアバスによる偏った寡占からの脱却は難
しい。ただエアバスの域外展開は新規パートナーの拡大として評価はできる。

ただ域外展開がロシアや中国ではないアメリカとなるとその効果は限定される。寡占状態は続いているがなぜか独占にはならないのがこの産業の特徴だが，今回もエアバスはマーケットに残れるのだろうか。

寡占均衡型産業のモデルも大型機だけではなく中型機でも同様の様相となってきた。カナダ・ボンバルディアとブラジル・エンブラエルで寡占状態が続くと共謀の可能性は低いが新規参入への道は厳しい。三菱MRJほかが参入できるかがひとつの大きな試金石となる。

参 考 文 献

青島矢一（1997）「日本型製品開発のプロセスとコンカレント・エンジニアリング：ボーイング777開発の事例」（『一橋論叢』第120巻5号）。

青島矢一（1997）「3次元CADによる製品開発プロセスの革新」（『一橋大学イノベーション研究センター』wp97-01）。

浅田孝幸・長坂敬悦（2004）「航空機産業における技術融合と戦略」，林昇一・高橋宏幸編『現代経営戦略の潮流と課題』第7章，中央大学出版部。

有泉徹（1996）『3次元CADによる設計の改革術』日刊工業新聞社。

岡田啓（2008）「CO2排出権取引制度における航空部門の組み入れとその課題」（『中央大学経済研究所年報』No.39）353-369ページ。

海上泰生（2011）「航空機産業にみられる部品供給構造の特異性」（『日本政策金融公庫論集』11号）。

笠原伸一郎（2005）「航空機産業における世界的再編とグローバル構造の構築」（『専修大学経営研究所報』第165号）1-22ページ。

笠原宏（1998）「ボーイング／マクダネル・ダグラスの合併に対する欧州委員会の決定について」（『公正取引』No.571）647-665ページ。

金丸允昭（1996）「ボーイング777の国際共同開発」（『日本機械学会誌』第93巻第93号）24-30ページ。

閑林亨平（2007）「航空機産業における技術革新と競争戦略についての研究―日本の新型民間航空機の開発と生産における競争戦略―」（『中央大学経済学研究所年報』第38号）151-160ページ。

郷原信郎（2004）『独占禁止法の日本的構造―制裁・措置の座標軸分析―』清文社。

後藤晃（1993）『日本の技術革新と産業組織』東京大学出版会。

西條辰義（2006）『地球温暖化対策―排出権取引の制度設計―』日本経済新聞社。

西頭恒明（2000）「ボーイング超製造業への急旋回」（『日経ビジネス』2000年9月18日号）44-49ページ。

杉浦重泰（2005）「航空機エンジン開発とアフターマーケット・ビジネスの構想」（『日本ガスタービン学会誌』Vol.33, No.3）4-10ページ。

西村忠司（2007）「航空分野の排出権取引」（『運輸と経済』第67巻第6-7号）

第 13 章　エアバスと EU エアラインの環境経営　343

57-66 ページ，54-65 ページ。

日本航空宇宙工業会「産業連関表を利用した航空機関連技術の定量化に関する調
　査」日本航空宇宙工業会 Web Page（2000 年 11 月 3 日アクセス）。

日本航空宇宙工業会（2009）『平成 22 年度版　世界の航空宇宙工業』。

濱田誠吾（2005）「民間航空機産業のグローバル多層ネットワーク」（『専修大学社
　会科学研究所月報』No.499-1）。

藤本隆宏・安本雅典（1999）『成功する製品開発』有斐閣。

松浦一夫（1996）「最新ボーイング 777 の開発」（『品質管理』7 月号）。

溝田誠吾（1998）「国際共同開発と国際共同生産」，塩見治人・堀一郎編『日米関係
　経営史』名古屋大学出版会。

武藤明則（2000）「航空機産業における国際共同開発の組織化プロセスと取引費用」
　（『経営学研究』第 9 巻第 3 号，愛知学院大学）87-100 ページ。

安田洋史（2011）「アライアンスによる企業競争力の構築」（『組織科学』Vol.44
　No.3，組織学会）107-119 ページ。

山口勝弘（2007）「国際航空分野の排出権取引制度のあり方」（『交通学研究』2007
　年度年報，日本交通学会）。

Airbus Industries（1999），"Airbus Industries' Global Market Forecast 1998-2017", *Air and*
　Space Europe, Vol.1 No.2, pp.13-20.

Amara, Joanna（2008），"Military industrial and development Jordan's Defense", *Review of*
　Financial Economics No.7 pp.130-145, RFE.

Arinho, Africa and Reuer, Jeffery J.（2006），*Palgrave, Strategic Alliance Governance and*
　Contract, Macmillan.

Barney, Jay B. and Clark, Delwyn N.（2007），*Resource-Based Theory : Creating Sustaining*
　Competitive Advantages, Oxford University Press.

Chen, Homin and Chen, Tain-Jy（1995）"Governance Structure in Strategic Alliance: Trans-
　action Cost versus Resource-Based Perspective", *Journal of World Business*, No.38,
　pp.1-14.

Christensen, Clayton M.（2005），*Seeing what's next: using the theories of innovation to pre-*
　dict industry change, Harvard Business School Press.（宮本喜一訳『明日は誰のもの
　か』第 6 章，ランダムハウス講談社，2005 年）。

Das, T. K. and Teng, Bing-Sheng（2001），"Relational Risk and its personal Correlates in
　Strategic Alliance" *Journal of Business and Psychology*, Vo.15, No.3, pp.449-465.

Das, T.K. and Teng, Bing-Sheng（2002），"Alliance Constellations: A Social Exchange
　Perspective", *Academy of Management*, Vo.27, No.3, pp.445-456.

Djayawickrama, A. and Thangavel, S. M.（2010），"Trade linkages between China, India and
　Singapore Changing comparative advantage of industrial products", *Journal of Econom-*
　ic Studies, Vol. 27, no.3, pp. 248-266.

Dossauge, P., Garrette, B., and Mitchell, W.（2000），"Learning from Competing Partners:
　Outcomes and Durations of Scale and Link Alliance in Europe, North America and
　Asia", *Strategic Management Journal*, Vo.21, No.2, pp.99-126.

Doz, Yves L. and Hamel, Gary（1998），*Alliance Advantage the Art of Creating Value through Partnering*, Harvard Business School Press.

Dyer, Jeffrey H. and Singh, Harbir (1998), "The Relational View: Cooperative Strategy and source of Interorganizational Competitive Advantage", *Academy of Management Review*, Vol.23, No.4, pp.660-679.

Eadorff, Alan V. A. (2005), "Trade theorist's take and skilled-labor outsourcing", *International Reviews of Economics and finance*, No.14, pp.237-258.

Elenkov, Detelin S. (1995), "The Russian Aerospace Industry: Survey with Implications for American Firms in the Global Marketplace", *Journal of International Marketing*, Vol.3, No.2, pp.71-81.

Ethier, Wilfred J. (2005), "Globalization, Glocalization: Trade, Technology and Wages", *International Review of Economics and Finance*, No.14, pp.237-258.

Grossman, G. and Helpman, E. (2003), "Outsourcing versus FDI in Industry Equilibrium", *Journal of the European Economic Association* Vo.1 No.2/3, Apr.- May.

Hagedoorn, John and Schakenraad, Jos (1994), "The Effect of Strategic Technology Alliance on Company Performance", *Strategic Management Journal*, Vo.15, pp.291-304.

Hanlon, Pat (1999), *Global Airlines-Competition in a Trans-national Industry*, Second Edition, Butterworth Hanemann.

Hitt, Michael A., Dacin, M. Tina, Levitas, Edward, Edhec, Jean-Luc Arregle and Borza, Anca (2000), "Partner Selection in Emerging and Developed Market Context", *Academy of Management Journal*, Vol.43 , No.3, pp.449-467.

International Civil Aviation Organization (ICAO) (2010), *Environment Report 2010*.

Jones, Ronald W., Kierzkowsk, Henryk and Lurong, Chen (2005), "What does evidence tell us about fragmentation and outsourcing?", *International Reviews of Economics and finance*, No.14, pp.305-316.

Kaiser, Karl (1971), "Transaction Politics: Toward a Theory of Multinational Politics", *International Organization*, Vol.25, No.4, pp.790-817.

Rossetti, Christian and Choi, Thomas Y. (2005), "On the Dark Side of Strategic Sourcing: Experience from the Aerospace Industry", *The Academy of Management Executive*, Vol.19, No.1, pp. 46-60.

Schon, Donald A. (1967), *Technology and change*, Elsevier. (松井好・牧山武一・寺崎実訳『技術と変化—テクノロジーの波及効果—』産業能率短期大学出版部, 1970年)。

Scully, John (1999), "Airbus Industries: An Adapted Training and Flight Operations Support", *Air & Space Europe* Vol.1 No.49, pp. 90-96.

Shah, Reshima H. and Swaminathan, Vanitha (2008), "Factors influencing Partner selection in strategic Alliance: The Moderating Role of Alliance Context", *Strategic Management Journal*, Vol.29, 471-494.

Solberg, Carl Arthur (1997), "A Framework for Analysis of Strategy Development in Globalizing Markets", *Journal of International Marketing*, Vol.5, No.1, pp.9-30.

Smith, D. J. (1997), "Strategic alliance in the aerospace industry: a case of European emerging converging", *European Business Review*, 1 April Vol.97, No.4 pp. 171-178.

Stigler, George J. (1964), "A theory of Oligopoly", *Journal of Political Economy*.

Stigler, George J. (1968), *The Organization of Industry*, Homewood, Ill., Richard Irwin. (神谷傳造・余語将尊訳『産業組織論』東京経済新報社，1975年）。

Teece, David J. (1993), "The Dynamics of Industrial Capatalism: Perspective on Alfred Chandler's Scale and Scope", *Journal of Economic Literature*, Vol. XXXI, March, pp.199-225.

Teece, David J. (2007), "Explicating Dynamic Capabilities: The Nature and Microfoundations of (Sustainable) Enterprise Performance". *Strategic Management Journal,* Vol.28, Issue13, pp.1319-1350.

Teece, David J., Pisano, Gary and Shuen, Amy (1997), "Dynamic Capabilities and Strategic Management", *Strategic Management Journal*, Vol.18:7, pp.509-533.

Thornton, David Weldon (1995), *Airbus Industries – The politics of an International Industrial Collaboration –*, St. Martin's Press.

Tucker, Jonathan B. (1991), "Partners and Rivals: A Model of International Collaboration in Advanced Technology", *International Organization*, Vol.45, No.1, pp.83-120.

Wah, Henry Jr. (2005), "Fragmented trade and manufacturing services – Examples for non-convex general equipment", *International Reviews of Economics and finance* Vol.14, pp.271-295.

Williamson, Oliver E. (1986), *Economic Organization*, Wheatsheaf Books Ltd. (井上薫・中田善啓監訳『エコノミック・オーガノゼーション』晃洋書房，1989年）。

Williams, Victoria (2007), "The Engineering Options for the Mitigating the Climate Impacts of Aviation", *Philosophical Transactions: Mathematical and Engineering science*, Vol.365, No.1861 pp.3047-3059, Royal Society Publishing.

Yim, Xiaoli and Shanley, Mark (2008), "Industry Determinants of the Merger versus Alliance Decision", *Academy of Management Review*, Vol.33, No.2, pp. 473-491.

執筆者紹介 （執筆順）

高橋宏幸　研究員（中央大学経済学部教授）

原　正則　準研究員（中央大学大学院経済学研究科博士課程後期課程）

佐久間　賢　客員研究員（元中央大学総合政策学部大学院教授）

国松麻季　客員研究員（三菱 UFJ リサーチ＆コンサルティング株式会社　主任研究員）

加藤　真　（三菱 UFJ リサーチ＆コンサルティング株式会社　研究員）

西藤　輝　客員研究員（元中央大学大学院総合政策研究科客員教授）

申　淑子　客員研究員（中国人民大学外国語学院日本語研究室准教授）

丹沢安治　研究員（中央大学大学院戦略経営研究科教授）

浅田孝幸　客員研究員（立命館大学経営学部特任教授）

後藤茂之　客員研究員（有限責任監査法人トーマツ ディレクター）

露木恵美子　研究員（中央大学大学院戦略経営研究科教授）

北島啓嗣　客員研究員（福井県立大学経済学部教授）

菅原昭義　客員研究員（元日本大学国際関係学部教授）

井原久光　客員研究員（東洋学園大学現代経営学部教授）

閑林亨平　客員研究員（株式会社ジャイダック パートナー／ジェトロ新興国進出支援専門家）

　　　現代経営戦略の軌跡
　　　　　—グローバル化の進展と戦略的対応—
　　　　　　　　　　中央大学経済研究所研究叢書　67

2016 年 12 月 30 日　発行

　　　　　　　　　　　　編 著 者　　高　橋　宏　幸
　　　　　　　　　　　　　　　　　　加　治　敏　雄
　　　　　　　　　　　　　　　　　　丹　沢　安　治
　　　　　　　　　　　　発 行 者　　中央大学出版部
　　　　　　　　　　　　　代表者　　神　﨑　茂　治

　　　　　　　発行所　中 央 大 学 出 版 部
　　　　　　　　　　　東京都八王子市東中野 742-1
　　　　　　　　　　電話 042(674)2351　FAX 042(674)2354

Ⓒ 2016　高橋宏幸　　ISBN978-4-8057-2261-9　　　藤原印刷㈱

本書の無断複写は，著作権法上の例外を除き，禁じられています。
複写される場合は，その都度発行所の許諾を経てください。

中央大学経済研究所研究叢書

6. 歴 史 研 究 と 国 際 的 契 機　中央大学経済研究所編　A 5 判　1400 円

7. 戦 後 の 日 本 経 済——高度成長とその評価——　中央大学経済研究所編　A 5 判　3000 円

8. 中 小 企 業 の 階 層 構 造　中央大学経済研究所編　A 5 判　3200 円
——日立製作所下請企業構造の実態分析——

9. 農 業 の 構 造 変 化 と 労 働 市 場　中央大学経済研究所編　A 5 判　3200 円

10. 歴 史 研 究 と 階 級 的 契 機　中央大学経済研究所編　A 5 判　2000 円

11. 構 造 変 動 下 の 日 本 経 済　中央大学経済研究所編　A 5 判　2400 円
——産業構造の実態と政策——

12. 兼 業 農 家 の 労 働 と 生 活・社 会 保 障　中央大学経済研究所編　A 5 判　4500 円
——伊那地域の農業と電子機器工業実態分析——　〈品　切〉

13. ア ジ ア の 経 済 成 長 と 構 造 変 動　中央大学経済研究所編　A 5 判　3000 円

14. 日 本 経 済 と 福 祉 の 計 量 的 分 析　中央大学経済研究所編　A 5 判　2600 円

15. 社 会 主 義 経 済 の 現 状 分 析　中央大学研究所編　A 5 判　3000 円

16. 低 成 長・構 造 変 動 下 の 日 本 経 済　中央大学経済研究所編　A 5 判　3000 円

17. ME 技術革新下の下請工業と農村変貌　中央大学経済研究所編　A 5 判　3500 円

18. 日 本 資 本 主 義 の 歴 史 と 現 状　中央大学経済研究所編　A 5 判　2800 円

19. 歴 史 に お け る 文 化 と 社 会　中央大学経済研究所編　A 5 判　2000 円

20. 地 方 中 核 都 市 の 産 業 活 性 化——八戸　中央大学経済研究所編　A 5 判　3000 円

中央大学経済研究所研究叢書

21. 自動車産業の国際化と生産システム	中央大学経済研究所編 A5判	2500円
22. ケインズ経済学の再検討	中央大学経済研究所編 A5判	2600円
23. AGING of THE JAPANESE ECONOMY	中央大学経済研究所編 菊判	2800円
24. 日本の国際経済政策	中央大学経済研究所編 A5判	2500円
25. 体制転換——市場経済への道——	中央大学経済研究所編 A5判	2500円
26. 「地域労働市場」の変容と農家生活保障 ——伊那農家10年の軌跡から——	中央大学経済研究所編 A5判	3600円
27. 構造転換下のフランス自動車産業 ——管理方式の「ジャパナイゼーション」——	中央大学経済研究所編 A5判	2900円
28. 環境の変化と会計情報 ——ミクロ会計とマクロ会計の連環——	中央大学経済研究所編 A5判	2800円
29. アジアの台頭と日本の役割	中央大学経済研究所編 A5判	2700円
30. 社会保障と生活最低限 ——国際動向を踏まえて——	中央大学経済研究所編 A5判	2900円 〈品切〉
31. 市場経済移行政策と経済発展 ——現状と課題——	中央大学経済研究所編 A5判	2800円 〈品切〉
32. 戦後日本資本主義 ——展開過程と現況——	中央大学経済研究所編 A5判	4500円
33. 現代財政危機と公信用	中央大学経済研究所編 A5判	3500円
34. 現代資本主義と労働価値論	中央大学経済研究所編 A5判	2600円
35. APEC地域主義と世界経済	今川・坂本・長谷川編著 A5判	3100円

中央大学経済研究所研究叢書

36. ミクロ環境会計とマクロ環境会計　A5判　小口好昭編著　3200円

37. 現代経営戦略の潮流と課題　A5判　林・高橋編著　3500円

38. 環境激変に立ち向かう日本自動車産業　A5判　池田・中川編著　3200円
　　──グローバリゼーションさなかのカスタマー・
　　　　サプライヤー関係──

39. フランス―経済・社会・文化の位相　A5判　佐藤　清編著　3500円

40. アジア経済のゆくえ　A5判　井村・深町・田村編　3400円
　　──成長・環境・公正──

41. 現代経済システムと公共政策　A5判　中野　守編　4500円

42. 現代日本資本主義　A5判　一井・鳥居編著　4000円

43. 功利主義と社会改革の諸思想　A5判　音無通宏編著　6500円

44. 分権化財政の新展開　A5判　片岡・御船・横山編著　3900円

45. 非典型型労働と社会保障　A5判　古郡鞆子編著　2600円

46. 制度改革と経済政策　A5判　飯島・谷口・中野編著　4500円

47. 会計領域の拡大と会計概念フレームワーク　A5判　河野・小口編著　3400円

48. グローバル化財政の新展開　A5判　片桐・御船・横山編著　4700円

49. グローバル資本主義の構造分析　A5判　一井　昭編　3600円

50. フランス―経済・社会・文化の諸相　A5判　佐藤　清編著　3800円

51. 功利主義と政策思想の展開　A5判　音無通宏編著　6900円

52. 東アジアの地域協力と経済・通貨統合　A5判　塩見・中條・田中編著　3800円

中央大学経済研究所研究叢書

53. 現代経営戦略の展開　A5判　林・高橋編著　3700円

54. ＡＰＥＣの市場統合　A5判　長谷川聰哲編著　2600円

55. 人口減少下の制度改革と地域政策　A5判　塩見・山﨑編著　4200円

56. 世界経済の新潮流　A5判　田中・林編著　4300円
　　——グローバリゼーション，地域経済統合，
　　　　経済格差に注目して——

57. グローバリゼーションと日本資本主義　A5判　鳥居・佐藤編著　3800円

58. 高齢社会の労働市場分析　A5判　松浦　司編著　3500円

59. 現代リスク社会と3・11複合災害の経済分析　A5判　塩見・谷口編著　3900円

60. 金融危機後の世界経済の課題　A5判　中條・小森谷編著　4000円

61. 会計と社会　A5判　小口好昭編著　5200円
　　——ミクロ会計・メソ会計・マクロ会計の視点から——

62. 変化の中の国民生活と社会政策の課題　A5判　鷲谷　徹編著　4000円

63. 日本経済の再成と新たな国際関係　中央大学経済研究所編　A5判　5300円
　　(中央大学経済研究所創立50周年記念)

64. 格差対応財政の新展開　片桐・御船・横山編著　A5判　5000円

65. 経済成長と経済政策　中央大学経済研究所経済政策研究部会編　A5判　3900円

66. フランス—経済・社会・文化の実相　A5判　宮本　悟編著　3600円

＊価格は本体価格です．別途消費税が必要です．